全国宣传文化系统
"四个一批"人才作品文库

理 论 界

空间集聚、关系建构与区域发展

苗长虹 著

中华书局

图书在版编目(CIP)数据

空间集聚、关系建构与区域发展/苗长虹著.
—北京:中华书局,2011.9
　(全国宣传文化系统"四个一批"人才作品文库)
　ISBN 978-7-101-07828-2

　Ⅰ.空…　Ⅱ.苗…　Ⅲ.区域经济学　Ⅳ.F061.5

中国版本图书馆 CIP 数据核字(2011)第 015202 号

书　　　名	空间集聚、关系建构与区域发展
著　　　者	苗长虹
丛 书 名	全国宣传文化系统"四个一批"人才作品文库
责任编辑	王传龙
装帧设计	毛　淳
出版发行	中华书局
	（北京市丰台区太平桥西里 38 号　100073）
	http://www.zhbc.com.cn
	E—mail:zhbc@zhbc.com.cn
印　　　刷	北京瑞古冠中印刷厂
版　　　次	2011 年 9 月北京第 1 版
	2011 年 9 月北京第 1 次印刷
规　　　格	开本/700×1000 毫米　1/16
	印张 17½　插页 4　字数 269 千字
国际书号	ISBN 978-7-101-07828-2
定　　　价	50.00 元

出 版 说 明

实施宣传文化系统"四个一批"人才培养工程，是党中央作出的一项重大战略决策，是推动实施人才强国战略，提高建设社会主义先进文化能力的重要举措。实施这一工程，旨在培养和造就一大批政治坚定，与党同心同德，具有广泛社会影响的一流的思想理论家、一流的记者编辑主持人、一流的出版家、一流的作家艺术家。为集中展示"四个一批"人才的优秀成果，发挥其示范引导作用，"四个一批"人才工作领导小组决定编辑出版《全国宣传文化系统"四个一批"人才作品文库》。《文库》主要收集出版"四个一批"人才的代表作，包括理论专著论文、新闻出版、文学艺术作品等。按照精益求精、分步实施的原则，《文库》将统一标识、统一版式、统一封面设计陆续出版。

全国宣传文化系统"四个一批"人才

工作领导小组办公室

2008年12月

苗长虹

1965 年 12 月生，河南鄢陵人。1989 年毕业于河南大学地理系，获理学硕士学位；1996 年于南京大学获人文地理学专业博士学位。现任河南大学环境与规划学院教授、黄河文明与可持续发展研究中心执行主任、博士生导师，《黄河文明与可持续发展》主编。主要从事经济地理学、区域经济学、黄河学与中国区域发展问题的研究，主持完成多项国家级、省部级课题。主要著作有《中国农村工业化的若干理论问题》、《中国乡村可持续发展》、《中国城市群发育与中原城市群发展研究》、《黄河开发与治理 60 年》、《新经济地理学与区域发展》、《河南区域经济发展战略研究》等，发表学术论文百余篇。曾获中国地理学会第五届全国青年地理科技奖。是全国宣传文化系统"四个一批"人才，享受国务院颁发的政府特殊津贴。

目 录

第三篇 城乡关系与农村工业化

前 言

获悉中华书局要为全国宣传文化系统"四个一批"人才出版个人作品文库,心中有按捺不住的喜悦,也禁不住回想起自己近30年的学习与研究历程。从1982年考入河南大学地理系读书以来,我的思想和知识就一直在地理学和经济学之间穿梭。在本科毕业之后,我有幸被免试推荐为河南大学人文地理学专业硕士研究生,师从我国老一辈地理学家李润田、尚世英和黄以柱三位先生。三位先生的学术方向各有千秋,李润田先生在农业地理和城市地理方面颇有建树,尚世英先生在旅游地理和产业布局方面则深有造诣,黄以柱先生则在城镇历史地理和国土规划方面享有盛誉。三位先生以地理学家的视野,将我引入到我国城乡关系与一体化发展这一非常富有中国特色和时代意义的重要领域。1989年,我以《论城乡经济一体化:结构、组织和政策》为题,通过硕士学位论文答辩,并留河南大学地理系任教。留校后,我有幸跟随我的大学老师、刚刚从澳大利亚国立大学留学归来的李小建老师从事河南省自然科学基金项目"河南农村工业发展环境研究",并一起赴巩义、临颍等地从事农村工业调查和企业访谈,使我在我国城乡关系研究的基础上,开始关注我国独特的农村工业化问题。

1993年,我有幸考入南京大学城市与资源学系人文地理学专业,跟随我的博士导师、我国著名农业地理和非洲地理研究专家曾尊固先生,继续从事我国农村工业化问题的研究。其间,我专程到中科院南京地理与湖泊研究所拜见了我国著名农业地理学家、中科院院士周立三先生。当时,周先生虽然已是八十多岁高龄,仍带领一批学者致力于我国国情的研究。周先生教导我,要理解中国的农村发展问题,关键是要解决"人往哪里去,钱从哪里来"这两大难题。1995年底,我以《我国欠发达地区的农村工业化问题:理论分析与实证研究》为题,通过博士学位论文答辩,并申请获批了我的第一项国家自然科学基金项目"我国欠发达地区农村工业持续发展机理与调控模式研究"(49501007)。国家自然科学基金的支持,既给我增添了专心于学术研究的动力,也为我深化对我国农村工业和农村发展问题的研究提供了经费的保证。以该基金为依托,我出版了《中国农村工业化的若干理论问题》(中国经济出版社,1997)和《中国乡村可持续发展:理论分析与制度选择》(中国环境科学出版社,1999)两本专著,并开始较为系统地学习和梳理欧美经济地理学和区域发展研究的最新理论进展。

为解释中国农村工业分散布局现象,促进农村工业集聚发展,2000年,我又申请获批了我的第二项国家自然科学基金"全球化与地方化相互作用下中国农村工业集聚区研究"(40071029),并有幸在我国著名人文-经济地理学家吴传钧院士、陆大道院士、毛汉英研究员、刘毅研究员等学者的指导和帮助下,到中科院地理科学与资源研究所与樊杰研究员、张文忠研究员一起从事为期一年的访问合作研究,并开始将国际经济地理学有关产业集聚、产业区和产业集群研究的主流思想同中国农村工业发展实践相结合,尝试将现代经济地理学、新制度主义与演化经济学以及规范性区位分析三方面理论工具进行整合,来解释中国农村工业的发展及其集中与分散的区位布局,同时开始关注地理集聚与技术学习创新之间的关系。

2001年,我有幸被河南省社科联邀请,参加河南省领导与社科专家学者座谈会,并参加会后组织的沿海发达地区城市化考察。由此,我的研究领域开始从城乡关系、农村工业化拓展到城市化、城市群研究。2003年,受河南省委宣传部理论处委托,我主持了"中原城市群经济隆起带发展战略与对策"课题的研究。2004年,在教育部的支持下,河南大学黄河文明与可持续发展研究中心正式获批为教育部普通高等学校人文社会科学重点研究基地,我作为该基地的执行主任,有幸主持了基地首批两个重大项目之一的"关中、中原、山东半岛三城市群形成发展机理研究"(04JJDZH016)。2005年,在河南省委宣传部的支持下,我又主持承担了河南省社科规划重大项目"科学发展观与河南区域经济发展战略研究"。以这些项目为依托,我开始思考新世纪我国城市化战略与区域发展战略之间的关系,并将重点放在了城市群培育、中心城市提升和县域经济发展上,相继出版了《中国城市群发育与中原城市群发展研究》(中国社会科学出版社,2007)、《河南区域经济发展战略研究》(河南人民出版社,2010)等著作。

2006年,对我来讲是一个不同寻常的年份。这一年,我入选全国宣传文化系统"四个一批"(理论界)人才。也是在这一年,我申请获批了国家自然科学基金项目"不同区位和发展环境下经济技术开发区技术学习模式研究"(40671049)和国家社会科学基金项目"基于技术学习和自生能力的中部地区崛起的理论与对策研究"(06BJL063),并在国家留学基金委的资助下,赴美国威斯康辛大学密尔沃基分校(University of Wisconsin - Milwakee)从事为期一年的访问研究。这些项目和经历,进一步扩大了我的研究视野,也进一步凝练了我的研究思路。

近年来,对城乡关系、农村工业化与农村工业集聚区、城市化与城市群、经济技术开发区与产业集群的持续研究,对国际经济地理学制度转向、文化转向、关系转向、演化转向等新进展的深入梳理,以及对主流经济学领域"新经济地理学"(新地理经济学)兴起后地理学与经济学两大学科之间对话和论争的密切关注,促使我重新梳理自己以前的研究,发现我对区域发展问题的思考,实质上是从空间集聚、关系建构两个重要维度来展开的,而这两个维度与当前国际经济地理学界兴起的关系经济地理学不谋而合。基于这两个维度,我近来完成了两项成果,一项是我与美国犹他大学的魏也华教授、广州大学的吕拉昌教授合作撰写的《新经济地理学与区域发展》一书(科学出版社,2011);另一项就是本书,我将其取名为《空间集聚、关系建构与区域发展》。这两本书总体上较为全面地体现了我个人的学术研究轨迹。

本书的出版,首先应感谢有关部门对"四个一批"人才的关怀和培养,没有这一出版基金的支持,本书的面世可能会延迟很多年。其次,我要特别感谢为我学术成长提供指导和帮助的诸位师长和学术同仁,名单上的人很多,这里不再一一列出,本书蕴藏着他们的智慧和心血。再次,我要特别感谢为我提供项目和经费资助的国家自然科学基金委员会、全国哲学社会科学规划办公室、教育部、河南省委宣传部、河南省科技厅、河南省教育厅、河南大学等单位,本书正是在多个基金项目资助下所取得的研究成果;同时,我要对为我学习和研究提供各种便利的单位:河南大学、南京大学、中科院地理科学与资源研究所、美国威斯康辛大学密尔沃基分校表示由衷的感谢,也对我自参加工作以来所在的河南大学环境与规划学院(原地理系)、河南大学科研处、教育部人文社会科学重点研究基地河南大学黄河文明与可持续发展研究中心的领导和同仁深表谢意。

值此本书出版之际,我还要特别感谢我的妻子。二十多年来,她不仅在自己繁忙的工作之余操持家务、教育儿子,而且为我的学术研究贡献了无价的劳动和思想。她是本书许多章节的第一个读者,还为本书的一些文字表述和观点提出了独到的见解。

本书各章内容大多取材于公开发表的学术论文,成文时间跨越近二十年。为反映自己的学术轨迹,本书仅订正了原文表达中的一些错误。近二十年,中国社会经济发生了历史性的巨大变化,这是中国历史也是世界历史上没有先例的巨大转型。本书仅从一个经济地理学者的视角,记录和阐释了这一巨大变化和转型过程中区域发展的某些侧面。错误和不足很多,敬请同仁批评指正!

苗长虹

2010 年 12 月

第一篇

产业集聚与空间创新

第一章

"学习场"结构与空间中的创新①

第一节　引　言

　　创新是社会经济发展的根本源泉和不竭动力。目前,创新已成为多学科学术研究的焦点领域和政府干预经济生活新的核心政策工具。在学术和政策领域,80年代以来先后兴起的产业区、创新环境、产业集群、国家创新系统、区域创新系统、学习型区域、全球价值链、全球商品链、全球生产网络、创造阶级、创造场等研究,无不将创新同国家、城市、区域的发展与竞争力的提升结合在一起,并将创新看作决定和影响发展与竞争力提升的首要因素。然而,虽然人们都在强调创新并在着力推动创新,但对不同的国家、城市和区域,创新的内涵和重点却存在着显著的差别。对技术领先的发达经济体来说,创新的焦点在于促进技术前沿的外移和技术租金的维持;而对于技术相对落后的经济体来说,创新的核心则在于加速技术追赶的步伐,形成本土技术能力,尽快缩小与发达经济体技术前沿的差距,并能与发达经济体一起来分享技术租金的收益。因此,空间中的创新是依特定的时空情景而变异并演化的。本章拟在已有空间创新研究的基础上,通过"学习场"的概念与理论框架,来分析创新所依赖的"学习场"的性质和结构。

---

① 原载《经济地理》2009年第7期。与艾少伟合作完成。

第二节　从增长极到学习场：区域发展思想的演变

"增长极"是上世纪 60—80 年代区域发展研究中非常流行的一个概念。法国经济学家弗郎索瓦·佩鲁(Francois Perroux)认为①，如果把发生支配效应的经济空间看作力场，那么位于这个力场中的"推进型单元"——推进型企业或产业就可以描述为增长极，它不仅自身能迅速增长，而且能通过乘数效应推动其他部门的增长。

佩鲁关于经济空间"力场"的观点，被布代维尔等人转换到地理空间中②，认为经济空间是经济变量在地理空间之中或之上的运用，增长极会在拥有推进型产业的城镇中出现。这样，增长极在地理空间中用于指在城市配置的不断扩大的工业综合体，并通过极化效应和扩散效应来支配区域经济的不平衡发展。

增长极概念的贡献是关注到了经济空间和地理空间本质上的不均衡性，并试图利用这种不均衡性来实施凯恩斯主义的自上而下的政府干预政策，以促进区域经济增长。但是，增长极理论本身并没有解决推进型单元本身增长的内在动力问题，仅仅依赖政府的干预和支持，并没法保证增长极本身的持续增长；同时，在将增长极概念从经济空间转换到地理空间之后，也没有解决经济空间和地理空间之间内在的张力问题，因为在经济空间中增长极的极化和扩散效应并不与地理空间中的极化与扩散效应一致。由于以上两方面内在的缺陷，增长极政策在上世纪 60—80 年代的广泛实践中并没有达到预期的效果。

到上世纪 80 年代和 90 年代，伴随着对资本主义从福特主义向后福特主义转型的争论和各种类型产业区研究的兴起，在新自由主义政策背景下城市与区域发展问题再次成为学术研究的焦点。与增长极理论相比，新的城市与区域发展理论的建构，以制度主义和演化经济理论为基础，以如何促进城市和区域的"内生发展"为核心，并出现了"弹性专业化"、"新产业区"、"新产业

---

① Francois Perroux. Economic Space: Theory and Applications. Quarterly Journal of Economics, 1950,64(1).

② Boudeville J R. Problems of Regional Economic Planning. Edinbergh: Edinbergh University Press,1966.

空间"、"创新环境"、"产业集群"、"区域创新系统"、"学习型区域"等多样化的研究学派①,从而形成了一个"以生产的技术和组织变化为基础,以提高区域在全球经济中的竞争力为目标"的"新区域主义"(new regionalism)运动②。"新区域主义"赞成自下而上的、针对区域的、长期的和基于多元行动主体的、能够动员内生发展潜力的政策行动,强调政策的关键在于增强"合作网络"(networks of associations)和集体学习,它将地方化的投入产出联系和学习创新作为理论建构和政策行动的两个基本支柱,将区域看作通过新企业形成、学习、创新和增长等来塑造产业绩效的一个积极力量③。

新世纪以来,伴随着经济全球化的纵深发展,发达国家产业区发展的路径依赖和锁定问题和发展中国家沿全球价值链的升级问题,激发了学术界对上述"新区域主义"各种理论流派过于强调地方化因素局限性的反思和批判,跨区网络和学习迅速成为学术研究的一个新的热点④,有关全球价值链、全球商品链和全球生产网络与区域发展关系的研究受到了众多学者的青睐⑤。然而,与地方化学习相比,关于跨区学习动力机制的研究还需要进一步深化。

面对种种空间化的学习创新研究,国际著名经济地理学家 Scott 提出了"创造场"(creative field)的概念,用于整合上述有关空间学习创新的各种理论,以分析当代资本主义"新经济"中创造活动的空间基础⑥⑦。他认为,创造力场(a field of creative forces)的概念可用于"描述任何塑造或影响人类聪明才智和创造力的社会关系系统,它构成了各种创新相伴发生的场所","表征

---

① 苗长虹."产业区"研究的主要学派与整合框架:学习型产业区的理论建构.人文地理,2006,92(6):97—103.

② 苗长虹,樊杰,张文忠.西方经济地理学区域研究的新视角——论"新区域主义"的兴起.经济地理,2002,22(6):644—650.

③ Amin A. An institutionalist Perspective on Regional Economic Development. International Journal of Urban and Regional Studies, 1999(2):365—378.

④ Bathelt H Malmberg A and Maskell P. Clusters and Knowledge: Local Buzz, Global Pipelines and the Process of Knowledge Creation. Progress of Human Geography, 2004,28(1):31—56.

⑤ Coe N M, Hess M, Yeung H W C et al. 'Globalizing' Regional Development: a Global Production Networks Perspective. Transactions of the Institute of British Geographers,2004(29):468—484.

⑥ Scott A. J. The Cultural Economy: Geography and the Creative Field. Culture, Media and Society, 1999 (21): 807—817.

⑦ Scott A. J. Entrepreneurship, Innovation and Industrial Development: Geography and the Creative Field Revisited. Small Business Economics, 2006 (26): 1—24.

由一系列产业活动和社会现象所组成的地理差异化的相互作用网络,这些相互作用网络产生了多样的创业和创新结果"①。他提出,他的"创造场概念"与布迪厄的"实践理论"和吉登斯的"结构—行动理论"具有相似的主张,其最基本的内涵是"场"和其对创业精神与创新的影响是反身性相互交织的,并且这种创业精神和创新的生成,是一个社会和空间嵌入并随时间而演化的现象。Scott 认为,新经济是交易密集的生产系统,为将实际的和潜在的外部规模经济和范围经济转变成更密集的集聚经济形式,其新企业的布局和衍生具有内在的地理集聚动力,而产业的集聚又会在创新社会结构的支持下而进一步加强。尽管 Scott 关注的仍是产业区、区域生产综合体、城市经济系统等集聚经济结构,但他也强调产业活动更广泛的空间结构(如全球化)及其对创业精神和创新的影响。

显然,Scott 关注的是发达资本主义社会中"新经济"的发展,其创造场本质上是创业家与集聚地理结构的互动过程,这种互动过程形成了新经济在特定地理集聚空间中的循环累计增长。可以看出,创造场概念有效解释了增长极理论所没有解释的"推进型单元"的内生增长问题和扩散效应的机理问题,强调创业家通过商业联系和社会关系所形成的社会资本和网络对创业行为与新企业生成的影响,突出集聚经济结构,如专业化服务商、地方教育与培训机构、研发机构、工会、贸易协会等对实践知识生成和交换、技术与组织变化、文化产业发展的"孵化"作用。然而,Scott 的"创造场"理论也存在明显的局限性,它致力于以少数处于技术前沿的新经济集聚区的经验案例,来对发达资本主义社会"新经济"的地理集聚发展进行解释,而忽视了广大发展中国家在对技术前沿追赶过程中所出现的空间中的学习创新;并且 Scott 的"创新场"理论虽然以制度主义和演化经济学为理论基础,强调多尺度相互依赖、社会和空间嵌入、路径依赖和锁定在新经济活动地理集聚发展过程中的作用以及创造场在具体地理和历史情景中的文化和空间差异,但他并没有给出一个清晰的理论建构脉络,其理论建构的核心是集聚而非创新。

为了理解发展中国家乃至发达国家在全球化过程中区域发展的内在动力,我们在 Scott"创造场"概念和 Storper"技术—组织—地域"三位一体思想

---

① Scott A. J. Entrepreneurship, Innovation and Industrial Development: Geography and the Creative Field Revisited. Small Business Economics, 2006 (26): 1—24.

的基础上,结合行动者网络理论(actor-network theory-ANT),提出了"学习场"的概念①,以分析更为普遍的以追赶技术前沿为特征的空间技术学习现象。我们认为,创新本质上是多样化的异质的行动者(如个人、企业、政府和非政府组织等)交互学习的过程,而交互学习依赖于地理接近、关系接近和制度接近在特定时空情景的有机结合,这种结合必须联系地理尺度、嵌入和演化三个基本维度来进行分析,而近来兴起的新经济地理学的三个重要方向:尺度地理学、关系经济地理学和演化经济地理学,则为这三个维度的分析提供了理论基础(图1-1)。与 Scott 创造场概念强调集聚经济并将区域看作优先分析的尺度相比,学习场概念强调的是各种尺度交互作用下的学习,特别是地方网络与跨区网络(如全球生产网络)的战略协同在技术学习和路径创造过程中的作用。我们的学习场理论,既可以调和创新地理研究中地理接近、关系(组织)接近和制度接近之间的争论②,也可以将区域、国家、跨国乃至全球创新系统整合为一个统一的理论分析框架,从而为分析发展中国家乃至发达国家的空间化学习创新提供一个基本范式。

第三节　"学习场"与"实践理论"

"学习场"概念可以用法国著名社会学家皮埃尔·布迪厄的"实践理论"来分析。为超越某些导致社会科学长期分裂的根深蒂固的二元对立,如主观主义与客观主义知识模式的对立,结构与能动作用的对立,理论与经验研究的长期脱节,布迪厄通过构建惯习、场域、策略等概念创立了独树一帜的"实践理论"③。我们所建构的"学习场"概念,可以将"实践理论"作为知识生产的理论基础。

首先,"学习"是"学习场"理论构建的核心,它依行动者的策略而存在不同的模式。有关技术创新的大量案例研究表明,创新本质上是一个交互学习的过程。在学习经济中,企业和区域的竞争优势建立在创新的基础上,而创

---

① Miao Chang-Hong, Wei Yehua and Ma Haitao. Technological Learning and Innovation in China in the Context of Globalization . Eurasian Geography and Economics,2007,48(6):713—732.

② 苗长虹,魏也华. 技术学习与创新:经济地理学的视角. 人文地理,2007,97(5):1—9.

③ Bourdieu P. Outline of a Theory of Practice . Cambridge:Cambridge University Press,1977.

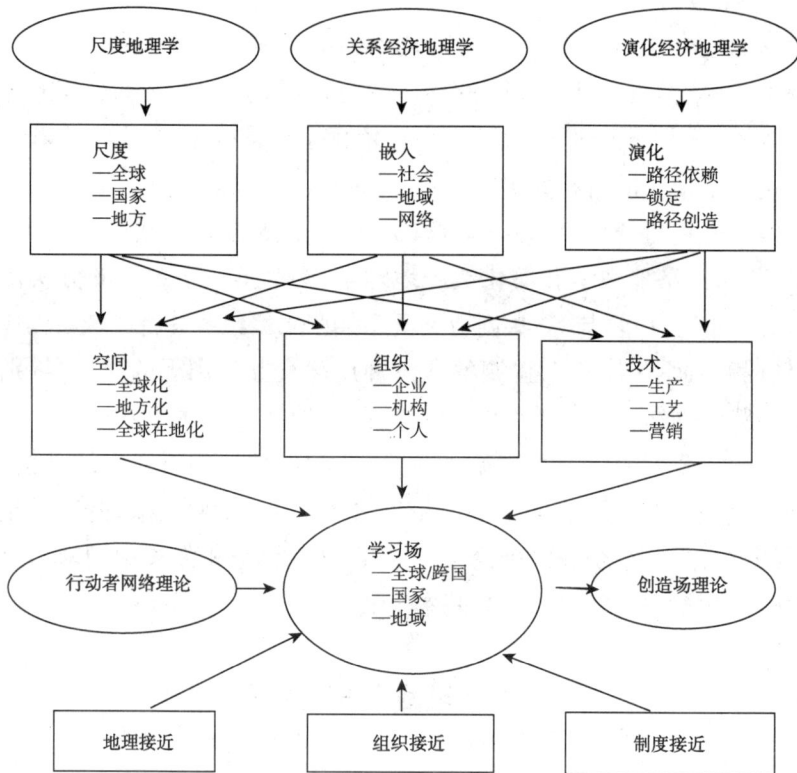

图 1 - 1   学习场分析的理论框架

新过程被视为嵌入于社会和空间的互动的学习过程。无论是发达国家的创新及领先优势,还是发展中国家的技术追赶及后发优势,均依赖于"学习"这一过程。因此,相对于"创新"而言,"学习"作为一种遍在形式,对于所有国家或地区更具有一般性,用"学习"为核心来构建"学习场"理论更具有普适性。自从 Arrow 于 1962 年提出影响深远的"干中学"机制以来[1],学者们相继提出了多种多样的学习策略和机制,如用中学,科技进步中学,产业竞争溢出中学,通过培训来学,通过交互作用来学,通过雇佣来学,基于联盟来学,通过创新和研究开发来学,共享学,通过模仿来学,通过搜索来学等[2]。从发展中

---

[1] Arrow K. Economic Implication of Learning by Doing . Review of Economic Studies,1962(29):82.

[2] 谢伟,吴贵生.技术学习的功能和来源.科研管理,2000,21(1):8—13.

国家的技术学习来看,也存在着通过自主研发的学习、通过技术引进的学习、通过模仿的学习等不同的主导学习策略和模式。

其次,"学习场"以"场域"为根本理论基石,而场域就是一个包括制度、文化、社会结构等在内的社会关系或网络系统。布迪厄认为,一个场域可以被定义为在各种位置之间存在的客观关系的一个网络(network)或一个构型(configuration),它由附着于某种权力(或资本)形式的各种位置间的一系列客观历史关系所构成,是诸种客观力量被调整定型的一个体系,是某种被赋予了特定引力的关系构型,这种引力被强加在所有进入该场域的客体和行动者身上①。因此,"场域"可以看作是由特定的社会行动者相互关系网络所表现的各种社会力量和因素的综合体,借助这个网络系统,社会成员或社会团体通过信息沟通、社会互动和社会资本的获取与占有,来改变社会关系及其中蕴含的资源,它要求抗拒我们骨子里那种用实体主义的方式来思考社会世界的基本倾向。因此,"学习场"概念的建构,意味着关系主义对实体主义的超越,旨在使地理学的传统实体论思维转向关系论思维,它要求从实践出发,既关注行动者在不同场域中的学习策略、关系建造和演化过程,又关注形塑这一实践过程及结果的手段和途径。

再次,"学习场"依"惯习"来运转并演化,而"惯习"则是制度与文化等"场域"形成并维持的认知基础。布迪厄认为,惯习是由"积淀"于个人身体内的一系列历史的关系所构成,其形式是知觉、评判和行动的各种身心图式,它构成了一种结构形塑机制,其运作来自行动者自身内部,是外在结构内在化的结果,它以某种大体上连贯一致的系统方式对场域的要求作出回应。惯习是无意识的,但却是创造性的,能体现想象力,但又受限于其结构,因而同时包含了人类实践活动的客观性和主观性两个方面,是社会结构的决定性影响的主观性体现,正是它产生了决定我们行为的实践逻辑②。因此,"学习场"作为各种行动者在"场域"中的交互学习过程,并不是由制度、文化、社会结构等"场域"单方面决定的,而是通过"惯习"与"场域"的相互作用来完成的。"惯习"保存了知识,特别是保存了与技能相关的意会知识,它为个人提供了认识工具,借助这种工具,不断涌来的信息可以被解释和理解;而"惯习"

---

① 布迪厄,华康德. 李猛、李康译. 实践与反思. 北京:中央编译出版社,2004:133.

② Bourdieu P. Practical Reasons:On the Theory of Action . Stanford:Stanford University Press, 1998.

又是在制度结构等"场域"之内被习得并被模仿的。这样,通过"惯习"这一中介,可以避免在机械决定论与自由决定之间做出非此即彼的错误抉择,也可避免在结构的行动和无意识的行动之间做选择。

从更直接的思想基础看,"学习场"概念可以从制度主义与演化经济学来认识。在经济学思想史上,以凡勃伦、康芒斯等为代表的美国制度主义,试图沿着达尔文的思路发展一种经济和制度演化理论,它从有关人类能动作用、制度与经济过程的演化性质的一般思想深入到与特定经济制度和经济类型相关的特定思想和理论,从而为一种把连续与变化、惰性和新奇包容于其中的框架提供了基础。根据当代制度主义和演化经济学家霍奇逊的看法①,制度主义自诞生以来,认知和学习就是其主旋律,强调行动者是交互作用的,并在一定程度上是可锻造的,他们在局部持久和自我强化的制度之网中相互缠绕在一起;认为学习远不只是信息的获取,它是有关认知、计算和评价的新手段和新模式的发展,因此是导致新习惯、新嗜好和新概念框架的创造的一种转变和重构过程;主张正是个人的交互作用形成了制度,但个人的目的或偏好也被社会条件所塑造,因此个人既是环境的创造者,也是其环境的产物。制度主义和演化经济学给习惯或惯习以中心的地位,认为习惯作为基本上是非深思熟虑地和自我驱使地采取从前行为模式的倾向,作为在重复的情景中自保持的和没有思考的行为,乃是人类行为和信念的基础,构成了作为社会行为一般规则的制度形成和维系的关键。因此,制度既是行动者头脑中"主观"的思想,又是他们所面对的"客观"结构,行为习惯和制度结构是相互缠绕、相互依赖、循环相互作用并相互强化的。对学习场概念而言,我们虽然致力于建构一个一般性的理论分析框架,但在经验研究中,我们则主张发展情景敏感性的具体理论。在学习场中,一方面,学习策略、学习场域和学习惯习之间是相互依赖、交互作用的,任何学习策略的设计和选择都离不开学习场域与学习惯习相互作用的约束;另一方面,实践中的学习场本身又是时空特定的、随空间而分异的、随时间而演化的,因而具有多元地理尺度、嵌入和路径依赖等性质。因此,从空间入手来分析学习场的结构和演化,就必须将其理论建立在对时空情景敏感的尺度地理学、关系经济地理学和演化经济地理

---

① 霍奇逊著.任荣华等译.演化与制度:论演化经济学和经济学的演化.北京:中国人民大学出版社,2007.

学的基础上。

第四节 学习场组成的关键要素

在创新研究中,学者们从不同侧面强调了个人(创业家、技术人员、管理人员等)、企业(供应商、生产商、销售商及相关服务企业)、中介组织、政府(中央和地方政府)、市场(全球市场与地方市场)、知识与技术流动、硬件基础设施、信任、规范和制度等要素对于空间技术学习的重要意义。

个人、企业、中介组织和政府都是重要的创新行为主体。自熊彼特强调创业家及其创业家精神推动资本主义"创造性破坏"发展以来,创业家与创新之间的密切联系一直为学者们所关注[1]。对创业家知识溢出理论(KSTE)的研究表明[2],创业家为把知识转化为新的价值以及最终的经济增长,主要依赖三方面的机制:一是把创业家精神看作知识外溢的通道,强调知识在经济增长中的重要作用是通过知识外溢实现的,而创业家精神是知识外溢的主要传导机制;二是认为创业家精神的涌现能够提升竞争的激烈程度而带来竞争优势,如 Porter 认为这是产业集群竞争优势的一个重要来源[3];三是认为企业家精神的兴起,给特定区域带来了多样性,而多样性的提升有助于改进经济绩效[4]。从执行熊彼特创新职能的主体看,创业家不仅仅来自于个人和企业,中介组织、政府在许多方面也可以发挥创业家的职能,东亚经济奇迹中的"发展型国家"就是这方面的典型例证。

中介组织、政府和市场在技术学习过程中发挥着重要的选择作用。创新行为主体能否将创新行为进行下去,关键取决于中介组织、政府和市场的选择。纳尔逊认为[5],企业作为具有"适应性"的实体,也是依"惯例"进行技术和其他实践的孵化器和载体,企业在给定的"市场"环境中的获利能力,取决

① 彼得·德鲁克.彭志华译.创新与企业家精神.海南出版社,2000.

② Audretsch D. B. , Keilbach M. C. and Lehmann E. E. Entrepreneurship and Economic Growth . Oxford:Oxford University Press, 2006.

③ Porter M. The Comparative Advantage of Nations . NY: Free Press, 1990.

④ Glaser B. G. Basics of Grounded Theory Analysis:Emergence vs. Forcing . Mill Valley, CA: Sociology Press, 1992.

⑤ 理查德·纳尔逊.经济增长的演化观.载库尔特·多普菲编,贾根良等译.演化经济学:纲领与范围.北京:高等教育出版社,2004:151—180.

于它和它的竞争对手的搜寻或学习过程,但也决定了技术和企业的"适应性",因此正是市场为技术和企业的筛选提供了主导的选择机制。然而,对于诸如医疗或国防等部门,职业判断或政治过程决定了企业的适应性。

知识和技术本身的性质决定和影响着空间流转的难易程度。知识可分为编码化知识和意会知识,而后者的有效获得依赖于面对面的交流,因此为了提高创新收益,创新主体需要在地理上与相关知识源邻近,从而能够与之进行频繁互动。研究表明,知识溢出更可能在地理上相互靠近的地区内发生,而不是跨区域的自由流动;创新比生产具有更高的集聚程度;企业技术源在空间上的接近程度随着学习难度的增加而提升,那些涉及新兴技术和复合技术的创新活动尤其具有地理集聚的内在动力,亦即技术的可编码化程度越低,相关创新主体的地理集聚就越迫切。因此,高新技术产业倾向于集聚发展[1][2][3]。Storper 在分析了四种类型的生产系统——小规模定制、高科技、大规模生产以及大规模精益生产的运行特征后发现,每种生产系统都存在使技术学习活动本地化的动力因素,关键原因仍然是意会知识的存在以及面对面交流的必要性[4]。但近年来,随着基于地理接近的"地域创新模型"不断受到挑战,一些经济地理学家认为,组织接近或关系接近在支撑意会知识的生产、辨识、占有、分享方面要比地理接近更为重要[5]。

此外,基础设施和公共服务机构、作为"软件"的社会资本等要素均对学习场的构建具有重要作用。"新区域主义"认为,地理邻近形成的集体学习、社会文化产生的信任和非贸易的相互依赖,基于血缘、地缘、业缘的非正式联

①　Feldman M. and Florida R. The Geographic Sources of Innovation: Technological Infrastructure and Product Innovation in the United States . Annals of the Association of American Geographers,1994,84(2):210—229.

②　Lundvall B. A. National Systems of Innovation: Towards a Theory of Innovation and Interactive Learning . Pinter Publishers, London. 1992.

③　Von Hippel E. Sticky Information and the Locus of Problem Solving: Implications for Innovations . Management Science, 1994.40(3):429—439.

④　Storper M. Regional Technology Coalitions:an Essential Dimension of National Technology Policy . Research Policy,1995,24:895—911.

⑤　Amin A and Cohendet P. Architectures of Knowledge: Firms, Capabilities, and Communities . Oxford: Oxford University Press,2004:1—13,112—137.

系,都是社会资本的重要来源,是区域发展的重要"关系资产"①,它们对遏制机会主义行为,促进创新扩散,具有独特作用。

第五节 学习场的结构:关系与嵌入

一、关系建构

"学习场"是由多种行为主体和相互作用中介的关系所建构的。这种关系,在形态上表现为"网络",而在功能上表现为"相互依赖"。一方面,根据Watts 和 Strogatz 的研究②,具有较高的群聚系数和较短的平均路径长度的小世界现象,不仅是社会网络的奇异特性,也是自然界许多大型稀疏网络的一种普遍现象。要分析这种复杂的网络形态,关系经济地理学强调,由法国巴黎学派领军人物拉图尔(B. Latour)、卡龙(Michel Callon)和劳(J. Law)等所开创和倡导的行动者网络理论为其提供了一个新颖而独特的研究方法③。这一理论以"一般对称性原则"(general symmetry principle)为基本纲领,用"行动者"(actor)来消除人(human)与非人(non-human)的鸿沟,将技术、机器、文本和资金的碎片"编入""行动者网络",并以转译(translation)来连接行动者网络,从而将人类实践活动看作是一个人类和非人类两者相互作用的场域,人类的力量与非人类的力量相互交织并在网络中共同演进。另一方面,关系经济地理学既描绘了关系邻近(relational closeness)和空间接近(spatial proximity)的共生现象(symbiosis),如 Storper 指出,区域不仅具有构成使用者—生产者关系网络的地方化输入—输出联系,而且具有导致组织和技术动态变化的非贸易相互依赖,其核心是意会知识、对实践的共同理解以及创新依赖于信任的和地方化的人与人之间的网络④;也描绘了网络的多样性、异质性和多尺度性,如 Yeung(2002,2005)透过"关系几何学"(relational geomctrics)来建构行动者与行动者、行动者与空间、行动者与制度、微观—宏观结构、行动与

---

① Storper M. The Regional World:Territorial Development in a Global Economy . New York:Guilford Press, 1997:3—25.

② Watts D J and Strogatz S H. Collective Dynamics of Small-World Networks. Nature, 1998,393:440—442.

③ Mordoch J. The Spaces of Actor-Network Theory. Geoforum, 1998,29(4):357—374.

④ 参见本页注1。

结构五方面的关系,认为这些关系可以从互补性(complementarity)、专用性(specificity)、不可分性(indivisibility)、彼此连接性(interconnectedness)、相互依存性(interdependency)来分析,从而将多中心性(multiplicity)和杂合性(hybrids)看作行动者关系网络的本质①。当前经济地理学所进行的种种"关系思考",如行动者网络概念,知识创造的去地域化观点,空间认同的关系建造,以情景性(contextuality)、路径依赖性(path-dependence)和权变性(contingency)为特征的不同尺度空间的关系行为和关系过程等②③,迥异于经济地理学和区域发展理论的传统方法,为认识学习场的结构提供了一种重要理论视角和方法。

二、学习场的嵌入

"嵌入"(embeddedness)是理解社会因素如何影响经济活动的一把钥匙。Hess 指出④,"嵌入"暗示了"经济行为是建立在社会结构的基础之上",它不仅包括网络嵌入,即用来描述包含个人或组织的行动者的网络,而且包括地域嵌入,即一个行动者受制于特定地方的程度,以及社会嵌入,即描述产生行动的个人的社会和文化背景。在产业区、产业集群研究的大量文献中,地方化的关系网络对当地社会结构、制度、政治和文化"嵌入"已经得到了很好的分析,一些学者还对"关系嵌入"和"结构嵌入"进行了区分,前者强调了集群内组织间关系的信任和社会文化基础,后者则强调组织在关系网络中的位置,如 Burt 认为⑤,从信息冗余看,处于结构洞中位置的组织往往具有更多的信息和控制优势。同时,"嵌入"理论也越来越多地被用来研究跨国公司与区

---

① Yeung H W C. Rethinking Relational Economic Geography . Transactions of the Institute of British Geographers NS,2005,30:37—51.

② Allen J. Lost Geographies of Power . Oxford,U. K. : Blackwell,2003.

③ Hudson R. Conceptualizing Economies and Their Geographies: Spaces, Flows and Circuits . Progress in Human Geography,2004,28:447—471.

④ Hess M. 'Spatial' Relationships? Towards a Reconceptualization of Embeddedness . Progress in Human Geography,2004,28:165—186.

⑤ Burt R. Structure Holes: the Social Structure of Competition . Cambridge, MA: Harvard University Press,1992.

域发展之间的关系。近年来有关"转型国家"利用外资的研究表明①②，由于不同的制度环境，外资在这些国家的"嵌入"很不一样。在捷克，"路径依赖"造成的"嵌入"十分明显，外资通常利用原有工业力量和传统；而在斯洛伐克，却是以建设与当地经济缺少产业联系的新厂为主，被 Grabber 形象地称为"沙漠里的教堂"③。在中国，跨国公司则是在与国家力量的"博弈"中以"义务嵌入"而建立与本地企业之间的联结④。

总的来看，以"关系"和"嵌入"等来透视"学习场"的结构，可以将学习场看作是由不同尺度的经济空间、社会空间、关系空间、地理空间交互作用的场域，它呈现为"嵌入式关系网络结构"。这种复杂的、片段化的和杂合性的场域结构决定了"学习场"的多样性和杂合性。

第六节 结论与讨论

与发达国家相比，发展中国家技术学习的根本目标是如何使企业从前沿技术的追随者而最终成为领先者，而技术本身的复杂性，如其所要解决问题的多样性，意会知识与地域性知识的重要性，变化的累积性、渐变性和连续性，在管理上对企业和地域的依赖性以及设计的重要性⑤，使这一目标的实现依赖于学习场的结构、性质和演化的方向。正是企业和地域互动所建构的学习场，决定了企业本土技术能力的强弱和在全球经济竞争中的地位。

当前，知识、学习和创新已经成为全球化时代最重要的竞争要素。本章认为，"学习场"以"学习"为核心，以"场域"为基石，以"惯习"为中介，以尺度

① Swain, A. Governing the Workplace: the Workplace and Regional Development Implications of Automotive Foreign Direct Investment in Hungary. Regional Studies, 1998, 32(7): 653—671.

② Pavlinek, P. & Smith, A. Internationalisation and Embeddedness in East Central European Transition: The Contrasting Geographies of Inwards Investment in the Czech and Slovak Republics. Regional Studies, 1998, 32(7): 619—638.

③ Grabher, G. The Disembedded Regional Economy: The Transformation of East German Industrial Complexes into Western Enclaves, in Amin, A., & Thrift, N., eds. Globalization, Institutions and Regional Development in Europe. Oxford, UK: Oxford University Press, 1994: 177—195.

④ Liu Weidong and Peter Dicken. Transnational Corporations and 'Obligated Embeddedness': Foreign Direct Investment in China's Automobile Industry. Environment and Planning A. 2006, 34(3): 52—540.

⑤ Forbes N and Wield D. From Followers to Leaders: Managing Technology and Innovation. Routledge, 2002.

地理学、关系经济地理学和演化经济地理学为理论基础,以 Storper 的"技术—组织—地域"三位一体思想为核心,整合了"行动者网络"和"创造场"两种概念工具,能够为调和创新地理研究中地理接近、关系(组织)接近和制度接近之间的争论,为分析发展中国家的空间化学习创新提供新的视角,而"关系(网络)"和"嵌入"是对学习场结构进行解析的两个基本维度,正是"嵌入式关系网络结构"决定了"学习场"的多样性和杂合性。

学习场概念为分析空间中创新的多样性和杂合性提供了一种工具。但实践中空间创新系统的性质还必须联系具体的时空来进行分析。同时,学习创新的演化本质决定了空间创新系统的性质是不断演化的,它虽然会受到路径依赖甚至锁定的制约,但也受偶然因素、环境涨落诱发和路径创造的导引。因此,学习场概念需要通过大量的经验案例研究来丰富和发展,其政策含义也需要进一步的探讨和提炼。

第二章

学习场与技术学习的区域差异[①]

第一节　引　　言

国内外区域发展的实践表明,高新技术企业主要倾向集中于大城市,而来自发展中国家的许多案例表明,技术创新、技术升级等过程也主要集中在大都市区域。北京和上海是中国两个最大的城市,北京的中关村被誉为中国的"硅谷",是中国智力最密集的区域[②],而国际化大都市上海作为中国经济发展的"龙头"与北京分庭抗礼,其中,张江高科技园区是"上海市最具竞争力科技园区",并形成以"本国研发机构 + 留学人员企业 + 技术创新基地"[③]为主要发展模式的新生产空间。北京和上海高新区的建设和发展走在全国的前列,具有典型的代表性,对中国开发区乃至区域发展具有特殊的意义。

北京和上海的高新区的技术学习引起了许多研究者的兴趣,技术升级、区域内部创新动力以及区域集聚是其关注的焦点:(1)以产业区方法为框架来分析中关村的发展[④],一个主要的发现是在早期发展阶段由具有创新性的内资企业所主导,而后来则由外资企业所主导,这种转变的结果是对国外技

---

① 原载《科学学与科学技术管理》2009 年第 5 期。与艾少伟合作完成。

② Wang Jici, Wang Jixian. An Analysis of New-tech Agglomeration in Beijing: a New Industrial District in the Making? Environment and Planning A,1998,volume 30:681—701.

③ 宁越敏. 外商直接投资对上海经济发展影响的分析. 经济地理,2004,24(3):313—317.

④ 参见本页注 2。

术更加依赖,而对本地知识的依赖程度减少;(2)Lu[①]探讨了转型经济中的技术学习与创新,研究发现中国公司的发展是作为副产品而来自于本地的大学和科研机构,并强调本地知识创造对于中关村发展的重要性;(3)Zhou和Tong[②]基本认同Wang和Wang(1998)的观点,即中关村的发展由内生创新转向了由国外所主导的创新,但强调区域知识基础对于中国和外国企业的重要性;(4)Ingo Liefner、Stefan Hennemann和Lu Xin[③]则在上述学者研究的基础上,对在技术创新的不同阶段的中关村内资企业、外资企业和大学/科研机构区域内外之间的合作关系进行了深入分析,研究发现,外国公司和大学/科研机构是技术学习过程中合作伙伴的主要来源,但空间上这些创新伙伴处于不同的区位,具有强弱不同的网络联系;(5)周伟林等[④]对中国高新区的聚类及对比分析表明,分属第一类和第二类高新区的北京和上海在开发效益上有明显差异,北京中关村内的企业主要是内向型的,而上海张江则主要是外向型的;(6)曾刚等[⑤]对京沪区域创新系统的研究表明,与外国公司的合作,对京沪两地高新技术企业开拓新产品市场、理清发展思路具有重要影响;与国内高校、科研机构的合作,对高新技术企业的新技术开发能力建设具有积极意义。此外,曾刚[⑥]基于技术势能、技术合作伙伴之间的距离、技术扩散通道的内外环境等三个因子,从宏观、微观两个尺度分析了上海市张江高科技园区技术扩散的特征。

　　上述以产业区框架及区域创新系统方法的研究较为深入地解释了京沪两地高新区技术学习特征、差异、原因,但仅仅关注内外资技术学习规模、能力及水平的差异、不同行为主体的网络联系的强弱,并不能很好地解释技术学习背后全球化、地方化及政府等多种力量的相互交织、留学创业人员的大

---

①　Lu Q. Learning and Innovation in a Transitional Economy: the Rise of Science and Technology Enterprises in the Chinese Information Technology Industry . International Journal of Technology Management,2001(21): 76—91.

②　ZhouY, Tong X. An Innovative Region in China: Interaction Between Multinational Corporations and Local Firms in a High-tech Cluster in Beijing . Economic Geography, 2003(79):129—152.

③　Ingo Liefner,Stefan Hennemann,Lu Xin. Cooperation in the Innovation Process in Developing Countries: Empirical Evidence From Zhongguancun, Beijing . Environment and Planning A, 2006,volume 38:111—130.

④　周伟林,桂秋. 中国高新区聚类分析与评价.浙江社会科学,2002(3):37—42.

⑤　曾刚,李英戈,樊杰. 京沪区域创新系统比较研究.城市规划,2006,30(3):32—38.

⑥　曾刚,林兰. 不同空间尺度的技术扩散影响因子研究.科学学与科学技术管理,2006(2):22—27.

规模国际流动、历史机遇、政治制度等对技术学习具有重要影响的要素,其对技术学习差异原因的解释力度也远远不够。本章拟以学习场为分析工具,对中关村和张江技术学习模式的区域差异进行解剖。

第二节　区域技术学习分析的理论背景

技术创新是交互作用的学习过程,这一过程需要供应商、客户、大学/科研机构等不同行为者及其前向后向关联之间的互动。对技术创新过程的理解反映在创新环境理论①、区域创新系统②、产业区理论③等不同理论流派当中,尽管这些理论使用不同的概念、强调不同的要素用以解释技术学习/创新、技术升级及其区域经济发展,但都认同外国公司(特别是跨国公司)、大学/科研机构、内资企业等行为主体的合作以及知识/技术的交流对于技术学习/创新、技术升级的重要意义。

网络和关系概念则更加深了对技术创新这一过程的理解。Granovetter④⑤把社会网络的活动划分为强联系(strong ties)、弱联系(weak ties)和纽带联系(bridging ties)以表达关系强度和信息流动效率的差异。Ruef⑥研究发现,创新的扩散和远距离技术信息传播的有效性依赖于能够导致创新的弱联系(weak ties),同样,跨越不同网络的纽带联系(bridging ties)信息流动和知识创造至关重要。而Burt⑦则用"结构洞"(structural holes)概念来定义虽然存在但没有关联的网络之间的距离,"结构洞"在此扮演"中间人"的角色,

---

① Aydalot, and D. Keeble, 1988. High Technology Industry and Innovative Environments . The European Experience, London: Routledge.

② Asheim, B. T. , Isaksen, A. , Regional Innovation Systems: the Integration of Local 'Sticky' and Global 'Ubiquitous' Knowledge . Journal of Technology Transfer, 2002, 27(1): 77—86.

③ Markusen A R. Fuzzy Concepts, Scanty Evidence, Policy Distance: the Case for Rigour and Policy Relevance in Critical Regional Studies . Regional Studies, 2003(37): 701—718.

④ Granovetter M. The Strength of Weak Ties . American Journal of Sociology, 1973, 78: 1360—1380.

⑤ Granovetter M. The Strength of Weak Ties: a Network Theory Revisited . Sociological Theory, 1983, 1: 201—233.

⑥ Ruef M. Strong Ties, Weakties and Islands: Structural and Cultural Predictors of Organizational Innovation . Industrial and Corporate Change, 2002(11): 427—449.

⑦ Burt R S. Structural Holes: The Social Structure of Competition 2nd edition . Harvard University Press, Cambridge, MA, 1995.

就中国高新区而言,内资企业与国外企业的合作网络、内资企业与大学/科研机构的合作网络即需要这样一个"中间人"来实现技术学习网络的联结。Walcott① 应用上述思想得出了中国高技术产业区的演化模型,即从初始阶段纯粹由国外企业所主导进而到成熟阶段由创新的国内高技术企业所主导,然而,中关村在20世纪80年代的发展状况并不符合这一规律。

我们新近提出的"学习场"概念②,作为技术学习的理论综合,旨在分析更为普遍的以追赶技术前沿为特征的空间技术学习现象,不仅认为创新本质上是多样化的异质的行为者(如个人、企业、政府和非政府组织等)交互学习的过程,而且强调这种交互学习依赖于地理接近、关系接近和制度接近在特定时空情景的有机结合。该理论对多样化、异质性及特定时空情景的强调,乃是本章分析的理论基础。

第三节　北京与上海的区域学习/创新及竞争力水平

发展中国家在不断卷入全球性生产网络和融入国际知识网络的过程中,面临两种选择:第一是跟随工业化发达国家并采用其先进的技术,第二是创造自有技术。

一些成功的故事(如韩国、新加坡和台湾地区)表明,即使有依赖于国外技术的风险,但吸收和采用发达国家的技术依然是发展中国家的首选③④⑤。对此,区域创新系统理论强调内生要素对于发展中国家地域创新行为和过程的决定性作用,而区域学习系统理论则强调通过借助一系列学习过程以及对外部知识和技术的吸收、模仿、本地化而达到的技术改良,区域技术学习对发展中国家技术进步更具重要意义。一般地,区域技术进步是区域创新系统与

① Walcott S M. Chinese Industrial and Science Parks: Bridging the Gap . The Professional Geographer, 2002,54:349—364.

② Chang-Hong Miao, Yehua Dennis Wei, and Haitao Ma. Technological Learning and Innovation in China in the Context of Globalization . Eurasian Geography and Economics,2007,48(6):1—20.

③ Hobday M. Export-led Technology Development in the Four Dragons: the Case of Electronics . Development and Change, 1994a,25:333—361.

④ Mowery D C,Oxley J E. Inward Technology Transfer and Competitiveness: the Role of National Innovation Systems . Cambridge Journal of Economics, 1995,19:67—93.

⑤ World Bank. The East Asian Miracle . Oxford University Press, New York, 1993.

区域学习系统共同作用的结果①②。

在技术发展水平上,发达国家和发展中国家呈现出明显的中心—边缘格局,国家内部不同区域的差异也相当显著。我国现阶段的中心—边缘地区发展差异显著,并呈现出进一步扩大的趋势③,北京、上海等少数具有从事大规模研发和知识密集型产品生产的大都市区域成为区域的先导中心。

虽然北京和上海均具有相同的行政管理级别,人口规模相当,经济发展水平类似,基础设施也相差不大,但上海外向型更加突出,而北京政治地位和科技资源在国内首屈一指。

就其竞争力水平而言,已有研究表明,张江科技园区的总体竞争力略高于中关村,但远低于新竹科技园区,其竞争力指数大约只及新竹的1/3,且这种差距是全方位的④。中关村在全员劳动生产率、国际市场占有率、地均产值方面高于张江,但在销售利润率和研发投入上低于张江。见图2-1:

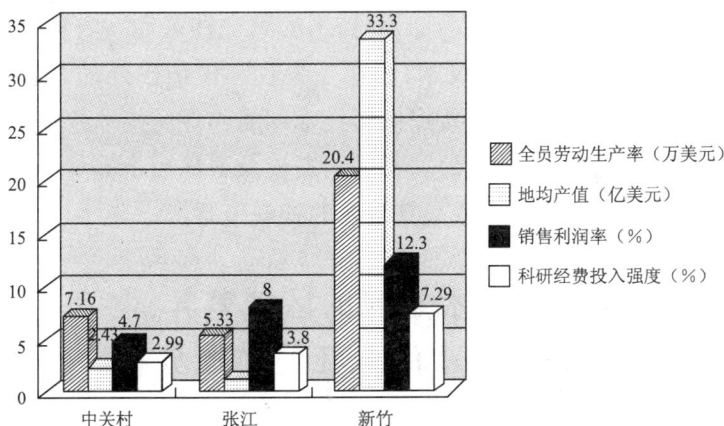

图2-1 中关村、张江与新竹科技园区竞争力指标对比
资料来源:整理自刘春香(2006)。

① Freeman C. Technology Policy and Economic Performance:Lessons from Japan . London/New York,1987.

② Coe N M,Hess M,Yeung H,Dicken P. 'Globalizing' Regional Development:a Global Production Networks Perspective . Transactions Institute of British Geographers,2004,29(4):468—484.

③ Dahlman C J,Aubert J-E. China and the Knowledge Economy . Seizing the 21st Century. Washington D. C,2001.

④ 刘春香.上海张江高科技园区企业集群竞争力的比较研究.集团经济研究,2006,(4/上半月刊):113—114.

第四节　开发区技术学习的来源

一般认为,外资企业/外国公司(FCs)、国内高校及科研院所(PROHEIs)和内资企业(CCs)是我国企业主要的外部知识和技术源泉①。这三种知识/技术来源各有特点。

在全球化背景下,外资企业/外国公司,特别是跨国公司成为国际技术转移的主力。发展中国家的多数政府都把 FDI 视为向外国公司学习并升级其知识/技术基础的一种主要方式,但也不乏批评者的声音。

国内高校及科研院所具有较高的技术水平,但偏重于基础研究,缺乏与企业进行合作与技术转移的激励②。然而,由于障碍因素较少,国内高校及科研院作为技术学习的一种来源,与国内企业的合作更加容易和顺畅。

内资企业的研发努力被视为知识/技术的第三种来源。内资企业的主要功能不在于直接产生新知识/技术,而在于吸收和模仿国外的先进技术。内资企业之间的合作虽然并不直接提供新技术却能够促进技术进步。

总体而言,外资企业/外国公司和国内高校及科研院所是企业外部知识/技术的两大主要来源,内资企业是其重要的补充来源。

第五节　技术学习的区域差异:北京 中关村与上海张江的对比分析

为了便于对比分析,一方面,文中主要采用 2003 年中国科学院地理科学与资源研究所与华东师范大学资源与环境科学学院联合对北京和上海高新技术企业创新活动的调查结果,另一方面,文中主要采用曾刚、李英戈和樊杰③对于技术创新阶段的划分,即技术创新过程一般包含一般信息交流、开发思路、样品研制、中试和市场开发等几个阶段(见表 2 – 1、表 2 – 2)。贯穿这

---

①　参见第 18 页注 3、注 5。

②　Liefner I. Funding, Resource Allocation, and Performance in Higher Education Systems . Higher Education, 2003(46):469—489.

③　参见第 18 页注 5。

一过程是构成学习创新网络的不同行为者,即外资企业/外国公司、国内高校及科研院所和内资企业之间的竞争与合作。

一、历史起点的差异

中关村的发展起始于中国改革开放之后的 20 世纪 80 年代早期,中国科学院(CAS)、中国工程院(CAE)、著名的大学(如北大、清华)及众多科研机构的重组、国家计划("863"计划、"火炬"计划)等在中关村的企业技术学习中起到了至关重要的作用,Wang 和 Wang[①]、Ingo Liefner 等[②]对这一点都有论述。而上海浦东新区的开发则起始于邓小平 1992 年南巡讲话之后,大量国外企业纷纷涌入浦东,特别是世界 500 强大型跨国公司,这为上海高新区的技术学习注入了很大的活力。

二、内向型与外向型

已有研究表明,北京高新区的技术学习特征偏于内向型,而上海高新区则更偏于外向型[③]。但这个结论有些以偏概全,有失偏颇。从 Wang 和 Wang[④]、Liefner[⑤]等学者的研究中可以发现,中关村在 20 世纪 80 年代主要是内向型的,即基本上依赖于北京为数众多的高校和科研机构的知识/技术转移,国外公司的作用几乎可以忽略,而后来随着国外企业特别是很跨国公司大举涌入中国的各类开发区,高校和科研机构的作用在下降,而对跨国公司的依赖逐渐在上升,表 2−1 基本上反映了这种状况。相对于北京而言,跨国公司则在上海技术学习/创新的各个阶段都占据绝对的主导地位(见表 2−1),外向型的特征十分明显。

从目前来看,北京、上海开发区企业的外向性程度在逐步加深,即其技术学习/创新明显依赖于跨国公司的活动,与此同时,国内高校及科研机构的作用也在扩大。

---

① 参见第 17 页注 2。
② 参见第 18 页注 5。
③ 参见第 18 页注 4。
④ 参见第 17 页注 2。
⑤ 参见第 18 页注 5。

三、外部技术来源的区域差异显著

对于外部技术来源的区域差异,研究表明①外国公司、国内高校及科研机构对企业技术进步所起作用各不相同,北京和上海两地企业之间创新合作也具有不同的区域特征。对于上海的企业来说,外国公司是更为重要的技术合作伙伴;对于北京的企业来说,与高校及科研机构的合作关系则更为重要。北京、上海比较类似的一点是,本地企业与外国公司的合作主要发生在新技术开发思路、市场开发策划两个阶段。本地企业与高校和科研机构的合作则集中于技术难题的破解(即样品研制和产品中试)阶段,在市场开拓方面的合作很少(见表2-1)。

表2-1　2003年北京、上海高新技术企业在不同合作领域的合作伙伴重要程度差别(%)

合作伙伴	阶段1 一般信息交流		阶段2 开发思路		阶段3 样品研制		阶段4 中试		阶段5 市场开发	
	北京	上海	北京	上海	北京	上海	北京	上海	北京	上海
外国公司	23	36	23	36	19	39	20	40	22	44
高校及科研院所	20	18	30	29	33	30	32	30	10	9
国内公司	57	46	47	35	48	31	48	30	68	47
小计	100	100	100	100	100	100	100	100	100	100

资料来源:中国科学院地理科学与资源研究所.2003年北京高新技术企业创新活动调查.北京:2004年.华东师范大学资源与环境科学学院.2003年上海高新技术企业创新活动调查.上海:2004年.

需要指出的是,外国公司、国内高校及科研机构作为企业的两大主要技术来源,其所起的作用还要结合企业本身的规模、经营时间、企业特性、吸收能力等进行具体分析。

四、合作领域与合作伙伴的差别

从表2-1来看,北京和上海的企业在不同合作领域的合作伙伴中,外

---

① 参见第18页注5。

国公司、国内高校及科研机构、内资企业所起的作用各不相同。对于北京的企业来说,外国公司在各个阶段的作用基本上 20% 上下,而上海则为 40% 上下,几乎是北京的两倍,说明外国公司对于上海的企业的影响更为突出。国内高校及科研机构在北京和上海两地所起的作用基本相当,北京更突出一些,同时,国内高校及科研机构在市场开发方面的作用很小,合作也很少。国内企业合作对于北京的企业而言,5 个阶段所起的作用平均在 50% 以上,上海则要少很多,这在一定程度上说明,北京偏于内向,而上海更偏于外向。

表 2 - 2　2003 年北京、上海高新技术企业不同合作伙伴的合作领域差别(%)

合作领域		外国公司		高校及科研院所		国内公司	
		北京	上海	北京	上海	北京	上海
阶段 1	一般信息交流	22	18	16	14	20	23
阶段 2	开发思路	29	25	34	33	23	25
阶段 3	样品研制	15	24	24	31	15	20
阶段 4	中试	10	13	15	15	11	10
阶段 5	市场开发	24	20	11	7	31	22
小计		100	100	100	100	100	100

资料来源:中国科学院地理科学与资源研究所.2003 年北京高新技术企业创新活动调查.北京:2004 年. 华东师范大学资源与环境科学学院.2003 年上海高新技术企业创新活动调查.上海:2004 年.

从表 2 - 2 来看,对于北京的企业而言,外国公司在一般信息交流、开发思路和市场开发领域所起的作用更大一些,而上海这主要在开发思路、样品研制和市场并发等领域。国内高校及科研机构对于北京和上海的企业而言,在不同合作领域所起的作用大致相当。国内公司的作用也略有差异,对于北京的企业而言,市场开发更加突出一些,而上海则在样品研制方面更加突出一些,说明北京的企业国内市场比重较大,而上海的企业则主要面向国际市场。

五、创新联系的区域范围及网络特征差异

表 2-3   北京、上海高新技术企业创新过程中合作伙伴的空间分布

城市	北京				上海			
指标	外国公司	高校及科研院所	国内公司	小计	外国公司	高校及科研院所	国内公司	小计
比重、样本数	%(n=90)	%(n=134)	%(n=495)	(n=719)	%(n=293)	%(n=222)	%(n=547)	(n=1062)
本地	10	61	34	256	23	54	31	360
国内其他地区	14	36	59	354	17	42	57	451
海外	76	3	7	108	60	4	12	251
小计	100	100	100	100	100	100	100	100

资料来源:中国科学院地理科学与资源研究所.2003 年北京高新技术企业创新活动调查.北京:2004 年.华东师范大学资源与环境科学学院.2003 年上海高新技术企业创新活动调查.上海:2004 年.

表 2-3 中显示,对于北京的企业来说,与其合作的外国公司大多数位于海外,这一比例达到 76%,但有接近 1/4 的外国公司位于本地和国内其他地区,而与上海企业合作的外国公司比例为 60%,本地的比例则达到 23%,与北京相比,这种近邻效应更加便于国内企业与外国公司的知识/技术的转移与交流。

本地的高校及科研机构在北京和上海都具有绝对优势,与上海相比,高校及科研机构在北京本地的比例占据相对优势,这与北京拥有为数众多的高校和实力雄厚的科研院所有着直接的关系。与国内其他地区高校及科研机构的合作在京沪两地也占有相当高的比重,均超过 1/3。与海外高校及科研机构的合作只占很小的比例,这一方面说明,国内的创新与国际的创新相脱节,另一方面,这种现象可能与国内企业的规模、实力有关,也可能与国外高校及科研机构的合作意愿有关,当然,也不排除国外高校及科研机构对国内企业的情况及运营环境了解不深,而不愿意冒险把最新的知识/技术转移到国内的企业。

与北京、上海两地企业合作的国内企业的分布情况大致相同。除了本地

的国内公司占有重要份额之外,国内其他地区则占据更为重要的地位,分别达到59%和57%,这说明,京沪两地企业与国内企业的合作网络已经延伸到全国各地,十分有利于知识/技术的扩散和技术进步。

第六节　学习场区域差异的原因分析

一、多种力量的交织

上述技术学习的区域差异是多种力量催生的复杂产物,主要是全球化与地方化、政府与市场以及各种行为主体等多种力量的相互交织。

在全球化背景下,跨国公司成为国际技术转移的主力。对于跨国公司而言,发展中国家拥有廉价的劳动力和广阔的市场,而对于发展中国家而言,与跨国公司的合作有利于技术的升级和进步。目前,发展中国家的技术学习依然以吸收、消化和模仿为主,引进技术的目的在于技术的本地化,真正实现的技术创新很少。国家政府,特别是地方政府提供的高科技产业政策、鼓励企业进行技术创新的各种工程、计划等十分有利于企业的技术学习。

然而,多种力量的交织和对比在北京和上海两地很难实现平衡,因而上述差异是必然的和多方面的。

二、知识/技术信息扩散与传播的地理邻近效应

接近(proximity)机制对于学习与创新的重要性已经受到许多学者的关注[1][2]。

意会知识具有强烈地方化的空间粘结性[3]。这种特性使得知识、信息和技术能够在近距离内进行有效的传播和扩散。

地理接近机制能够很好地解释北京中关村在20世纪80年代的发展。中国改革开放为高校及科研机构提供了契机,而中关村的发展即得益于这种近

---

① Morgan K. The Exaggerated Death of Geography:Learning,Proximity and Territorial Innovation Systems . Journal of Economic Geography,2004,4(1):3—22.

② Boschma R A. Why is Economic Geography Not an Evolutionary Science? Towards an Evolutionary Economic Geography. Working Paper,Utrecht:Utrecht University,2005.

③ Gertler M. Manufacturing Culture:the Institutional Geography of Industrial Practice . Oxford:Oxford University Press,2004:46—74,132—177.

邻优势和效应,像北大方正、清华紫光等知名企业即衍生于这些高校及科研机构。上海则得益于优越的地理区位以及接近国家大市场的优势,因而有大量跨国公司的进入。

三、归国留学创业人员的大规模流动及跨国"实践社区"

地理的接近性并非是唯一的解释机制。全球化所带来的"跨国社区"的兴起和大规模的人口跨界"流动与迁移",特别是大量的归国留学人员在北京和上海的集聚以及创业活动,则对跨界技术学习具有更加普遍的意义。

目前,归国留学人员在京创办的企业已近3800家,仅中关村就累计2200家。截至2007年底,在浦东新区工作创业的归国留学人员共有11000余人,创办各类创新企业900多家,其中在张江高科技园区工作创业的归国留学人员6000多人,创办各类创新企业600多家。这种归国留学人员"个人的关系接近"及其形成的"实践社区"不仅具有流动性和多样性,而且具有国外先进的技术与国内优秀人才相结合的优势,十分有利于通过"全球通道"实现外国公司先进技术的转移。

归国留学人员在北京、上海两地的数量,创办企业的数量、规模和效益,以及创办企业的合作伙伴和领域均对技术学习区域的差异有显著影响。

四、历史机遇、制度接近及政治嵌入

就历史机遇而言,北京中关村企业起步于改革开放之初,而上海则起步于更加开放、更加市场化和更加国际化的20世纪90年代。20世纪80年代之初的特殊时期,中关村企业所能寻求的唯一技术来源主要是依托本地的高校及科研机构,即使后来对跨国公司技术转移的依赖日益增强的情况下,本地高校及科研机构对中关村企业的科技投入和技术支持依然重要,具有明显的路径依赖。与北京的发展路径相反,上海浦东新区起步之始即充分利用了优越的国际国内日益开放的环境和国际国内两个市场,其知识/技术的首要来源是进驻的跨国公司,随着时间的推进,本地高校及科研机构才成为知识/技术的第二个重要来源。

"制度接近"是跨国公司大量涌入浦东新区的重要机制。在日益开放的国际环境下,上海作为国际大都市,具有国内其他城市所不具有的优势,即与

国际接轨的相对开放透明的市场经济制度环境,而正是相似的制度环境促使跨国公司选择上海作为其技术转移的重要区位。而北京是中国的政治、经济中心,政治色彩更为浓厚,在同等条件下,中关村企业的技术学习/创新活动更容易受到政府力量的介入。

五、企业特征与吸收能力

外国公司、高校及科研机构的存在及其合作的意愿不是知识/技术发生转移的充分的前提条件,开发区企业吸收能力同等重要,即有能力接受、吸收来自外国公司、高校及科研机构的知识/技术。吸收能力是成功合作的前提[1],特别是当外国公司所提供技术并非满足国内合作伙伴的需要时,吸收能力尤为重要。因此,企业本身内在的研发努力和研发活动扮演着一个重要的角色[2],对于提升技术合作的效果并把外来技术转换为自身可用的技术具有十分重要的意义。

企业规模、成立时间等自身特性会影响到吸收能力,因为规模大的企业会更容易冒险投资一项新技术。另外,交流能力,即对根植于外国公司的文化的理解会影响企业的吸收能力进而影响技术的转移。

第七节　结论与讨论

北京和上海具有相似的发展条件,但其技术学习的差异却是全方位的,具体体现在历史起点、发展路径、外部知识/技术的来源、合作领域及合作伙伴、创新网络等多个方面。

强调地理接近、关系接近和制度接近依特定时空情景有机结合的"学习场"理论可以很好地解释上述差异:

(1)技术学习差异的背后是全球化与地方化力量、政府与市场力量等多种力量的相互交织。

---

① Scott J T. Absorptive Capacity and the Efficiency of Research Partnerships . Technology Analysis and Strategic Management, 2003(15):247—253.

② Griffith R, Redding S,Van Reenen J. R&D and Absorptive Capacity: Theory and Empirical Evidence . Scandinavian Journal of Economics, 2003(105):99—118.

（2）北京、上海高新区企业的最初发展和技术来源均可以用知识/技术信息传播的地理接近机制来解释。

（3）归国留学人员的大规模流动、创业活动以及由此形成的"跨国社区"可以用来解释发展到一定规模之后，"个人的关系接近"以及"全球通道"对于企业技术学习创新的重要意义。

（4）历史机遇及其路径依赖在很大程度上决定了企业及区域的发展路径。更进一步，具有相似甚至全球普遍性的市场经济制度也许更能解释跨国公司，特别是全球 500 强企业大量涌入上海浦东新区的现象。而用"政治嵌入"来解释北京企业的技术学习则更为合理。

（5）企业特征与吸收能力对于解释技术学习的区域差异同样具有十分重要的作用。

第三章

全球—地方联结与产业集群的技术学习①

第一节　引　言

20 世纪 90 年代以来,伴随着经济全球化的深入推进,经济活动全球化和地方化的关系迅速成为经济地理学和区域发展研究的焦点。一方面,围绕着"新产业区"、"产业集群"和区域发展的研究,许多学者重新发现并更加强调地方化的作用②,并把区域看作人类经济和社会生活的基础,促进学习创新和培育竞争优势的重要关系资产③;另一方面,围绕着"跨国公司全球化"、"全球商品链(价值链)"的研究,一些学者则更加强调全球化对经济活动空间与地方的影响④⑤。事实上,在区域发展过程中,全球化与地方化的关系在不同的区域、同一区域的不同发展阶段,有不同的相互作用强度和相互作用关系。区域发展既不是受全球化的单向度影响,也不是受本地化的单向度影响,而

---

① 原载《地理学报》2006 年第 4 期。

② Mackinnon D, Cumbers A, Chapman K. Learning, Innovation and Regional Development: a Critical Appraisal of Recent Debates. Progress in Human Geography, 2002,26(3):293—311.

③ Stoper M. The Regional World: Territorial Development in a Global Economy. New York:The Guilford Press,1997.

④ Peck J, Yeung H W C (eds.) Remaking the Global Economy: Economic-Geographical Perspectives. London: Sage, 2003.

⑤ Gereffi G. International Trade and Industrial Upgrading in the Apparel Commodity Chain. Journal of International Economics,1999(48):37—70.

是一个"全球本地化"(glocalization)的历史地理过程①。虽然在全球化深入推进的背景下,经济发展的空间不平衡性更加凸现了地方化因素在资源流动中的"粘结"作用②,但若失去了地方与全球的经济联结,即使再强大的粘结功能也会因失去经济发展赖以进行的"要素"或"资源"以及更为重要的学习创新机会而停滞。因此,必须以辩证统一的观点来考察全球—地方联结对区域发展的影响。

目前,产业集群或者"专业化产业区"业已成为西方发达国家地方与区域发展研究和政策实践中最为流行的理论工具之一,并日益引起发展中国家和地区的广泛关注。但由于经济发展阶段和社会生产体制不同,各国产业集群在发展机理和管制(regulation)、治理(governance)模式上也存在着明显的差别,由此形成了在如何实现产业集群的技术学习和产业升级这一问题上的激烈争论。中国正处于从计划体制向现代市场体制、从传统农业社会向现代工业社会快速转型的过程中,无论是在东部经济发达地区还是在中西部经济欠发达地区,产业集群近年来均获得了引人注目的发展。与发达国家处于"高端道路"的集群学习模式不同,中国产业集群的自主技术创新能力普遍较弱③④。由此,这些产业集群能否以及如何从"低端道路"迈向"高端道路",直接关系到中国新型工业化道路的实现,也在一定程度上影响着中国未来作为"世界工厂"的性质和在全球经济中的地位。本章以产业区理论、管制理论(regulation theory)和全球生产网络(global production networks-GPN)理论为基础,以全球网络和地方网络的扩展及相互作用为分析主线,以学习创新为核心,以中国中部河南许昌的一个传统外向型产业集群——发制品产业集群为案例,通过学习型产业区的理论建构和案例区的实地调查,来研究全球—地方网络联结的方式、层级、动态及其对技术学习的影响,以寻找转型时期我国产业集群技术学习与产业升级的有效途径。

---

①　Swyngedouw E. Neither Global nor Local:'Glocalization'and the Politics of Scale. In Kox K ed. Spaces of Globalization:Reasserting the Power of the Local. New York and London:Guilford and Longman,1997:137—166.

②　Markusen A. Sticky Places in Slippery Space:a Typology of Industrial Distracts. Economic Geography,1996(72):293—313.

③　王缉慈.创新的空间——企业集群与区域发展.北京:北京大学出版社,2001.

④　朱华晟.浙江产业群——产业网络、成长轨迹与发展动力.杭州:浙江大学出版社,2003.

第二节　理论框架

20 世纪 80 年代以来,在国际经济地理学和区域发展研究领域,区域经济复兴的观点以及围绕区域经济复兴而建构的理论学说可以说是层出不穷,并形成了以"新区域主义"①和"制度与文化转向"②以及全球商品链(价值链)和全球生产网络③等为核心的学术前沿。由于近年来国际经济地理学和区域发展的主流学说,基本上都是基于欧、美等发达资本主义新的时空动态而提出的,考虑到新兴工业化国家和地区的区域经济发展现实,一些学者提出了"将产业区概念一般化"④和"对亚洲的经济地理进行理论化"⑤的呼吁,一些华人经济地理学家则进一步强调,我们虽然需要外来的特别是来自主流的观念来充实我们的理论及扩充我们的视野,但要避免被主流所吞噬,我们就"必须保有我们特有的学术身份",以实地研究为基础,开发适合国情的理论,以与众不同的学术成果,批判主流理论之不足⑥。

华人社会特别是中国在社会经济运行及其制度和治理机制上存在许多独特性。我们的理论建构,既需要借鉴西方的主流理论,又必须紧密结合华人社会经济运行的实际。在西方主流理论对区域发展的阐释中,目前存在着一种将全球化与本地化进行有机理论整合的新趋势。一些学者以新区域主义区域发展理论为基础,提出了促进集群竞争力的"地方传言—全球通道"模型(buzz-and-pipeline model),认为无论是意会知识还是可编码知识,都可以通过高水平的传言在集群内部进行地方化交换,也可以通过全球通道的投资实现跨越集群的全球交换。因此,在集群的创新和知识创造活动中,在全球通

---

①　苗长虹,樊杰,张文忠. 西方经济地理学区域研究的新视角. 经济地理,2002,22(6):644—650.

②　苗长虹. 变革中的西方经济地理学:制度、文化、关系与尺度转向. 人文地理,2004,19(4):68—76.

③　Dicken P, Kelly P F, Old K et al. Chains and Networks, Territories and Scales: Towards a Relational Framework for Analyzing the Global Economy. Global Networks, 2001(1):89—112.

④　Park S O, Markusen A. Generalizing New Industrial Districts: a Theoretical Agenda and an Application from a Non-Western Economy. Environment and Planning A, 1995(27),84—104.

⑤　Yeung H W C, Lin G C S. Theorizing Economic Geographies of Asia. Economic Geography, 2003,79(2):107—128.

⑥　马润潮,西方经济地理学之演变及海峡两岸地理学者应有的认识. 地理研究,2004,23(5):573—581.

道上进行投资与地方化结网一样,应该成为集群政策的核心①。一些学者则以全球商品链(价值链)为基础,认为全球企业的生产系统,通过生产者驱动或购买方驱动②,正在将区域集群和产业区纳入全球生产体系并对地方经济发展和产业升级施加重要影响③④。还有一些学者以全球生产网络为基础⑤⑥,将区域发展看作关系建构的过程或者相互依赖的过程,认为区域发展作为地域化的关系网络与全球生产网络在变化的区域治理结构下进行复杂相互作用的动态结果,其关键取决于全球生产网络和区域资产之间的动态战略协同及其作用下价值(经济租金)的创造、增强和获取⑦。在对华人社会经济运行的阐释中,虽然儒家文化和社会主义传统作为文化"基质"仍对中国的转型经济施加重大而深远的影响,但经济全球化和市场化的全面推进,使得中国的企业和企业家的行为,也逐步嵌入到当代全球市场经济文化当中。就像海外华人社会走向"杂合资本主义"那样⑧,经济全球化也为快速转型的中国带来了经济和文化的"杂合性"(hybridity)。因此,与西方发达国家和众多发展中国家相比,在对中国区域发展进行理论建构时,体制转型和经济文化的日益"杂合性"等"制度"因素值得特别关注。

我们知道,新区域主义的核心命题是⑨:在经济全球化快速推进的背景下,区域经济如何才能获得并保持其长期的竞争力?在凯恩斯主义被新自由主义意识形态所替代的新的时代背景下,劣势区域如何才能摆脱依赖发展或不发展的宿命?"新区域主义"虽然将其理论和政策重点放在了区域内部资

---

① Bathelt H, Malmberg A, Maskell P. Clusters and Knowledge: Local Buzz, Global Pipelines and the Process of Knowledge Creation. Progress of Human Geography, 2004,28(1):31—56.

② 参见第31页注5。

③ Bair J, Gereffi G. Local Clusters in Global Chains: the Causes and Consequences of Export Dynamism in Terreon's Blue Jeans Industry. World Development, 2001,29(8):1885—1903.

④ Humphrey J, Schmitz H. How does Insertion in Global Value Chains Affect Upgrading in Industrial Clusters? Regional Studies, 2002(36):1017—1027.

⑤ 参见第33页注3。

⑥ Henderson J, Dicken P, Hess, M et al. Global Production Networks and the Analysis of Economic Development. Review of International Political Economy, 2002(9):436—464.

⑦ Coe N M, Hess M, Yeung H W C et al. 'Globalizing' Regional Development: a Global Production Networks Perspective. Transactions of the Institute of British Geographers, 2004(29):468—484.

⑧ Yeung H W C. Chinese Capitalism in a Global Era: Towards Hybrid Capitalism. London: Routledge, 2004.

⑨ 参见第33页注2。

源的动员和内生发展能力的培育上,但其局限性也是非常明显的。除了其过分强调本地网络和本地根植性之外,对社会生产体制模式如弹性专业化模式的阐释也较为单一,忽视了不同技术和市场条件下生产体制模式的变异,也忽视了市场、网络、会团组织以及层级制等不同协调机制在不同空间层级上的配合。根据管制学派对当代资本主义经济协调与社会生产体制多样化模式的研究①,并不存在一种永远可以借以提高社会生产体制竞争力的方法或者把资本主义经济有效协调起来的最好组织方式,任何社会生产体制的优越性不仅是由其制度安排而且还是由其竞争对手的制度安排以及它所在的宏观经济环境所决定的。因此,要对经济全球化背景下中国产业区的发展提供一种全面、系统、综合的解释,并为产业区竞争力的培育和提升提供政策制定的理论依据,有必要在"新区域主义"产业区理论的基础上,结合主流区域发展理论将全球化与本地化进行有机整合的趋势,同时考虑中国制度转型和经济文化日益"杂合"的动态过程,来构建一个更具有解释力的理论框架。

在经济全球化和创新竞争的时代背景下,区域经济活力的源泉在于以知识创造和扩散为核心的学习创新,而产业区的学习创新既与其主导的社会生产体制以及其制度根植性息息相关,同时也与这种社会生产体制主导下的地方生产网络与全球生产网络的联结模式密不可分。由此,本章构造了如下的产业区发展的菱形分析框架(图3-1)。

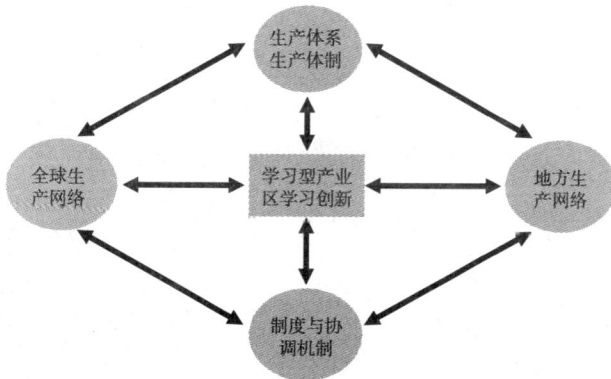

图3-1　学习型产业区的理论分析框架

① Hollingsworth J R, Boyer R (eds.) Contemporary Capitalism: the Embeddedness of Institutions. Cambridge: Cambridge University Press, 1997.

　　本章认为,学习创新是产业区内生增长和竞争力提升的根本来源,产业区的发展应以"学习型区域"①②为方向,而学习型产业区的培育与发展,关键取决于生产体系与生产体制、制度与协调机制、地方生产网络、全球生产网络这4方面因素的有机战略耦合。①生产体系及其社会生产体制。管制学派认为,不同的生产体系及其社会生产体制具有不同的技术复杂性、技术变化速度、产品市场需求、地方和全球生产网络、制度与协调模式和宏观经济背景要求,因此对后福特主义时代的新产业区——学习型产业区来讲,美国"硅谷"、德国巴登—符腾堡、"第三意大利"由于其生产体系及其社会生产体制的差异,其学习创新模式虽有相似之处,但也存在许多重大差别。②维持生产体系及其社会生产体制的制度及协调机制。管制理论强调资本主义发展过程是嵌入于制度和受社会管制的③。在福特—凯恩斯主义盛行的时代,企业、国家和市场是制度与协调机制研究的核心,而在后福特—新自由主义盛行的时代,社会、网络、会团组织和超国家组织则成为研究的焦点。实际上,由于任何生产体系及其社会生产体制的运行均依赖于具体地理历史现实中不同协调模式相互之间的混合、共生和互补,因此在理论和政策上,过分偏执于某一协调模式或不同协调模式之间的替代是危险的。对于快速转型的中国,制度的变迁、经济文化的"杂合性"和巨大的区域差异,是理解地方网络和全球网络管制及治理的关键。③地方生产网络。产业区和产业集群的大量文献集中于地方生产网络的研究,一方面,这种网络受生产体系及其社会生产体制的约束,另一方面,这种网络又根植于或嵌入到地方、区域及国家等具有不同空间层级关系的制度文化中。作为由技术—组织—地域"三位一体"组成的区域关系资产④,发达的地方生产网络会通过"贸易相互依赖"特别是"非贸易相互依赖"而形成的规模经济、范围经济、地方化经济、城市化经济等而促进地方化学习创新能力的提升。④全球生产网络。国际贸易、国际金融、外国直接投资和跨国服务业的迅猛发展,导致了全球生产体系的形成。在全

：　①　参见第31页注2。

　　②　Asheim B T. Industrial Districts As "Learning Regions": a Condition for Prosperity. European Urban and Regional Studies, 1996,3(4):379—400.

　　③　Tickell A, Peck J. Social Regulation After Fordism: Regulation theory, Neo-liberalism and the Global-local Nexus. Economy and Society, 1995(24):357—386.

　　④　参见第31页注3。

球生产体系中,生产力在一定程度上就集中在各国的各个产业区中,并通过跨区、跨国活动的企业和机构特别是跨国公司的生产、服务和分配网络而紧密联系在一起。因此,正是这些企业和机构的全球生产网络建立了地方生产网络与全球经济的联系通道,并深化和改变着全球化生产分工及与目标市场的联结格局,同时也改变着各个产业区自身在全球生产体系中的长期竞争力和经济地位。从与地方生产网络的联结方式来讲,全球生产网络可以分为两种基本类型:外部置入型和本地嵌入型,前者是通过来自外部的企业和机构来实现与全球经济的联结,如全球商品链理论中的生产者驱动和购买方驱动,这些企业和机构一般拥有强大的经济和市场势力,但缺乏地域根植性;后者则是通过本地的企业和机构来实现与全球经济的联结,这些企业和机构既具有其自身的全球联系通道,又具有明显的地域根植性。因此,这两类网络与地方网络之间会具有不同的战略协同机制、本地和非本地根植性及治理模式,在研究中必须区别对待。

上述分析表明,通过以学习创新为核心,在吸收产业区理论、管制理论、全球生产网络理论等有关流派合理内核的基础上,构建一个融生产体系与社会生产体制、制度与协调机制、地方生产网络、全球生产网络"四位一体"的学习型产业区分析框架,无论是对区域发展理论的进一步发展,还是对各种产业区的经验研究及政策思考,均是有益的。下面的实证研究,将以这一框架为基础,将许昌发制品产业集群看作是一个正在形成中的专业化学习型产业区,重点分析该集群全球—地方网络联结的形成过程、决定因素及其对集群技术学习的影响。

第三节　许昌发制品产业的形成与发展

许昌现辖禹州市、长葛市、许昌县、鄢陵县、襄城县和魏都区 5 县 1 区。2003 年全市总面积 4996km^2,总人口 447 万人。改革开放以来,许昌充分发挥政策、区位等优势,大力发展工业生产,已由一个传统的农业地区发展成为新兴工业化地区。2004 年,全市国内生产总值达到 518 亿元,人均 1.15 万元,超出河南全省平均水平 25% 以上,已形成烟草、电力信息系统产品、金刚石及其制品、发制品、卫生陶瓷、鞋业等在全国比较有影响的主导工业部门。

一、发制品产业的发端与发展

许昌发制品业历史悠久。就其成长过程和发展轨迹来看,可分为 4 个阶段:

第一阶段:清末至解放前夕。许昌是戏剧的故乡,清末时民间剧团很多,由此产生了对古装戏剧头饰用发及其加工品的需求。1900 年,该地泉店的一位商人与一位德国犹太商人合伙开办"德兴义发庄",瞄准西方社会日益旺盛的妆饰需求,动员农村货郎走街串巷,经由"德兴义发庄"买来梳理、扎把、简单加工后销往德国,再由德国商人深加工成各种各样的假发套产品销往欧、美市场。"德兴义发庄"良好的效益和示范效应,带动了当地和周边农民纷纷从事人发收购和家庭作坊加工。到 1949 年,许昌已形成了以泉店为核心,辐射周边五十多个村庄,近万人从事收购加工,年加工能力近百吨的全国最大的毛发原料集散地。

第二阶段:建国始至 1978 年。这一时期,由于中国在国际上受到经济封锁,国内政治运动频繁,家庭工业遭到禁止,发制品业基本上处于停滞状态。

第三阶段:1979 年至上世纪 80 年代末。在改革开放政策推动下,部分农民重操旧业,开始到全国各地收购人发。少数有一定积累的农民,开始由自己收购变为坐庄收购,而后投资兴办加工厂,对人发进行粗加工,生产成档发,由外贸部门代理销往国外。到 1989 年,许昌已拥有 45 家档发加工企业,675 家个体加工户,年出口交货值 400 多万美元。

第四阶段:上世纪 90 年代初至今。逐步将档发进行深加工,制成精细发制品,并开始生产化纤发制品。国家对发展外向型经济的鼓励和政策优惠,促使一些有经济头脑、开拓意识强、敢想敢干、已完成原始积累的档发生产经营者,通过合资、合作或独资兴建发制品生产企业,开始直接生产美发制品,并逐步出现了由粗加工向深加工、由原料集散地向产成品基地、由人发制品向化纤发制品、由单一产品向系列产品的转变。经过十多年的发展,许昌发制品业迅速崛起,生产规模和出口迅猛增长(表 3 – 1)。

表 3-1　许昌发制品产业发展的基本概况

年份	1989	1995	1999	2000	2001	2002	2003
企业数(个)	45				64	92	99
出口额(万美元)	400	3268	9961	10120	13680	16169	20643
税收(万元)		1037	3179			16652	24000
出口美国市场(万美元)						13466	20000
占美国市场的比重(%)						22	25
中国发制品销售额(万美元)						25000	31500
全球发制品销售额(万美元)				65000	86000	119000	126000

资料来源:根据作者对许昌市发展计划委员会和瑞贝卡公司的调查整理。

二、发制品产业集群的现状特点

1. 生产与出口规模

2002 年,许昌市发制品生产企业有 92 家,从事发制品生产经营的有 1.28 万专业户,从事加工的专业人员达 5.1 万人,其中原料收购从业人员 2.42 万人左右,足迹遍布全国各地,辐射到越南、柬埔寨、缅甸、印度等周边国家,每年为发制品生产提供 2500 吨的人发原料,成为全国也是世界上最大的发制品原料集散地。截至 2003 年底,全市发制品生产企业达 99 家,集中分布在许昌县(47 家)、禹州市(35 家)和许昌市区(17 家)。其中,有自营出口权的企业 53 家。2003 年,全市发制品产值 25.2 亿元,销售额 2.36 亿美元,出口总额 2.06 亿美元。2004 年,该市发制品出口额进一步增长到 2.50 亿美元。

从市场需求的地区分布看,美国是全球最大的发制品消费市场,欧洲则是第二大消费市场,非洲则是全球潜力最大的新兴发制品消费市场。许昌发制品出口的主要目标市场是美国,其次是欧洲,但近年来面向新兴市场非洲的出口增长速度很快。

2. 企业规模

2002 年,全市 92 家发制品生产企业中,年出口创汇 100 万美元以下的企业 60 家,100—500 万美元 23 家,500—1000 万美元 6 家,1000 万美元以上 3 家。到 2003 年,出口超过 1000 万美元的企业达到 4 家,这 4 家的合计出口总额达 1.44 亿元,占该市全部发制品出口的 70%。其中最大的龙头企业河南瑞贝卡发制品股份有限公司于 2003 年在上海证交所上市,2004 年实现主营业务收入 7. 77 亿元,出口创汇达到 8861 万美元。

3. 所有权性质与企业管理

许昌发制品产业起源于民间,基本上全部属于民营经济,其中一部分为合资企业。如禹州市 2002 年登记注册的 34 家发制品企业中,合资企业就有 16 家。目前,除生产和出口额较大的个别企业引入了比较规范的现代企业管理制度外,大量的中小企业基本上实施的是以出资人为核心的家族式管理。

第四节　许昌发制品产业全球—地方
网络联结模式及其技术学习动态

一、手工业生产与原材料、粗加工等初级商品出口

20 世纪 90 年代以前,许昌发制品产业主要依靠当地农民收购人发的传统,发挥着人发原料集散地的作用。虽然伴随着国家对乡镇企业的支持,少数有一定积累的农民变自己收购为坐庄收购,而后投资办厂,开始从事档发加工,但在这些家庭手工业和工场手工业的社会生产体制中,其地方生产网络也仅限于个人收购—坐庄收购—挑选—分类—扎把—简单加工—外贸收购,然后由跨区网络——外贸部门代理销往国外。这一时期,购销、加工的历史传统和技术经验是许昌发制品产业得以恢复和发展的基础,而国家鼓励乡镇企业发展的制度转向则是其前提。其产品虽然面向出口,但很少发生全球—地方间的技术传播和技术学习。

二、工业化生产与深加工产品的出口

1989 年,是许昌发制品产业发展转换最有意义的一年。这一年,国家轻纺投资公司在国家扩大出口的政策指导下,决定实施出口转换工程,招标鼓励出口创汇项目,为其提供专项资金贷款。而此时的许昌县灵井乡小宫工艺毛发厂的厂长郑有全,经过艰苦创业和与外贸部门、外商的多次接触,也已经发现了韩、日企业在低价收购头发和高价销售发套之间谋取丰厚利润的奥秘。这样,国家政策机遇和地方企业家精神的有机结合,使许昌县获得了 210 万元专项贷款而成立了发制品总厂,而投资公司的青睐、企业家精神的创新冲动和企业家原有资本积累的共同作用,使郑有全成为这一当地投资规模最

大的发制品厂的厂长。

发制品的中低档加工并不十分复杂,但初始技术从何而来? 由于本地并无此技术,而国外企业实施技术封锁,国内企业如青岛有几家设备比较齐全的假发制造厂又不肯转让技术,因而只能在聘请的一些在青岛工厂里退休的老师傅的指导下,组织技术人员自己摸索,但这种摸索不仅使企业最终掌握了发制品生产的档发—色发—工艺发全套工艺和技术,将地方生产网络进一步延伸到附加值更高的深加工环节,也为当地有效造就了属于自己的技术和第一批技术工人。该企业制成的精美工艺发条,很快得到外商认可,从而实现了许昌档发百年历史的跨越,改写了许昌发制品原料和粗加工产品廉价出口的历史。而该企业的成功也带动了更多仿效者,通过地方产业群的"传言"和技术外溢效应,有力促进了集群规模的扩大。

20世纪80年代和90年代,世界发制品生产—销售—消费的格局是:美国是最大的发制品消费市场,但经营大国却非美国而是韩国、日本,韩国、日本、中国是生产基地,中国则是全球最大的人发原料基地。在全球最大的美国市场,终端销售网点多为韩国经销商所控制,韩国人利用从中国购进的原料和半成品进行精加工,或直接在中国沿海地区(如青岛、深圳、天津等地)进行OEM生产,在国际市场贴上自己的品牌进行销售,从而获取发制品高额的市场垄断利润。因此,在美—韩—中三角生产关系中,韩国在发制品的生产技术和营销渠道上处于控制地位,而中国虽然是人发原料的全球集散中心,但在全球生产网络中,还处于原材料、半成品出口加工或分包、OEM生产的地位,地方产业群的发展深受来自韩、日的"外部置入型"全球网络的控制。如何打破这种三角生产关系,建立自己的品牌和营销网络,是发制品产业建立全球—地方联结和技术学习的关键。

三、自有品牌的生产和面向消费市场营销网络的创建

自有品牌的生产必须依赖技术学习和创新才能实现,而自有品牌要得到市场的承认,就必须依赖特定市场营销网络的创建。为实现产业升级和全球—地方更直接、紧密的联结,1993年,许昌发制品总厂与美国新亚公司合资组建了中外合资企业——瑞贝卡公司。可以推断,许昌发制品总厂的这一合资行为,可能主要有两个意图:一是在国家对合资企业实施各种政策支持和

优惠的情况下,这一名义上是集体实质上是私有的企业,通过合资,可以享受到国家和地方政府更多的政策支持;二是可以利用新亚公司在美国当地营销网络的创建,能够使企业的产品直接进入美国市场,通过双方共同研制发制品,并借助海外合作伙伴的资讯平台,加强与国外经销商的全方位合作。事实证明,这一决策是正确的。瑞贝卡品牌的创建和其在美国营销网络的创建,极大地促进了企业对美国假发市场的信息收集,扩大了与其他销售商在新产品开发和销售方面的联合,既从深加工、精加工和自有品牌生产方面拓展了地方生产网络,又实质性地迈出了创建"本地嵌入型"全球生产网络的关键一步。此后公司获得了自营进出口权,率先实现了产品向美国的直销。瑞贝卡公司1993年当年的出口就达到530万美元,1997年出口突破1000万美元,与美国37家大客户建立了紧密贸易关系。到2000年,该公司产品在美国市场的占有率达到了6.8%。而在瑞贝卡公司的示范带动下,当地有一定规模的企业纷纷在美国设立办事处,许昌发制品在美国的市场占有率得以迅速提高,2000—2003年的市场份额大约在25%,其中工艺发条的市场占有率在65%以上。

四、产品和市场的多元化战略与原始设计能力的提升

发制品属于"时尚"消费产品,产品种类主要包括人发和化纤发两大系列,工艺发、女装假发、化纤发、男装发、教习头五大种类。从全球发制品生产格局来看,韩国、日本是化纤发原料的生产基地,并垄断着有关生产技术,韩国在高档女装假发、化纤发等产品技术上领先,日本在教习头、男装头套等产品技术上领先,我国则长期是人发原料的集散地,发制品生产主要集中在许昌、青岛、深圳、天津等地,但青岛、深圳、天津多是韩资、日资企业,产品依托韩、日技术,中高档产品居多,化纤发也占有相当比重,只有许昌长期是以人发为原料进行粗加工的生产基地,并在此基础上形成了具有较大生产规模的本地化产业集群。

发制品产业属于典型的劳动密集型产业。由于韩国、日本等传统发制品生产大国人工费用的上升,加之人发原料价格的大幅度攀升,其生产特别是以人发为原料的生产从20世纪90年代开始逐步向中国大陆地区转移,但韩国仍控制着美国假发市场从进口、批发到零售的完整销售体系,并对中国发

制品企业采取了壁垒措施和技术封锁;而地处内陆的许昌由于具有人发原料优势、丰富的初加工经验和低廉的劳动力成本,因而在全球发制品商品链和生产网络中处于较低级的地位,总体上其产品以人发的粗加工为主,经营规模普遍偏小,工艺技术设备落后,技术含量低,利润空间狭窄,且出口市场主要依赖美国。即使是已经成为全球最大发制品企业的瑞贝卡公司,以人发为原料的工艺发条仍一直是公司主导产品,2004年其销售额占总销售额的74%以上,而工艺发条以外的高档女装假发、化纤发、教习头、男装头套等产品的销售额虽然2000年以来快速增长,但占总销售额的比重仍不足26%。从毛利润率来看,2004年瑞贝卡工艺发条的毛利率为15.74%,但化纤发和女装假发的毛利率却高达34.92%和31.26%。因此,如何实施产品和市场的多元化战略,提高产品的档次和原始设计能力,就成为龙头企业瑞贝卡公司和整个集群必须着力解决的关键问题。

为了降低出口过分依赖美国市场的经营风险,从2000年开始,瑞贝卡公司开始实施"以北美市场为主导,以西欧市场为辅助,以其他市场为有效调节,大力开发非洲市场"的发展战略。目前,已有瑞贝卡、神龙、晶发、鑫源等4家规模较大的企业分别在非洲的尼日利亚、喀麦隆、贝宁、塞内加尔等国设立了子公司或分公司,建立了市场直销网点,对非洲市场的销售额已提高到许昌发制品全部销售额的10%以上。

为支撑并实现产品和市场的多元化战略,就必须大力提高产品的原始设计能力。显然,集群中的中小企业由于其人员、技术、设备等诸多方面的限制,还处于与全球生产网络联结的低级阶段,因此无力承担原始商标制造和原始设计制造的重任。事实上,目前在许昌发制品产业集群中,只有瑞贝卡一家企业形成了自己的商标品牌,并通过自己的营销网络,在美国和非洲市场赢得了一定的知名度。为了形成、巩固自己的品牌,瑞贝卡公司一直在致力于通过拓展全球—地方联结来实现技术学习和核心技术的升级。针对发制品市场具有色彩和款式多样化的特点,在本土技术研发人才高度缺乏的情况下,瑞贝卡公司重金从美国、韩国聘请有关技术人员并将其与企业的技术骨干有机整合,近年来先后研制、开发出1000多个新品种,使公司产品由建厂之初手工制作工艺发条一类产品5—6个品种逐步发展到今天利用半机械化全面研制工艺发条、女装假发、化纤发、男装假发、教习头五类产品1500多个品种,并使新产品产值占公司总产值的比重提高到了 26%。同时,公司通过不断加大生产工艺技术的改造,在从国外引进工艺发条生产技术的基础上,逐步提升工艺技术水平和自主开发能力,先后开发出浅色号染色技术并自主开发出双色、间色等特种色号生产技术,成为世界上为数不多的掌握特色号染色技术的生产企业之一。

五、跨国投资与全球—地方联结网络枢纽的建造

全球—地方网络的建造是一个复杂的动态过程。仅就瑞贝卡公司的发展历程来看,自从企业建立以来,就一直是地方产业集群全球—地方联结的中心枢纽,并通过全球—地方联结的枢纽作用,实现了许昌发制品产业集群在中低档产品方面的技术学习,并由此获得了在一些细分市场方面的全球竞争优势。目前该公司在高档发制品的生产、营销方面,与韩国、日本的企业相比,还存在一定的差距。为了进一步提高公司产品的市场竞争力,充分利用原料和成本优势扩大国际市场占有份额,还必须在产品设计、生产工艺和营销渠道方面,通过若干关键枢纽或网络节点的培育和建设,建造更完善的全球—地方联结网络。为此,企业最近已开始实施有关的战略行动,一方面是通过组建公司的"发制品工程技术研究中心",并将研发费用占主营业收入的比重从 2001 年的 0.86% 逐步提高到 5%,来加大公司的研发力度,增强原始设计的能力,提升其产品的档次和质量;另一方面是加大了对外直接投资的力度,如对原来的合资伙伴——美国新亚公司进行投资并控股,将有利于公司在美国市场扩展自己的营销网络;在非洲建立独资的生产基地和销售公司,将有利于全面提升公司在非洲的生产和市场营销能力,迅速扩大新市场的市场控制力、品牌影响力和市场占有率;与欧洲如法国、英国的有关公司合资组建贸易公司,将有利于进一步扩大公司对欧洲的销售业务。

发制品业是个极其特殊的行业,初级产品生产的资金、技术、市场方面的壁垒都很小,行业准入水平比较低,且产品高度依赖国际市场,因此行业竞争格外激烈。但在高端产品上,如前所述,由于韩、日在技术和市场销售方面的垄断,中国的企业要想挤占国际市场,还必须尽快实现从原来的通过"引过来"战略的全球—地方技术学习向通过"走出去"战略技术学习的转换,从原来的通过"外部置入型"全球网络向通过"内部嵌入型"全球网络技术学习的

转换,并通过主导厂商的技术创新、示范带动以及集群企业的地方化学习,最终实现整个产业集群从"低端道路"向"高端道路"的跨越。这样,跨国投资并通过跨国投资建造全球—地方联结的网络枢纽,就成为产业集群技术学习和升级的一个重大战略选择。

第五节　结论与讨论

许昌发制品产业集群目前正处于从技术学习"低端道路"向"高端道路"跨越的过程中,这种跨越能否最终实现,还有待于对集群特别是其主导厂商全球生产网络的营建能力和集群企业的地方化学习能力做进一步的观察。从该产业集群的发展过程来看,可以发现以下几方面的因素在全球—地方联结和集群技术学习与升级中值得特别关注。

一、国家的制度转型与企业家、地方政府的能动作用

管制理论特别强调积累模式与社会管制模式之间的共生。由于管制过程的空间层级化,产业集群的发展一方面既受宏观制度结构的约束,同时又受地方制度安排的影响,而且这种宏观约束和地方影响是彼此交织的。在许昌发制品产业的发展中,国家在制度转型中为乡镇企业、民营企业、合资企业、出口企业、上市公司等所提供的一系列制度环境和安排与地方政府、企业家等行为者在传统和日趋"杂合"的经济文化中的能动作用的结合,是理解全球—地方联结和技术学习过程的一个重要方面。仅就集群的"枢纽企业"——瑞贝卡公司的发展来看,无论是许昌发制品生产总厂的创建,还是与美国新亚公司的合资,无论是作为民营企业的上市,还是上市后企业规模的迅速扩张及对外投资,无论是从家族式管理向法人治理结构的跨越,还是从工场手工业的经验管理向"标准化、程序化、制度化、规范化"现代科学管理的迈进,均离不开国家的制度转型及地方政府的强力支持,也离不开企业家精神的激发与科学决策。伴随着国家制度向市场经济的进一步转型,枢纽企业规模和经济、政治影响力的扩大,地方政府与枢纽企业之间的关系以及与整个集群组织之间的关系值得进一步探究。从政府支持的角度看,对扩大生产规模的支持比较容易实现,但能否开拓国际市场,提高国际市场占有率和产

品的附加价值率,从根本上还有赖于企业自身的竞争能力。同时,由于集群中大量的小企业目前还存在着家族管理、短期行为、恶性竞争、污染严重等问题,行业的自律性还比较差,行业协会的作用还非常有限,如何加强政府监管和地方网络的治理,实现枢纽企业和中小企业的共生,也直接关系到集群的发展和动态竞争力的提升。

二、基于地方制度文化的关系网络及其演进

许昌发制品产业已有上百年的历史,在家庭手工业和工场手工业生产阶段,乡土中国固有的制度文化传统和人际关系网络,有利于技术在本地通过日常的社会交流(如传言)而快速扩散。但发制品进入工厂化生产之后,企业规模日益分化,技术创新和学习能力的层级差别逐步形成并日益扩大,大企业在技术上的垄断和小企业在新技术上的短缺形成了尖锐的矛盾,如许多小企业没有技术成熟的成套标准设备,其多数设备靠企业在生产过程中自我积累的经验来制造,个别小企业为生存甚至掺杂使假与大企业竞争,直接影响本地乃至全国发制品企业在国际市场上的信誉。因此,在鼓励本地企业人员流动的基础上,如何构建大企业与中小企业之间战略协同的关系网络,通过地方政府和行业协会为中小企业提供技术服务和技术支持,也直接关系到集群的发展和动态竞争力的提升。

三、全球生产网络的构建与全球—地方网络联结的动态升级

许昌发制品产业集群的技术学习动力和从"低端道路"向"高端道路"的迈进,主要源于在国际劳动地域分工中,其优秀企业家不甘于长期作为原料、半成品等初级产品生产的分工地位,通过利用全球—地方网络联结所提供的技术学习通道,努力实现从"外部置入型"向"内部嵌入型"全球生产网络构建、拓展和学习的转换。与沿海发达地区韩、日发制品生产的转移企业相比,瑞贝卡公司的发展经验,一方面印证了全球商品链和全球生产网络理论对发展中国家集群技术学习的指导作用,但也揭示了在全球—地方网络联结中,发展中地区和其本土企业在全球商品链和生产网络中的分工地位,并不是由发达国家的具有控制权的买方或卖方(即外部置入型网络)单向决定的,发展中地区和其本土企业通过能动作用营建"内部嵌入型"全球生产网络的战略

应该引起高度重视。同时,发展中地区产业集群从初级商品出口、出口加工装配、零部件供应转包、原始设备生产、原始商标制造、原始设计制造的动态升级,并非一定是一个线性的过程,更可能是一个非线性的、复杂的、相互依存、可以跨越的过程。在当代全球化经济中,发展中地区的产业集群升级不能仅仅依赖"引进来"战略,还必须有针对性的实施对外投资的"走出去"战略。许昌发制品产业能否最终实现向"高端道路"的跨越,关键还取决于枢纽企业——瑞贝卡公司各个全球—地方联结枢纽的投资成效,特别是研发、对外投资的经营网络和生产基地的实际运行成效。

本章所研究的虽是一个较为特殊的行业,但透过这一案例可以发现,学习型产业区并非只适用于西方发达国家,我国产业区和产业集群的发展,同样应该以学习型产业区的建造为方向。而通过"引进来"和"走出去"战略构建以主导厂商为枢纽的"内部嵌入型"全球—地方网络联结,加速集群持续不断的技术学习和升级,特别是企业家在国家制度和地方政府的支持下,通过创新精神的激发和全球网络学习以及这种学习创新通过集群关系网络的扩散,发展学习型产业区不仅是可以预期的,而且也是切实可行的。因此,在经济全球化深入推进和我国成为"世界工厂"的背景下,发展学习型产业区或产业集群应该作为我国经济发展和技术创新的一项重大战略和政策。

第四章

分工深化、知识创造与产业集群成长①

第一节 引 言

自 20 世纪 70 年代末期学术界开始复兴马歇尔产业区理论以来②,有关产业区和产业集群发展机理的研究取得了长足的进展③。大体而言,有关学派对产业区和产业集群发展的阐释可以分为两类:一是从劳动分工的视角出发,如弹性专业化学派对弹性专业化这一新型劳动分工模式的强调,新产业区学派对产业垂直分离分工和交易费用节约机理的发现,新地理经济学以及竞争优势和战略学派对产业水平关系和垂直关系及价值链的分析等;二是从知识创造的视角出发,如创新环境学派对集体学习的重视,区域创新系统和学习型区域学派对地理集聚与知识创造关系的强调等④。虽然这些学派均强调集聚和外部经济对产业分工和知识创造的影响,但真正将劳动分工和知识创造有机结合的理论和实证研究并不多见。然而,在产业区和产业集群成长过程中,劳动分工与知识创造决不是相互独立的,也不是单方面决定的,而是一个相互依赖、相互促进、共同演化的过程。要对产业区和产业集群的形成

---

① 原载《地理研究》2009 年第 4 期。与魏也华合作完成。

② 苗长虹. 马歇尔产业区及其复兴的理论意义. 地域研究与开发,2004,23(1):1—8.

③ 王缉慈. 创新的空间:企业集群与区域发展. 北京:北京大学出版社,2001.

④ 苗长虹.“产业区”研究的主要学派与整合框架:学习型产业区的理论建构. 人文地理,2006,92(6):97—103.

发展机理做出全面系统的解释,以演化经济地理学的视角来分析二者之间的动态关系,将是一个可行的研究方向。本章拟以演化经济地理学为理论基础,从分工深化、知识创造的关系出发,以中国中部农区的一个农业专业化产业区——鄢陵县花木产业集群的发展为案例,来阐释产业集群形成与演化的内在机理,并阐释产业集群发展中竞争优势的来源。

第二节　理论分析框架

美国著名企业史专家钱德勒在其1990年出版的《规模与范围:工业资本主义的原动力》一书中指出,从19世纪80年代到20世纪70年代,现代工业企业充分利用规模经济、范围经济和交易成本经济的能力是工业资本主义经济快速增长的原动力[①]。然而,20世纪80年代以来,伴随着经济全球化的深入推进,以中小企业为主体的产业集群无论是在发达国家还是在发展中国家却取得了长足的发展[②],并以前所未有的速度和力度,左右和影响着生产在全球范围内的分工和城市/区域在全球范围内的竞争。

亚当·斯密在其《国富论》中有两个重大的理论发现,一是"看不见的手"的原理,二是"劳动分工"的原理[③]。但斯密也发现,劳动分工会受到市场规模的限制。杨格的研究进一步发现,分工是报酬递增和经济增长的源泉,而分工包含3个方面,一是个人的专业化水平,二是不同的专业种类数(同生产链条上的产品种类数有关),三是生产的迂回度,即生产链条的长度[④]。杨格的思想被后人总结为杨格定理:"递增报酬的实现有赖于劳动分工的演进","不但市场的大小决定分工程度,而且市场大小由分工程度制约","需求和供给是分工的两个侧面"[⑤],它说明分工是专业化、迂回生产和专业多样性的统一,市场规模扩大与分工效率之间是一个循环累积、互为因果的演进过程。而自科斯提出"交易费用"之后,新制度经济学和新兴古典经济学又发现,分工不仅受到市场规模的限制,同时还受"交易费用"的限制,只有交易效

---

① Chandler A D Jr. Scale and Scope. Cambridge:Harvard University Press, 1990.

② 参见第48页注3。

③ Smith A. The Wealth of Nations. Indianapolis:Liberty Classics,1776.

④ Young A. Increasing Returns and Economic Progress. Economic Journal, 1928(38):527—542.

⑤ 杨小凯,张永生.新兴古典经济学和超边际分析.北京:中国人民大学出版社,2000.

率上升,分工的好处超过所引起的交易费用,分工才能持续演进①。从分工发展的历史轨迹来看,基于演化经济动力学,陈平认为劳动分工不仅仅受市场规模的限制,而是受市场规模、资源种类和环境涨落的三重限制。假如只有一种资源,则接近资源极限时,市场的规模也将因受到限制而走向垄断。经济能否持续增长,取决于新的技术更新能否发现更新更大的资源,以摆脱旧资源报酬递减的限制。而伴随着资源种类的增加,分工深化会使系统复杂性增加,进而,经济增长的结构不稳定性会增加,因此环境涨落也必须限制在一定范围之内②。因此,尽管分工可以取得比较优势经济、规模经济、范围经济、交易成本经济、专业化经济等诸多好处,但它也会受到市场规模、交易费用、资源种类和环境涨落的制约。

产业集群在全球范围内的兴起,无疑是经济市场化和全球化推动下市场规模扩张的结果。在全球市场规模扩张中,钱德勒在现代大型工业企业发展中所强调的规模经济、范围经济和交易成本经济,同样是产业集群快速发展的重要推动力,只是这些经济形成的边界不再局限于单一的企业内部,而是以整个产业集群为边界的。马歇尔的"外部经济"和"产业区"概念就是对这种经济效应的一种描述③。国际著名经济地理学家斯考特将劳动分工区分为两种基本类型:企业内的技术分工和企业间的社会分工,认为现代市场规模的扩张不仅是企业内技术分工所形成的企业内部规模经济和范围经济的结果,更是企业间社会分工所形成的外部规模经济和范围经济的结果,特别是在企业趋于纵向分离、内部规模经济和范围经济受到限制的情况下,由社会分工所形成的密集的交易网络就会产生强烈的外部经济,这样企业间联系(交易)成本节约的驱动力与外部规模与范围经济的驱动力之间的交互增强作用,就导致了产业集聚或集群的形成④。因此,产业集群本质上是一种"类企业组织",它通过地方化生产网络的专业化、规模、范围和交易机制而生成集群整体的专业化经济、规模经济、范围经济和交易成本经济。反过来,虽然初始的比较优势经济和知识存量可以为产业集群的形成奠定基础,但对于任

---

① 参见第49页注5。

② 陈平. 文明分岔、经济混沌和演化经济动力学. 北京:北京大学出版社,2004:221—245.

③ 参见第48页注2。

④ Scott A J. Geography and Economy. Oxford:Clarendon Press, 2006:7—26

何一个产业集群的成长,如果不能有效拓展其市场规模,这个产业集群就会因缺乏专业化经济、规模经济、范围经济、交易成本经济所带来的竞争优势而难以在激烈的市场竞争中持续生存。

另一方面,产业集群能否持续成长,还受资源种类、质量和环境涨落的限制。由于资源是技术的函数,而技术又是知识的函数,因此可将集群发展的资源约束看作知识创造的约束,而知识创造能够为企业和集群成长提供技术租金和递增报酬。由此,我们不难理解为什么新兴古典经济学为解决分工与交易费用的矛盾以及化解分工与竞争的冲突而需要引进"知识因素"[1]。虽然新增长理论强调用知识外溢、产品种类扩大和产品质量改进所导致的规模报酬递增来解释经济的内生增长[2],但如果不考虑知识的新陈代谢和环境涨落对集群知识创造的影响,产业集群的演化就会陷入路径锁定的道路并因难以实现路径创造而衰落[3]。

有关产业集群发展过程中的技术学习与知识创造是新近学术研究的一个热点领域。研究表明,学习、创新和知识创造是产业集群可持续增长和升级的中心过程和关键环节[4],而学习、创新和知识创造本质上是具有不同知识和能力的多种行为者为解决某些技术上、组织上、商业上或知识上的问题交互作用的过程[5]。与那些从劳动分工视角强调产业集群中的物质联系和贸易相互依赖不同,产业集群中的知识创造更重视"非贸易相互依赖"特别是编码知识和意会知识的创造与扩散在集群演化过程中的作用[6]。新近的一些研究提出,将意会知识看作地方的而将编码知识看作全球的这种简单化的观点并不符合实际,无论是意会知识还是编码知识,在一定条件下均可以在地方和全球来交换。对于知识的创造和扩散而言,单纯的地方传言(local buzz)或全球通道(global pipeline)均无法保证集群创新的实现。正是高水平的地方传

① 参见第 49 页注 5。

② 菲利普·阿吉翁,彼特·霍依特,陶然等译. 内生增长理论. 北京:北京大学出版社,2004;32—35.

③ Martin R L and Sunley P J. Path Dependence and Regional Economic Evolution. Journal of Economic Geography, 2006,6;395—435.

④ 苗长虹. 全球—地方联结与产业集群的技术学习. 地理学报,2006,61(4);425—434.

⑤ Maskell P. Towards a Knowledge-Based Theory of the Geographical Cluster. Industrial and Corporate Change,2001,10;213—237.

⑥ Storper M. The Regional World;Territorial Development in a Global Economy. New York ;Guilford Press,1997.

言和跨越集群的外部联系之间的交互作用,才是产业集群知识创造和竞争优势得以持续的基础①②。然而,在多种异质的行为主体交互作用所形成的"学习场"中,高水平的地方传言和密集的跨越集群的外部联系并非是自动形成的,地方结网和外部网络的建构需要特定的制度安排以及在社会资本和基础设施等方面进行特定的投资③。

演化经济学认为,经济本身就是一个动态的、不可逆的、因新奇的创生和影响而自我转变的系统,正是经济主体(个人和企业)的创造能力和市场的创造功能,驱动着经济的演化和适应;创新和知识具有核心的重要性,个人、企业、市场都是知识的携带者(贮存器)和知识联结的合成物;而创新和知识并不是外生的,而是内在于经济过程之中;技术、产业和各种各样的支持性制度或者说市场过程与创新体系过程是共同演化的;企业在创新过程的联结中起着独一无二的作用,它是唯一拥有创新意图和战略利益并能将众多而分散的科学技术知识与市场和组织知识结合在一起的组织;正是知识和能量的自动催化过程产生了现代经济增长④⑤。以演化经济学的上述思想为基础,演化经济地理学认为,经济景观——经济生产、分配和消费的空间组织,是随时间而转变的;经济景观不仅是经济演化的结果或副产品,而且本身就是经济演化的决定力量;经济景观演化或者说"创造性破坏"是依时空而变异的,在决定经济系统演化的性质和轨道方面,空间或者说地方的作用是极其重要的;经济新奇的空间性、经济空间结构突变的微观基础、经济景观的自组织、路径创造与路径依赖相互作用塑造经济景观的过程以及这种过程的地方依赖性,构成了演化经济地理学关注的核心⑥。

因此,从演化经济地理学来看待产业集群的成长,就必须以动态和交互作用的观点来看待特定时空情景及变化过程中劳动分工深化与知识创造之

---

① 参见第 51 页注 4。

② Bathelt H Malmberg A and Maskell P. Clusters and Knowledge: Local Buzz, Global Pipelines and the Process of Knowledge Creation. Progress of Human Geography, 2004,28(1):31—56.

③ Miao Changhong, Wei Yehua and Ma Haitao, Technological Learning and Innovation in China in the Context of Globalization, Eurasian Geography and Economics, 2007,48(6):713—732.

④ 库尔特·多普菲,贾根良等译,演化经济学:纲领与范围. 北京:高等教育出版社,2004:2—180.

⑤ Boschma R and Martin R. Constructing an Evolutionary Economic Geography. Journal of Economic Geography, 2007,7(5):537—548.

⑥ 参见本页注 5。

间的关系,突出特定的制度文化与环境涨落下集群劳动分工分化与知识创造之间的共同演化过程,将集群增长和知识创造看作集群外部知识与内部知识进行杂合的产物,同时也是劳动分工有效深化的结果。本章将这种共同演化的逻辑框架用图4-1表示,并在下述有关鄢陵县花木产业集群发展的案例研究中,尝试以上述理论视角来阐释集群形成与演化的内部机制和竞争优势的来源。

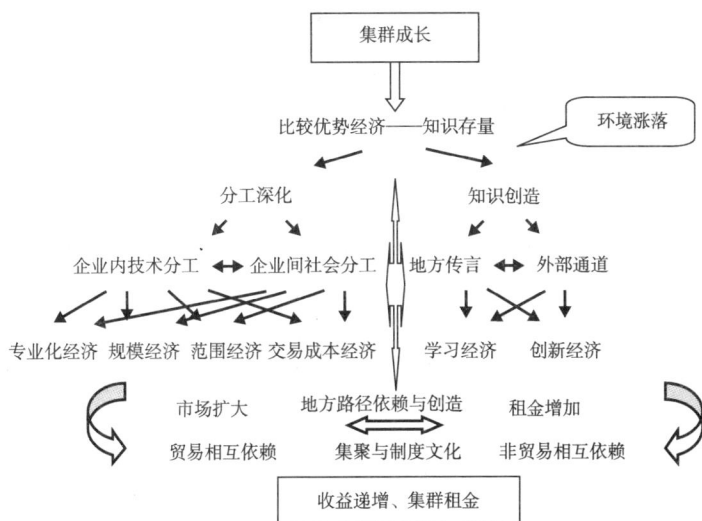

图4-1 集群成长中分工深化与知识创造的共同演化

第三节 鄢陵县花木产业的分工深化与知识创造

一、鄢陵县花木产业的历史与现状

鄢陵县隶属河南省许昌市,处于亚热带大陆性气候向北温带大陆性气候的过渡地带,是南花北移、北花南迁,南北花卉引种、驯化的理想基地,具有天然的比较优势经济。2005年,全县共辖7乡5镇,土地面积871.6km²,人口62万人,其中农业人口50万人。

鄢陵汉初置县,花木栽培始于唐、兴于宋、盛于明清,有着悠久的栽培历史和良好的知识存量。改革开放以来,鄢陵县花木产业得以迅速恢复与发展(表4-1),到2005年,鄢陵县花木种植已普及到全县12个乡镇,集中分布在柏梁镇、陈化店镇、大马乡和张桥乡 4 个乡镇,种植面积已达到 26667hm², 占全县耕地面积的 42%, 创产值 16 亿元,占全县农业总产值的 36%,专业村由原来的 4 个发展到 122 个,专业户达 1.8 万户,种植的品种由原来的 400 多个发展到 2300 多个,花木企业由 1959 年的 1 家国营园艺场发展到目前的各级、各类企业 577 家,其中 38 家具有国家颁发的二、三级园林绿化资质证书。花木从业人员在 10 万人以上,花木年生产能力达到 13 亿株(盆),已形成绿化苗木、盆景盆花、鲜花切花、草皮草毯(绿化苗木为主导产品,产值占总产值的80% 左右)4 大系列产品,能够满足各种园林绿化工程施工的需求,产品行销我国 27 个省、市、自治区,成为我国最大的花木生产销售集散地,先后被国家林业局、中国花卉协会命名为"全国花卉生产示范基地"、"全国重点花卉市场"和"中国花卉之乡",花木主产区花农人均纯收入达 6400 多元,花木业亩均效益 4000 多元,花木业已成为增加农民收入的重要途径。

表 4-1   鄢陵县花木产业的发展

年份	种植面积(hm²)	产值(万元)	占农业总产值比重(%)
1984	167	1000	4
1995	1407	8000	6
1998	3600	34000	15
2004	25467	133000	35
2005	26667	160000	35

资料来源:鄢陵县农业局。

二、分工深化

分工深化是产业集群发展的重要动力和基本特征之一。鄢陵县花木产业的劳动分工有一个清晰的演进过程。由于花木产业的技术特点决定了其企业内技术分工所形成的内部规模经济、范围经济和交易成本经济并不突出,因而集群规模的扩大主要表现为相似企业的繁衍和企业间社会分工的扩展。劳动分工与从业模式的演化有力说明了这一特点(图 4-2)。伴随着集群的发展和规模的扩大,一部分农民由开始种植花木而成为花农,而花农中有一部分人伴随着技术的积累而成为花工,在花农和花工中有一部分人又随着资金、技术和创业家精神的积累而成为专门的经纪人或企业经营者或专职的技术设计与服务人员。另一方面,伴随着生产多样化特别是种植品种的增加,上述新的分工和就业模式的多样性和专业化程度也在同时迅速增加,围绕花木生产和销售的产前、产中、产后服务的专业化和多样性程度也在增加。

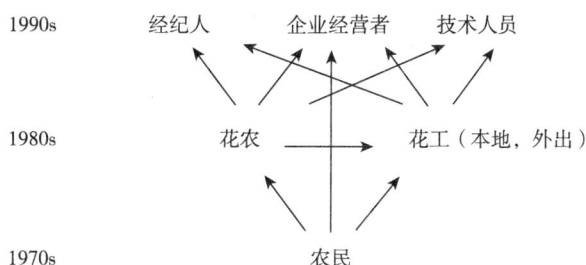

图4-2　鄢陵县花木产业集群劳动分工的进化

根据鄢陵县农业局2006年3月对花木从业人员的调查(表4-2),目前全县花木业从业人员总数已达10.60万人,占全县农业劳动力总数33万人的32.2%,其中男性从业人员78844人,占全县劳动力总数的23%,占全县花木产业从业人员的74%;女性从业人员27395人,占全县劳动力总数的8.3%,占全县花木产业从业人员的26%。

表4-2　鄢陵县花木产业劳动分工的基本状况

种类	职业描述	从业人数(人)	占从业人员比重(%)	占劳动力比重(%)
花农	从事花木、绿化观赏苗木、盆景盆花、草坪草生产的农民	67210	63.4	20.4
花工	掌握一定的专业技能,以从事花木、绿化观赏苗木、盆景盆花、草坪草的嫁接、修剪、包装、起运、施工、病虫防治等为主的人员	16935	16.0	5.1
外出务工者	在鄢陵以外务工的花工	10936	10.3	3.3
经纪人	从事花木、绿化观赏苗木、盆景盆花、草坪草、草绳花盆、花械花具、花药花肥等方面以经纪为主的人员	8387	7.9	2.5

续表

种类	职业描述	从业人数(人)	占从业人员比重(%)	占劳动力比重(%)
企业经营者	种植面积在 50 亩以上的花木企业或种植大户的业主	1318	1.2	0.4
技术人员	从事具有园林规划、设计、制图等专业技术的人员	485	0.5	0.14
合计		106044	100	32.2

资料来源:鄢陵县农业局 2006 年 3 月的调查。

　　在全部花木从业人员中,花农是从业人员的主体,占全部花木从业人数的 63.4% ,其次是本地花工和外出务工的花工,二者合计占全部花木从业人数的 26.3% 。显然,花工无论是在技术能力还是在专业化水平上均要强于花农,因此,这部分农民从花农向花工的转变既是集群生产规模快速扩张的结果,同时也是集群规模进一步扩大的一个重要推动力量。再次是花木经纪人,其从业人数达 8387 人,占全部花木从业人数的 7.9% 。我们知道,在市场经济条件下,在集群的发展中,相比于生产规模的扩大,市场规模的拓展、产品的营销和专业化服务更为重要。鄢陵县专业化花木经纪人的产生及其人员的迅速增加,为生产规模和市场规模的协同扩张、生产成本和交易成本的降低提供了有效保证。再其次是花木经营者,全县种植花木面积在 50 亩以上的花木企业或花木种植大户的业主多达 1318 人,这一方面说明鄢陵花木产业的市场结构缺乏垄断性,属于垄断竞争甚至是近于完全竞争的市场结构(考虑到有多达 1.8 万的花木生产专业户和 6.7 万花农),说明鄢陵花木产业集群中单体企业的规模经济、范围经济和交易成本经济不突出,另一方面也说明鄢陵花木产业集群劳动分工的演化靠的是集群总体的规模经济、范围经济和交易成本经济,这些经营者和专业化经纪人一道,为拓展全县花木产业的生产规模、市场规模,降低生产成本和交易成本提供了有效保证。最后是园林规划设计人员,其从业人员数仅有 485 人,对于 577 家各级各类花木企业而言,平均每个企业还不到一个园林规划设计人员。由于花木产业的高端市场是园林绿化工程的设计与施工,鄢陵县花木产业高级市场服务人员的缺乏,说明集群产业的高级化水平还比较低。目前,全县还没有一家企业具有国家颁发的一级园林绿化资质证书,具有国家二、三级园林绿化资质证书的企业也仅有38家。

三、知识增进

鄢陵花木产业集群的发展得益于其独特而深厚的地理禀赋和历史基础,在宋、明、清时期,鄢陵花木业的长盛不衰,在很大程度上就是本地传统与外部知识及市场需求交互作用的结果。如北宋(960—1127年)时期,由于有河流自汴河经鄢陵入颍河,通漕运,鄢陵成为北连京都汴京、南接江淮、水陆交通便利的重要军事、商业中心和南北物资交流集散地。宋代朝野上下辟园建圃和京都人养花之风盛行,为花木的生产和流通提供了有利的条件和广阔的市场,促进了鄢陵花木生产的发展,并出现了专以养花为生的花农。

新中国建立以来,早在1959年,原北京林学院城市及居民区绿化系的104名师生曾来到鄢陵县姚家村一带实习,对鄢陵花木的栽培历史与现状作了长达一年的调查研究,科学、系统地总结了鄢陵花农栽培花卉的传统技艺与丰富经验,于1960年编辑出版了《鄢陵园林植物栽培》一书,被全国农林学院作为试用教材,后又被修订为《花木栽培法》①。同时,他们把现代农业科学与鄢陵实际相结合,为鄢陵花木的发展提供了科学的依据和许多建设性意见。自此,鄢陵县便在本地知识与外部知识的杂合中开启了花木生产知识创造与积累的现代化过程。

观察鄢陵县花木产业的发展历史,可以发现鄢陵花木产业集群的知识增进主要有以下几种途径和形式:

(1)建立在传统知识基础上的"干中学"和"用中学"。如腊梅是鄢陵花木品牌的典型代表,清代就有"鄢陵腊梅冠天下"的盛誉,近年来在全国梅花腊梅展中多次获得金奖。而腊梅的嫁接、修剪、盆景造型等知识的继承与更新,大多是在传统知识基础上"干中学"、"用中学"实现的。这种通过"干中学"、"用中学"而获得的知识,大多属于知识的适应性增长,而非突变性的知识创新,但这种知识却是学习和创新经济的重要源泉。

(2)通过"花工"和经纪人对外部知识的引进、模仿和吸收。鄢陵县众多

---

① 北京林学院城市园林系.花木栽培法.北京:农业出版社,1981.

的花木经纪人和在外务工的"花工",不仅将鄢陵县传统的花木栽培知识、技艺带到了全国各地,而且也从全国各地学习到了众多新的知识,搜寻到了众多的需求、生产、供给、营销、流通等信息。而这些人员的频繁流动和交流,成为鄢陵县花木产业品种积累和种植栽培知识积累的一条重要途径。而这种途径交流的知识,并不仅仅限于编码知识,有许多属于意会知识。

(3)通过"科研院所"对外部知识的引进和吸收。近年来,鄢陵为了提高花木生产的科技含量,先后与中国农业大学、北京林业大学、西北农林科技大学、河南农业大学、中国林业科学院、河南省林业科学研究所等大专院校和科研院所建立了稳固的技术依托关系,聘请了20多位专家学者组成了技术顾问团,开展技术指导、培训、咨询,重点推广了组织培养、现代化温室、日光温室、冷藏保鲜等工厂化生产的先进实用技术,已成功利用组织培养技术培育出腊梅、芦荟、提子、大枣、食用仙人掌等名贵花木,并先后引进了荷兰郁金香、美国凌霄、日本樱花、墨西哥铁树等30多种国外名贵花木。相对于本地传统知识,通过"科研院所"而引进和吸收的外部知识,编码性强,与本地知识具有一定的异质性,因而是突变性知识增长和创新经济的一个重要来源。

(4)通过组织化机构和对"关键行为者"的内外部培训,促进知识的传播和扩散。鄢陵花木产业规模迅速膨胀的一个重要动力是政府的强力推动和积极引导,其背后的基础则是得力的组织动员和广大干部群众及科技人员对花木产业发展的知识认同。如组建了"鄢陵县花卉办公室",成立了"鄢陵县花卉协会",各乡镇也都成立了花卉办公室和花卉销售公司等办事机构,在政府组织和督促下由县直单位、典型乡镇、典型企业建立生产示范基地;在北京林业大学举办乡镇领导干部花卉园艺知识培训班,选送100多名科技后备干部到中国农业大学学习花卉园艺知识,选送60多名大专以上毕业生到西北农林科技大学学习,专攻组织培养和园林绿化设计。同时,全县382个行政村的"两委"班子也分九批在县委党校接受了系统的花卉园艺知识培训。相对于知识的创造,知识的外溢和有效扩散对集群知识的积累和生产规模的膨胀具有更为重要的作用,这种通过示范和培训而扩散的知识,不仅包括编码知识,也包括意会知识,不仅有助于私人知识的增进,更有助于当地共同知识的快速积累。

(5)通过加强科技投入和自主研发、市场交易体系建设,促进编码知识的快速创造和传播。如鄢陵县建立了中原地区最先进的"花木组织培养中心";以"鄢陵北方花木集团有限公司"为载体,承建了"河南省园林植物工程技术研究中心";开办中原花木博览园并从 2002 年起每年均举办中原花木博览会暨鄢陵生态旅游节;创建"鄢陵县花卉交易信息中心"等。这种以私人编码知识为主体的知识创造,对集群自生发展能力的提升和产业升级具有关键的作用,也会直接推动集群企业规模结构的分化。而私人编码知识相互之间的交流和集群公共知识通过现代信息媒介的扩大,则对集群整体产业水平的升级和交易效率的提高、市场规模的扩大具有关键作用。

根据鄢陵县农业局的调查,目前鄢陵花木从业人员的文化素质还比较低,初中毕业人员占 49.63%,高中毕业人员占 29.98%,小学及其以下人员占 16.11%,而中专及其以上的从业人员的比例仅为 4.27%。这一方面说明鄢陵县花木产业集群整体水平的升级还受劳动力素质低的严重制约;另一方面也说明,花木产业的技术是具有多层次性的,低水平的生产技术知识很容易在集群内部通过"传言"实现面对面的交流、模仿并为花农和花工所吸收。从知识增进和扩散的地域分布来看,围绕传统的生产和知识中心而发展的空间特征非常明显。地处柏梁镇的姚家村是鄢陵花木的传统生产中心,所以到目前,以该村为核心的柏梁镇仍是全县花木生产和知识创造与扩散的中心,并由此向西扩展到陈化店镇,向南扩展到大马乡和马栏镇,向北扩展到马坊乡。另一个生产中心为张桥乡,该乡为 1958 年姚家村花农迁移的 5 个公社之一,所以该乡虽然并不与柏梁镇毗邻,但却成为花木生产的重点乡镇之一。根据鄢陵县农业局的调查,在花木从业人员中,柏梁镇占 24%,大马乡占 17%,陈化店镇占 15%,张桥乡占 7%,其余 8 个乡镇占 37%。

四、分工深化与知识增进之间的互动关系

上述分工分化与知识增进之间是一个相辅相成、螺旋上升的过程。在鄢陵县花木产业集群发展过程中,分工深化与知识增进之间的关系犹如一枚硬币的两面,共同支撑着集群规模的扩展和产业的升级。从唐至清,鄢陵县花农和花工从农民中的分化,花木业在历史的沉浮中得以持续,本身就是劳动社会分工深化的过程与结果,同时也是知识遗传与增进的过程与结果。特别是改革开放以来,农民以传统花木栽培知识为基础,不断学习和吸收新的知

识,既促进了农民本身分工的深化,促使部分农民从花农发展成为花工、花木经纪人、企业经营者和专业技术人员,同时也在分工深化中迅速增加了私人知识和公共知识、编码知识和意会知识,促进了劳动的专业化、生产的迂回性和生产的多样性。但这种分工深化与知识增进的交互过程,还受到市场规模、环境涨落和交易费用的制约。伴随着我国经济的快速增长、城镇化的快速推进和全社会对生态环境的重视,城乡的绿化、环境的美化、居民生活品位的提升、西部大开发的生态环境建设等,均为花木产业市场规模的迅速扩张提供了持续、强大而又稳定的动力和良好的产业发展环境。鄢陵县花木产业的发展,无疑是这种外部市场需求升级和市场规模扩展所提供的难得历史机遇的产物。

新兴古典经济学认为,分工是交换的产物,分工与专业化能够加速知识的积累,并通过知识沿时间的互补性和沿空间的互补性而带来收益递增和生产率的提高,但分工的深化会引起交易费用的增加,而交易费用又取决于交易机制的效率,因此分工的好处与交易费用增加之间的两难冲突和协调构成了社会自发演进的过程,人类对交易机制的制度性知识决定着分工与专业化水平,而分工与专业化水平又决定着专业知识积累的速度和人类获得技术性知识的能力[1]。演化经济学认为,劳动分工隐含有协调之意,但市场却没有为知识提供有效的协调。知识生成和组织使用间的交互作用,典型地围绕网络而建构,网络内相互的利益导致了各种各样的协调[2]。显然,产业集群是解决分工好处和交易费用增加之间两难冲突的一种高效率产业组织模式,也是同时实现劳动分工协调与知识协调的一种高效协调机制。一方面,产业集群中的分工深化会导致交易费用的增加,但另一方面,产业集群又内生了因地理接近、制度文化接近、知识与信息共享、区域品牌共建等交易费用节约和知识协调的高效机制。同时,根据前述的杨格定理,市场规模虽然限制分工的水平,但分工和专业化通过分工经济所带来的收益报酬递增,同样可以通过有效购买力的提高而扩大市场规模[3]。对于任何一个产业集群而言,其对整个

---

[1]　Yang Xiaokai. Economics: New Classical versus Neoclassical Framework. Cambridge: Blackwell, 2000.

[2]　参见第52页注4。

[3]　参见第49页注4。

社会名义收入提高的贡献可以说是微乎其微,但却可以通过收益递增而带来的产品成本和价格的降低而直接扩大其市场需求,同时还能够通过知识的创造而取得垄断技术租金,并进而通过技术和市场上的学习经济、创新经济、专业化经济、规模经济、范围经济和交易成本经济而获取集群整体的经济租金。因此,鄢陵县花木产业集群的成长,本质上是以初始比较优势经济和知识存量所形成的劳动分工为基础,在外部的市场需求及其升级这一"高涨"的产业发展环境中,通过市场需求扩张引致分工的深化、分工的深化引致知识的创造与扩散及市场规模的扩大、知识创造和扩散及市场规模的扩大又引致分工的深化和技术租金的生产、分工深化与知识创造之间的共同演化进一步引致的收益递增和经济租金等非线性的互动、反馈关系而实现的。

第四节　鄢陵花木产业集群发展演进的关键因素

如前所述,鄢陵县花木产业集群的发展演进是在分工深化与知识创造的互动中实现的。但是,与西方学者所强调的在市场经济条件下许多自发演进的产业集群不同,鄢陵县花木产业集群的兴起是地方政府在地方历史传统的基础上实施强力推动和政策引导的结果,无论是集群分工的深化还是集群知识的创造,均具有显著的"地方路径依赖性"。深入分析鄢陵县花木产业集群发展演进的历史过程,可以发现在其分工深化与知识创造中,地方政府的强力推动、当地创业家的兴起和知识传播通道的建设,对其发展演进发挥着关键作用。

一、地方政府的强力推动

在发展中国家,地方机构对促进集群劳动分工和新知识的获取、创造和扩散具有重要作用[1]。在中国,地方政府作为集群发展推进器和催化剂的作用尤其值得重视。鄢陵县花木产业生产规模扩张和市场体系的建设,在很大程度上是政府特定时期强力推动的产物。1958 年,鄢陵县政府为振兴社队经济,一方面鼓励广大花农种植花木,另一方面动员种植花木历史长、技术水平

---

① Bell M. and Albu M. Knowledge Systems and Technological Dynamism in Industrial Clusters in Developing Countries. World Development, 1999(27):1715—1734.

高的姚家村花农迁移到县内当时的 5 个公社,划拨专用土地种植花木,带动周围群众发展花木生产。县政府也于当年在姚家村办起了鄢陵县园艺中学。1960 年,又在园艺中学的基础上组建了鄢陵县园艺场。这些都直接促进了技术的扩散。

改革开放以来,在花木栽培传统的基础上扩张全县的花木生产,促进分工深化和知识创造与扩散,一直是县委和县政府努力的一个重要方向。从1983 年县花卉协会和花卉公司的成立,到 1986 年县政府出台《关于建立鄢陵县花卉生产基地的意见》、《关于大力发展花卉生产的五项决定》,再到 1996年县花卉办公室的成立,1999 年中共鄢陵县委做出《关于全面实施"以花富县、依花名县"战略,加快建设花卉园艺大县的决议》,2000 年由副省长带领省直 14 个厅、委召开现场办公会,无不体现出地方政府在战略制定、组织领导、示范基地和龙头企业建设、科技开发与技术培训、市场与技术服务体系建设等方面的作为。如政府曾以行政命令和政绩目标考核的方式,要求县直各单位在 311 国道两侧建场办园做示范;为扶植龙头企业和示范基地的发展,政府不仅在用地、税收、工商管理、基础设施建设等方面实施了政策支持和优惠,同时每年还拿出专项资金进行直接补贴;为增强花卉产品在国际市场的竞争力,政府成立专门组织,并邀请科研院所的专家共同制定了《腊梅产品等级标准》等 13 项标准草案,其中《腊梅产品等级标准》、《桧柏苗木产品等级标准》、《城镇绿化常用苗木产品等级标准》三项标准成为河南省地方标准。正是鄢陵县政府行政和市场手段的同时运用,其花木产业集群才得以在较短的时间内实现规模的快速扩张。

二、当地创业家的兴起

产业集群是创业家群体的集聚体,产业集群的形成是个体创业家创新行为引来创业家群体模仿的过程,产业集群的成长、创新与升级,是由不同类型的创业家的创新行为来驱动的[①],因此,创业家的兴起是产业集群成长的引擎。若单纯依靠地方政府的强力推动而没有地方创业家的自发创业,任何通过政府规划的产业集群都注定会失败。政府推动、创业家和群众基础的循环

①　郑风田,程郁.创业家与我国农村产业集群的形成与演进机理.中国软科学,2006(1):100—107.

互动特别是知识的扩散和创造,是产业集群成长的关键。但地方创业家的兴起是由多种因素所激发的,除创业家个人的风险偏好特质和政府强力推动所激发的创业机会外,鄢陵县众多花木经营者和专业经纪人的出现,显然也是嵌入地方的制度文化传统、市场和创业机会、分工深化和知识创造等多种因素相互作用的结果。鄢陵作为一个传统的平原农业县,本身又缺乏像温州地区那样的经商文化传统,也缺乏像珠江三角洲地区那样的海外关系网络①,其花木产业集群创业家的兴起,充分体现了一个建立在历史传统上的产业集群,在地方政府强力推动所创造的特定制度环境和社会经济快速发展所创造的特定市场环境下,通过分工深化与知识创造之间的互动而自然演进的过程。集群成长中劳动分工与就业模式的演进,既是创业家不断生成与繁衍的过程,也是创业家在知识学习与创新基础上不断实现创业路径由"低路"向"高路"跃升的过程。

三、知识传播通道的建构

地方政府和创业家在集群研究中已受到了不同程度的重视②③④,但知识传播通道的建构也是集群形成和发展的关键因素,并且这种通道日益走向网络化和非本地化甚至全球化。在鄢陵县花木产业集群生产规模扩张过程中,编码知识和意会知识在集群内部通过地方传言的传播起到了关键作用,示范基地、示范乡镇、示范村、示范农户的建设及其示范效应的发挥对集群生产规模的扩大是非常有效的。

但集群的升级和销售规模的扩大,仅靠地方传言的知识扩散是无法实现的,政府和企业还必须在与科研院所的关系建构、自主开发能力、现代市场体系建设等方面进行专门的投资。这种通过专门投资而形成的新知识的创造与扩散,是集群路径创造、保持持续竞争优势和活力的源泉,也是集群从近于完全竞争的市场结构迈向垄断竞争甚至在部分产品上迈向寡头和完全垄断的必由之路。正是这种投资,部分企业才能获取因一定时期的技术垄断而形

---

① 孟晓辰,赵星烁,买买提江.社会资本与地方经济发展:以广东新会为例.地理研究,2007,26(2):355—362.

② 参见第48页注3。

③ 参见第51页注4。

④ 参见第62页注1。

成的技术租金,整个集群才能获得整体的动态经济租金,集群的分工才能进一步深化。如在现代市场体系建设方面,鄢陵县花木产业集群中不仅建立了沿311国道的"前市后场"型的生产销售长廊,还投资建成了占地1500亩的花木博览园、占地300亩的花木交易市场和以现代信息技术为支撑的农业信息中心及花木信息交易中心,并在西部大开发和北京举办奥运会的市场机遇下,先后在甘肃、宁夏、内蒙古、北京等地建立了苗木基地,有效拓展了市场网络。

第五节 结论与讨论

本章通过鄢陵县花木产业集群的案例研究,以演化经济地理学的视角阐释了产业集群成长过程中分工深化和知识创造的过程及其之间的互动关系。研究表明,产业集群是解决"分工好处和交易费用增加的两难冲突"的一种高效产业组织模式,也是同时实现劳动分工协调与知识协调的一种高效协调机制,分工深化与知识创造之间是循环推动、共同演化的。通过技术和市场上的学习经济、创新经济、规模经济、范围经济、交易成本经济和专业化经济等规模收益递增机制,集群企业不仅可以攫取在新知识创造上的技术租金,而且可以攫取整个集群在新知识扩散和市场规模扩大中的动态经济租金。

研究发现,鄢陵县花木产业集群的发展演进,本质上是以初始比较优势经济和知识积累为基础,在外部的市场需求及其升级这一"高涨"的产业发展环境条件下,通过市场需求扩张引致分工的深化、分工的深化引致知识的创造与扩散及市场规模的扩大、知识创造和扩散及市场规模的扩大又引致分工的深化和技术租金的生产、分工深化与知识创造之间的协同演化进一步引致的收益递增和经济租金等非线性的互动、反馈关系而实现的。因此,分工深化与知识创造在特定地方及环境下的螺旋式互动演进——具有地方路径依赖的循环累积效应,是产业集群发展演化的核心机制;分工不仅仅依赖劳动生产率的提高、购买力的增强和市场规模的扩大而促进分工,更依赖知识创造和扩散而促进分工,经济增长是分工深化—知识创造相互依赖的演化过程。

在集群形成和发展过程中,地方政府的强力推动、地方创业家的兴起和知识传播通道的建构具有特别重要的作用,它们可以有效促进劳动分工在特定的制度安排与发展环境下的扩展与深化、编码和意会知识在内部知识传言与外部知识获取杂合中的创造与扩散。在集群规模扩张、产业升级过程中,地方政府不仅可以有所作为,而且强有力的政府推动对一些产业集群的发展是必不可少的。但政府的强力推动,关键在基地示范、龙头培育、科技与基础设施投入、市场体系建设、生产标准制定、制度环境优化等知识传播和创造方面,既必须同市场需求的方向和规模相适应,还必须同地方创业家的生长及知识传播通道的建设有机结合。

　　当代经济地理学非常强调分析的情景敏感性和关系建构①。鄢陵花木产业是以本地资源为基础的地方集群,它与传统的制造业(如制鞋)、现代制造业(如汽车)和专业化供应商(如软件)等集群存在明显的差别,如其单体企业普遍很小,企业内部的规模经济、范围经济、交易成本经济和专业化经济不突出,低水平的生产技术知识很容易在集群内部实现面对面的交流、模仿并为花农和花工所吸收。然而,由于产业的增加值日益为快速兴起的全球劳动分工、生产和价值链以及知识创造所驱动,如荷兰对全球切花市场的主导就不仅依赖于其长期的生产和贸易传统,也高度依赖于其复杂的生产、营销和配送系统,因而鄢陵花木产业集群对意会知识、地方集聚和外部研发与培训机构的依赖虽然有利于其初期的快速成长,但其长期的发展和分工的深化还有赖于自身知识创造与扩散能力的提升及对国家乃至全球价值链的嵌入。如何在全球价值链中谋取集群的技术和经济租金,是一个重大的发展课题。

---

① 苗长虹,魏也华.西方经济地理学理论建构的发展与论争.地理研究,2007,26(6):1233—1246。

第五章

多样性、创造力与城市增长[①]

第一节　引　言

自斯密发现社会分工与专业化是国民财富的重要来源这一基本原理以来,经济学家和地理学家围绕该原理一直在探讨保持城市和区域长期繁荣的途径。马歇尔[②]对"专业化产业区"的讨论和雅各布斯[③]对"城市经济"的讨论,可以看作城市与区域经济增长理论的两个重要里程碑。前者强调基于专业化的"地方化经济"的重要性,而后者则强调基于多样性的"城市化经济"的重要性。最近,国际城市经济学界重新燃起了对究竟是多样性城市还是专业化城市更利于技术创新和经济增长这一问题的激烈争论。一些学者认为[④][⑤][⑥]通过产业间的"动态知识外部性"或知识溢出,多样性城市更利于经

---

①　原载《人文地理》2009 年第 2 期。与李学鑫合作完成。

②　阿弗里德·马歇尔著,廉运杰译. 经济学原理. 北京:华夏出版社,2005:229.

③　Jacobs Jane. The Economy of Cities . New York:Random House,1969:51—60.

④　Glaeser Edward, Heidi Kallal, Jose Scheinkman and Andrei Shleifer. Growth in Cities . Journal of Political Economy, 1992,100 (6): 1126—1152.

⑤　Harrison Bennett, Maryellen Kelley and Jon Gant. Innovative Firm Behavior and Local Milieu:Exploring the Intersection of Agglomeration, Firm Effects, and Technological Change . Economic Geography ,1996,72 (3): 233—258.

⑥　Feldman Maryann P. and David B. Audretsch. Innovation in Cities:Science-Based Diversity, Specialization and Localized Competition . European Economic Review,1999,(43):402—429.

济增长;而另外一些学者①②③却认为,尽管在某些情况下经济多样性可能非常重要,但总体上城市的专业化更利于经济增长。造成争论的原因很多,其中关键的是,"我们目前仍然对知识溢出在什么方式下发生和其以何种方式促进创新活动等方面缺乏足够的认识"④。本文的目的,在于通过审视有关地方知识溢出经验研究中存在的问题,阐释人类创造力的来源与技术结合的过程,解析多样性的地方环境促进技术创新与城市增长的内在机理。

第二节　有关地方知识溢出的经验研究

20 世纪 80 年代末期以来,为了验证地方化经济与城市化经济、知识的"产业内溢出"与"产业间溢出"对城市增长的作用,一些学者开始以实际数据为基础进行计量经济分析,试图从经验上回答是地方专业化或是多样性更有利于技术创新和经济增长这一基本命题。但是,由于学者们对如何定义和测度"多样性"和"专业化"还没有形成统一的认识,又由于不同的学者对"知识溢出"及其效应的认识与表征也存在着分歧,因而很难形成一致的意见。比如,一些学者用标准产业分类体系(SIC)和北美产业分类体系(NAICS)的就业或人均 GDP 增长数据来表征知识溢出的效应,而另一些学者则运用技术分类的专利数据来表征知识溢出的效应。但是,这两类方法均存在问题。产业分类法的分析基础是生物学上的"差异"和"整合",其中的产业是若干生产相同和相似产品的公司的集合。因此,使用产业分类体系来研究过去某一时点的经济发展也许是合理的,也有助于认识水平尺度上的产业联系。但是,它无法完全体现人类产品创新的事实,因为生产不同产品的公司常常使用相关的生产技术,并具有垂直尺度上的内在联系。此外,运用产业分类数据分析技术创新还会产生另一个问题,即产业数据易掩盖大多数公司都生产

①　Henderson Vernon, Ari Kuncoro and Matt Turner. Industrial Development in Cities . Journal of Political Economy, 1995,103(5):1067—90.

②　Bostic Raphael W. , Joshua S. Gans and Scott Sterm. Urban Productivity and Factor Growth in the Late 19th Century . Journal of Urban Economics,1997,(41):38—55.

③　Henderson J. Vernon. Externalities and Industrial Development . Journal of Urban Economics, 1997, (42): 449—470.

④　M. P. 费尔德曼.区位与创新:创新、溢出和集聚的新经济地理[A].G. L. 克拉克,M. P. 费尔德曼,M. S. 格勒特主编. 刘卫东等译. 牛津经济地理学手册[C].北京:商务印书馆,2005:394.

多种产品以及人力资源具有多种能力的事实。因而,如果具有不同用途的人力资源的公司被划归于同一个产业代码下,地理区域真实的经济多样性就会大打折扣。专利分类数据突出了专利的功能和技术原理,可以较好地反映经济之间的联系,并且与使用产业数据相比,可以从创新者获取更多的信息。然而,使用专利分类数据也存在着诸多问题,因为并非所有的创新都能专利化,并非所有可以专利化的创新都能获得专利权,况且专利的申请成功与否与产业新老、公司的大小和发明的类型有很大的关系,专利数据也存在着重大的可靠性问题,大多数专利其实并没有得到商业运用,有很多专利只具有纯粹的防御性,同时申请专利的必要条件可能随时间和空间发生巨大的变化①。

除上述分析技术上的原因外,本文认为最根本的问题还在于多数研究者并没有很好地说明"技术溢出的具体过程"或"特定原材料、生产过程和产品如何在新环境中改变其用途的过程"。实际上,最近的文献很少能超出早期研究所采用的两条主线:一是产业间的技术流动,另一个是对多样化的测度。而这两条主线都缺乏令人信服的概念基础②。正是有关概念和测度方法的多样与歧义,导致了地方多样性和专业化的主题"被所使用的测度技术所淹没"。因此,要更好地理解城市产业构成与知识溢出和经济增长之间的关系,就必须首先回答"人类创造力的特性与技术创新的本质"这一重要问题。

第三节   人类创造力的特性与技术创新的本质

一、雅各布斯的主要观点

雅各布斯是第一个从知识溢出角度对专业化有利于城市经济增长这一传统观点提出质疑的学者。她认为,技术创新最重要的一个环节——技术(资源)组合,实质是"在其他已有工作上添加新类型的工作"③,它深深地根植于人类的创造力之中。雅各布斯认为,个体一旦有了一个关于某种新装置

---

① Desrochers Pierre. Local Diversity, Human Creativity, and Technological Innovation . Growth and Change, 2001,32 (3): 369—394.

② 参见本页注1。

③ 参见第 66 页注 3。

的想法,也仅仅是向可行的商业产品迈进了一小步。要想实现成功的产品创新,还需要很多工作去做。而这些工作大多属企业家精神性质的。正是在这个意义上,她认为多样化的城市经济更重要。雅各布斯指出,“一个经济已经达到的劳动分工的数量和种类越多,其内在的添加更多类型商品和服务的能力就越强。用新的方法组合劳动分工的可能性也就越大”①。因此,雅各布斯对城市多样性的分析,不仅包括人类创造力,而且还包括企业家精神和集聚经济等因素。

那么,人类“资源新组合”的思想来源于何处? 雅各布斯认为,这源于两种不同的启示:一个是正在使用的原材料或技能,另一个是工作中出现的特定问题。来源于这两种启示的思想有时是重叠的,但不会自动产生。“当新工作从母工作中产生时,这本身并不能解释新工作产生的原因。很多人并不试图寻找解决工作中所出现问题的新方法,甚至没有看到其使用的原材料或技能的新用途的可能性。新工作的创造者必须有(一定的)洞察力,能够把思考或观察与工作中受到的启示结合起来,从而构成一个新的出发点。而这点是由添加新工作的人提供的。其逻辑结果部分来源于以前的工作,有时也来源于他所观察到的别人的工作”。“当新工作被添加到旧工作上时,这种添加常常无情地穿越工作的类型,而不管人们如何分析这些类型”②。

因此,按照雅各布斯的观点,新工作被添加到旧工作上的逻辑,或者说技术创新的源泉,主要在于企业家对不同资源的组合,而这些组合的过程又常常穿越传统的分类体系。所以,她对运用经济分类体系进行研究提出了警告,“对一些类型的经济分析而言,这些分类是有用的,但迄今为止,由于它们完全与我们所理解的旧工作怎样产生新工作无关,因此妨碍了我们的理解”③。

二、人类创造力的特性

研究表明,自然事物演化与人造物品演化之间的最主要差别,在于是否是以前并不相关的事物的组合。除微生物外,不同的生物种类间通常不进行

---

① 参见第 66 页注 3。
② 参见第 66 页注 3。
③ 参见第 66 页注 3。

杂交。相反,不同的人造物品却一直不断地相互组合而产生出新的类型。其实,早在半个世纪前,人类学家 A. L. Kroeber[①] 通过描绘生物和人造物品的家族谱系图,就已指出了两类物品演化的关键区别(图 5 - 1)。他认为,生物家族谱系图中的不同分支的种类间一般不相互混合,但他们自身常能分化为新物种,且新物种与原有的物种保持分离。与生物不同的是,人造物品的家族谱系图中的不同分支却常常相互融合而产生新品种,例如,一旦人们有了把树木与牛和马相组合的想法时,就会创造出木牛流马,而新品种又会与其他品种发生融合。如此过程反复下去,结果就是一部人类创新的历史画卷。

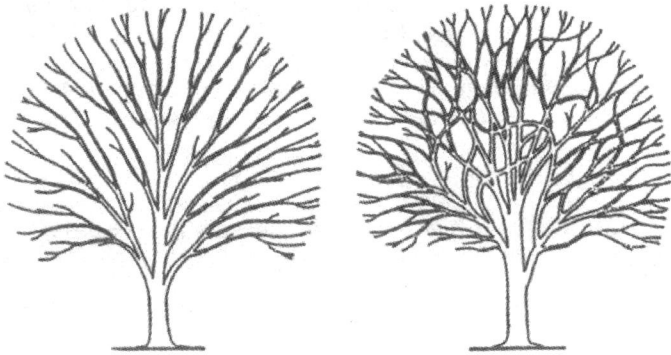

图 5 - 1　生物与人造事物演化之间的差异

三、技术创新的本质

　　熊彼特[②]认为,创新是"企业家将生产要素和生产条件的一种从未有过的新'组合',引入生产系统,以获得'超额利润'的过程"。这种认识抛弃了把技术进步看作经济发展外生变量的传统观念,摆脱了科学技术作用于经济发展的线性模式,从技术与经济有机结合的视角,拓展了对技术创新本质的理解,强化了企业技术创新的重要性。因为技术创新所要实现的技术与经济的结合,主要不是靠科研机构,更不是靠行政机构来完成的,而是靠作为市场经济微观主体的企业和个人等来实现的。事实上,技术创新作为一种以企业和

---

① 　Kroeber Alfred L. Anthropology . New York:Harcourt Brace Jovanovich, 1948:260.

② 　约瑟夫·熊彼特著,何畏等译. 经济发展理论. 北京:商务印书馆,1991:73—74.

个人为主体的经济活动,正是企业和个人为响应与满足市场需求,并刺激和重新创造市场需求,从而把技术进步与市场需求能动地、有机地、动态地结合起来,创造出体现这种结合的新产品与新工艺并开拓新的市场,以获得更大效益的创造性行为。因此,技术创新就其本质而言,乃是人类现有设备和物质新的组合过程[①],或不同要素新的重组过程。这一过程可用图 5-2 简要表示之。

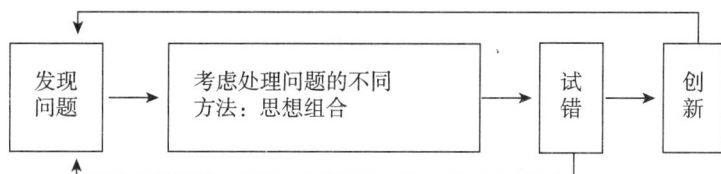

图 5-2 技术创新的基本步骤

四、人类行为与资源组合

经验表明,要把以前不相关的原材料、过程或产品组合在一起,创生出新的组合,大体可以通过以下路径来实现。

1. 多学科团队合作

由不同学科人员组成的团队这种正式的合作,是有效克服个体由于特定专长而造成的障碍,从而使某一技术与其他领域中产生的问题相结合,进而解决问题的有效方式。多学科的团队能把具有不同智力约束的个体聚集在一起,实现不同知识在个体间的流动与组合,从而产生协同效应和互补效应。这种合作不仅仅发生在公司内部和公司之间,也广泛发生在公司与其他公共机构,如大学、科学机构等之间。

2. 公司增加或转换生产线

为了满足市场需求或解决生产中出现的特定问题,通过公司内外的合作,如"师带徒"、公司内的 R&D 等,创新性的企业家和雇员通常会开发出新技术(材料)。但经过一段实践,发现其还有其他新的用途。于是,扩大或转换生产线就成为所有公司的历史特征,产业间的知识流动与组合极大地促进

---

① 参见第68页注1。

了新产业的诞生。例如，在 20 世纪 90 年代，迫于世界钟表产业特别是日本石英表的激烈竞争，一些原来专注于机械表生产的瑞士钟表商纷纷扩充或转换生产线，开始大量涉足外科手术器械、心脏起搏器、药用注射笔、胰岛素泵等产品的生产。

3. 个体在不同公司间的流动

自马歇尔开始，劳动力要素的流动一直被认为是知识溢出的最重要机制[1]。公司的破产、员工对公司的工作环境不满意、被迫的家庭迁移等，都会促使一些员工在不同公司间流动。这种流动既可能发生在同一产业内不同的公司间，也可能发生在不同产业的不同的公司间。但无论何种情况，个体流动都会促进知识、技术在企业间的扩散，都会有意或无意地把以前的生产知识和技能运用到新的生产活动中去。特别是具有专业技能、经验和创新意识的人员的流动，会将其所拥有的专业知识和技能相应地传播到其他企业，结果会大大提高劳动力的整体技能水平[2]，进而促进不同技术的融合与创新。

4. 个体在其他环境中的观察

有时候，员工个体有意或无意在其他环境中的观察，常常会得到很多难以通过社会化方式交流而取得的技能、诀窍和心智模式等隐性知识。而当员工个体再把这些隐性知识运用到其他工作上去时，就有可能导致重大创新。例如，福特汽车公司的流水作业装配线，就是参观屠宰厂、面粉厂、酿造厂等所采用的有效运输及包装生产方式，并把其思想运用到汽车生产中的结果[3]。而 Gutenberg 对近代活字印刷技术中压印方法的发明，却源于他偶然一次参加的葡萄酒丰收节上，对葡萄螺旋压榨器和葡萄酒流动观察的感悟[4]。但是，无论是哪种形式的观察，都需要创新者实现有一定的知识储备，以便能够快速捕捉到在其他环境中稍纵即逝的"创新火花"。

5. 个体的非正式接触

隐性知识获取的另一种途径是人们之间非正式的面对面接触，地理临近

---

① 参见第 66 页注 2。

② Porter，M. E. Clusters and The New Economics of Competition. Harvard Business Review，Nevember - December. 1998：77— 90.

③ Hounshell，David. From the American System to Mass Production，1800—1932. Baltimore：Johns Hopkins University Press，1991：251.

④ Koestler Arthur. The Act of Creation. London：Hutchinson of London，1969：123—24.

性为这种知识的流动创造了条件。在经常性的非正式接触的情景下，由于知识的防御性较弱，不同人员之间更容易促进知识与信息的流动和融合。例如，在东莞电脑产业集群中，企业创新的许多知识与信息，就来源于台商在业余时间的聚会。通过在饭桌上、高尔夫球场上、饮茶时等非正式交流机会，企业就互通了许多信息，交流了生产经营的经验①。

第四节　产业多样性、专业化与城市增长

一、产业多样性为何更有利于城市增长

目前，主张产业多样性有利于城市增长的学者，大多用以下逻辑来阐释"地理上地方化的产业间知识溢出"或"雅各布斯外部性"：多样化个体的空间集中导致了大量个体间的相互作用，这反过来又导致了新思想、新产品和新过程的产生。例如，Glaser 等人在其著名的《城市的增长》写到："雅各布斯的思想是，城市中至关重要的外部性是不同工作中产生的思想的相互哺育。纽约的谷物商和棉花商认识到了国家和国际金融交易（的重要性），结果，金融服务业就产生了……。很多证据都表明，知识是在产业间溢出的。因为大城市汇集了来自各行各业的人，所以促进了思想的扩散。"②Henderson 也指出，"雅各布斯效应被假定为来源于围绕某一产业形成的城市地方多样性环境。多样性提高了知识积累，因为某一产业的生产商可以通过社会和商业上的相互作用，吸收来源于其他产业的大量多样性的思想"③。Feldman 和 Audretsch 也表示了相同的看法："雅各布斯……认为，知识溢出最重要的源泉是公司所经营的外部。城市是创新的源泉，因为这些知识的多样性源泉在城市里是最大的。这样，雅各布斯形成了一个理论，强调地理区域内产业的多样性促进了知识的外部性，最终推动了创新活动和经济增长"④。

然而，根据上节对人类创造力特性和技术创新本质的论述，上述对"雅各布斯外部性"因果关系的推断并不令人满意。我们认为，就单体城市而言，长

---

①　王缉慈等.创新的空间——企业机群与区域发展.北京:北京大学出版社,2001:244.

②　参见第 66 页注 4。

③　参见第 67 页注 3。

④　参见第 66 页注 6。

期来看,产业多样性之所以较专业化更利于城市增长和创新,关键的原因可能在于以下两个方面:

首先,多样性的城市更利于知识溢出和资源组合。因为在产业多样性的城市中,有更多样的企业、科研机构和大学等机构,多学科团队合作的可能性更大;有更多挑剔性顾客的需求,刺激着公司不断增加或转换生产线;员工在公司间的流动量更大,频率更高;更多的具有启迪意义的成功或失败案例,甚至日常行为可用于观察;存在着更多可供不同行为主体非正式接触的机会和场所;不同产业中的不同个体所拥有的知识排他性更弱。

事实上,城市专业化有利于经济增长的观点,其理论基础是比较优势和产业内竞争。这种观点在一个资源是给定的,资源的配置效率被看作区域发展的主要推动力的静态世界里是合理的,并且在特定的城市体系中,专业化也可能会通过收益递增及与其他城市的互补来强化一个城市的经济优势。然而,在一个新事物不断地被创生、旧事物不断地被扬弃、知识是经济发展的主要推动力的动态世界里,长期来看,专业化城市可能最终会陷入"路径锁定"的泥潭。因为狭隘的专业化最终必然会"吸干"创新得以产生的源泉:不相关事物(资源)相互组合的潜在思想和技术人员。因此,专业化城市更有利于技术创新的论断,只是一种"新思想只能在产业内是有用的"狭隘理念。

其次,多样性城市也较专业化城市提供了更多利于创新的其他条件。正如雅各布斯所言,知识溢出只是技术创新的一个必要条件。要成功地实现技术创新,还必须有更好的企业家精神氛围和更大的集聚经济。大量经验研究证明,大城市更趋于多样化,并且具有高于同样规模专业化城市的集聚经济[1],以及更好的企业家精神氛围和居住环境。例如,根据城市增长的3T理论(Technology – 技术,Talent – 人才,Tolerance – 宽容性),多样化的城市一般比专业化的城市能够提供更多样的生产生活条件,能够满足人们多样化的需求,从而吸引更多"创新阶级"前来定居[2]。

---

[1] Gilles Duranton, Diego Puga. Diversity and Specialisation in Cities: Why, Where and When Does it Matter?. Urban Studies,2000,(37):533—555.

[2] Florida Richard. The Rise of the Creative Class. Basic Books,2002:232.

二、从专业化到多样性——匹兹堡繁荣、衰退与复兴的经验案例

匹兹堡位于宾夕法尼亚州西南部,阿勒根尼河、蒙农格亥拉河在此汇入俄亥俄河,而俄亥俄河是通往美国中、西部的一条主要航道。因此,凭借其特殊的地理区位,匹兹堡在 18 世纪已发展成为重要的军事驻地和商业中心。到了 19 世纪,附近丰富的煤、石灰石和一些铁矿资源的相继发现与开采,便利的交通,使得匹兹堡逐渐成为钢铁工业企业的理想集聚地。到了 1850 年,钢铁工业已成为匹兹堡的首要工业。在此后到 20 世纪上半期长达一个世纪的时间里,匹兹堡一直以美国的"钢都"著称。虽然环境污染也使匹兹堡获得了"烟雾之城"的称谓,但在"钢铁时代"里,这种片面专业化的产业结构和糟糕的生活环境似乎并没影响匹兹堡的繁荣。

到了 20 世纪初,随着炼钢技术的改进和美国经济形势的变化,钢铁企业的区位选择也发生了重大变化,投资者越来越趋于选址于靠近铁矿而不是有丰富煤炭资源的地方。同时,在产业生命周期上,钢铁产业也开始由增长期转向成熟期甚至衰退期。此时的匹兹堡急需新的主导专业化产业来替代钢铁产业。然而,不幸的是,长期的片面专业化使匹兹堡的发展陷入了"路径锁定","烟雾之城"也使新产业的投资者望而却步。结果,多样性的缺乏扼杀了潜在主导产业的创生环境。据统计,美国 1910 年后出现的新工业,没有一种起源于匹兹堡①。于是,匹兹堡开始呈现衰退迹象:企业固定资产老化,城市经济增长逐渐放缓,对全国经济状况有很大依赖性,对经济周期十分敏感。虽然在两次世界大战期间,由于战时生产的特殊性,匹兹堡经济增长和就业状况较好,但好景不长。二战后,美国经济结构的转型和来自国外的竞争,使匹兹堡的经济受到了更大的冲击,匹兹堡再次陷入经济衰退之中。

面对片面专业化带来的城市萧条和衰退,匹兹堡从 20 世纪 40 年代就开始着手城市的复兴。为避免过去单一产业所带来的脆弱性,增强城市的创新力和活力,匹兹堡确立了以多样化为基础的现代化经济目标。为此,匹兹堡先后采取了一系列整治措施:①进一步培育原已存在的服务业,发挥非盈利部门在经济振兴中的作用;②治理环境污染,打造以高新技术为基础,规模小

① 姜立杰.匹兹堡——成功的转型城市.前沿,2005(6):152—156.

而更富竞争力的制造业;③大力发展文化产业。经过这些措施的有力实施,到 20 世纪 80 年代后期,匹兹堡已培育出一个富有活力和创造力的多样性经济环境,重工业已处于经济结构的边缘地位,而教育、文化事业兴旺发达,提供了很好的生活质量,医疗保健设施、计算机程序、机器人方面成就斐然。匹兹堡也因此被称作"美国最有希望的后工业化实验"①。多样性经济结构的成功转型,也使城市吸引力和竞争力大大增强。在 1985 年美国《地方年鉴》的城市排名中,匹兹堡因其较低的住房消费、低犯罪率,特别是在艺术、教育、医疗和环境上的极高得分而被列为最适合居住的城市,位次不仅在纽约、旧金山、芝加哥之前,而且也超过了迈阿密、亚特兰大、菲尼克斯等阳光带城市。复兴后的匹兹堡成为一个充满勃勃生机的后工业化白领城市,并成为美国一个重要的新经济中心。

第五节　结　语

本文通过对理论界有关是经济活动多样性或是专业化更有利于城市技术创新和经济增长争论的剖析,发现大多经验研究忽视了对知识如何从某一具体的应用领域"溢出"到其他领域的过程这一重要问题的分析。传统的研究方法,是运用经济分类(包括标准产业分类和专利分类)数据来探究产业构成与知识溢出和经济增长之间的因果关系。但这种方法不能清晰地说明不同环境下知识溢出的具体过程,掩盖了许多重要的信息。因此,必须转向人类创造力的特性与技术创新的本质的分析。通过比较人造事物与自然生物的演化差异,发现人类创造力的特性与技术创新的本质在于把现有的、以前不相关的事物组合在一起。虽然专业化城市在特定城市体系中也能够促进技术创新及经济增长,但从单体城市的层面看,产业多样性较专业化不仅有利于各种不相关的事物的组合,而且还能提供创新者所需的企业家精神氛围和更大的集聚经济,因此更利于城市的长期增长。

---

① 参见第 75 页注 1。

第六章

高新技术产业区财富积累战略①

第一节 引 言

20世纪人类社会经济发生了史无前例的剧烈变动。特别是20世纪70年代末期以来,伴随着冷战的结束、新自由主义意识形态的复兴、市场经济的全球扩展,全球化、区域化、技术革命、新经济、财富积累、环境恶化、社会不平等,都呈现出前所未有的现象与格局。由于跨国公司的地位上升、技术进步的速度加快、民族国家的权力削弱、新城市和区域主义的兴起,对财富的创造和积累模式产生了根本性的冲击。在西方发达资本主义社会,从福特主义向后福特主义的转型、从工业经济向知识经济的转型、从现代社会向后现代社会的转型,标志着资本主义的发展进入了一个新阶段,也标志着全球经济的财富积累模式向"创新经济"的重大转向。高新技术产业区(这里泛指各种形式的科学—工业综合体,包括技术城、科学城、技术园、科学园、科技工业园、高技术加工区、高技术产业带等)作为创新经济的集聚地、温床和扩散源,在经济全球化的推动下正在创新其财富积累模式。本章基于区域创新系统理论和世界及我国一些高新技术产业区的发展经验,对经济全球化背景下高新技术产业区实现财富积累的主要战略进行分析。

---

① 原载《经济管理》2006年第5期。

第二节　创新环境培育战略

创新是各种创新主体在特定创新环境中孕育、发展、成熟的。高新区是一种特殊的生态系统，没有适宜的创新环境的支持，即使有创新的萌芽也会夭折。伟大的新古典经济学家马歇尔(A. F. Marshall)早在19世纪末就提出了"产业空气"在产业区形成发展中的作用①。20世纪80年代以来，欧洲大陆的一些经济学家组成的 GREMI 小组就高新技术产业区的发展，提出了著名的"创新环境"(Milieux Innovateurs—milieu)理论，强调区域的制度、规则和实践系统等在区域技术创新过程中的独特重要性②。萨克森宁(A. Saxenian)对硅谷文化的关注③，吴敬琏先生对"制度重于技术"的呼吁④，王缉慈对区域创新环境的强调⑤，顾朝林、钟坚等对国内外高新区发展的经验研究⑥⑦，实际上都将创新环境放在了头等重要的地位，并将其看作发展高新技术产业的必要条件。"硅谷"创新之树常青的根本，就在于其独特的"创新文化"与制度安排：拥抱科技新知、频繁人才流动、充满自信、无畏风险、崇尚创业、容忍失败、鼓励竞争、乐于合作以及完善宽松的法律环境等。因此，创新环境的培育是高新技术产业区财富积累的长期战略，也是最为根本的战略。对地方政府和高新区管理部门而言，除了致力于发达完善的基础设施和良好的人居环境的建设之外，尚需要倡导解放思想，转变观念，远近结合，全面培育并积极引导促进创新的地方经济环境、民主政治环境、文化环境、法律环境、社会环境和服务环境。对中央政府而言，加大对智力资本、知识创新和技术创新的财政、金融投资的政策支持，发展完善激发创新与扩散的基础设施体系，革除官

---

①　Marshall A. Principles of Economics (8th edition). Cambridge University Press (Fist published in 1890), 1961.

②　Aydalot Ph and Keeble D. (eds). High Technology Industry and Innovative Environments: the European Experience, London: Routledge, 1988.

③　Saxenian A. Regional Advantage: Culture and Competition in Silicon Valley and Route 128, Cambridge (Mass.), Harvard university press, 1994.

④　吴敬琏. 发展中国高新技术产业：制度重于技术. 北京：中国发展出版社，2002.

⑤　王缉慈. 创新的空间. 北京：北京大学出版社，2001.

⑥　顾朝林，赵令勋. 中国高技术产业与园区. 北京：中信出版社，1998.

⑦　钟坚. 世界硅谷模式的制度分析. 北京：中国社会科学出版社，2001.

僚政治,基于全球化的进程和市场化的要求而逐步放松对企业和劳动力市场的管制,依照 WTO 规则有步骤地向世界竞争者开放市场和产业,促进企业和劳动力市场的弹性,加速人才等高级生产要素的流动和交叉学习,鼓励个人追求财富并严格保护私人产权,营造崇尚创新、公平竞争、善于合作的社会经济环境,重视对高新技术及其产品的国家采购,在国家发展战略体系中赋予高新技术产业及产业区以国家战略地位,是创新环境培育战略中不可缺失的基础环节。

第三节　创新主体结网战略

创新是一个多元创新主体交互学习的过程。区域创新系统的经验研究表明,创新不仅仅是将生产要素和生产条件的新组合引入生产体系,不仅仅是科学研究和技术发明的商业化应用,也不仅仅是敢于冒险的企业家的行为或研究与开发投入的结果。创新实质上是科学研究、技术发明和经济活动内在紧密交织的网络化过程[1]。因此,创新经济既离不开多元创新主体的培育,更离不开多元创新主体的集聚、衍生、结网。在创新经济中,多元化的创新主体不仅包括企业家、大学、科研机构、企业,而且还应包括客户、供应商、地方政府和创新服务机构(如中介组织、职业培训机构、金融机构、商业机构等),创新本质上就是各种创新主体之间交互作用、集体学习的结果。其中,企业家个人和创新型企业是创新的核心,客户、供应商、大学与科研机构则是创新的重要源泉,地方政府、创新服务机构等是创新得以实现并扩散的重要保证。而多元创新主体之间的交互作用,仅仅依靠市场或层级安排是远远不够的,虽然空间集聚和层级安排有利于交易成本的节约,但在高风险的创新经济中,高额的市场交易费用和缺乏柔性的层级安排,往往会使财富积累的链条变窄甚至中断,而在特定的创新环境中通过地理集聚和社会信任所建立的经济和社会网络,包括水平网络和垂直网络,如分包关系、合作关系、企业衍生关系、家庭与私人关系、社会关系、行业协会、商会、基金会、企业家协会、沙龙、各种促进会、联合会、报告会等,由于其联结的经常性、直接性、自发性、灵

① 　Lundvall B-A. National System of Innovation: Toward a Theory of Innovation and Interactive Learning, London: Pinter Publishers,1992.

活性、开放性、互惠性、系统性,能够有效增强信任和社会资本的积累,促进信息在地方网络中的低成本甚至免费传播,加速可编码知识特别是意会知识的流转,促使个人和组织学习向集体学习的转化、静态学习向动态学习的转化,因此会更加有利于多元创新主体之间的相互学习,激发创新的产生与扩散。同时,创新主体的组成越多样化,知识和信息的互补性越强,相互之间交互作用的网络通道越多,网络中的能量流、信息流越强,网络对创新的激发效应和扩散效应就会越大。因此,加强对多元创新主体的培育,鼓励和支持多元创新主体相互之间的集聚、结网,发展并引导多元创新主体之间的"非贸易相互依存"①和"面对面交流"②,并将其与创新环境的培育战略有机结合,乃是高新区财富积累的关键所在。

第四节　风险资本支持战略

创新经济的本质是高风险、高投资、高回报经济,它遵循的是拇指法则,十个之中只有一个成功者。由于人类内在的风险规避属性,要实现在高风险条件下的高回报收益,就需要一系列的风险支持与化解机制,敢于冒险的创新文化,地理空间的集聚,关系网络的拓展,虽然都有利于高风险创新,但若没有一个有效的风险支持与化解的正式制度安排,就很难使人们保持长期的冒险创新冲动,即使成功的创新,也会因为缺乏巨额投资而无法快速转化为财富的积累。正是由于高新技术的风险经济、高投资经济、高回报经济属性,风险投资制度才应运而生。美国学者萨克森宁对硅谷高新技术产业的兴起做出了以下诠释③:"风险资本产业是这个新兴行业崛起的经济引擎。风险资本家们不仅是其关键的资本来源,而且也是当地社会及职业系统的中心人物","风险资本家们为注册的企业带来技术技能、操作经验和行业接触的网络以及现金资本"。事实上,风险投资的孵化器功能、网络联接功能和战略经营功能,乃是实现企业家成功创业的重要保证。从高新技术产业区财富积累

---

① Storper M. The regional world: territorial development in a global economy, New York: Guilford press, 1997.

② Stoper M and Venables A. Buzz: face to face contact and the urban economy, Journal of economic geography, 2004(4): 351—370.

③ 参见第 78 页注 3。

的动态过程看,知识资本家、企业家、风险资本家和高技术企业股票交易市场(如 NASDAQ)的有机结合,才是实现硅谷财富高速积累神话的根本决定机制。在很大程度上,风险资本制度对硅谷的兴起就如经济史中有效的所有权制度对于西方世界的兴起。实际上,正是以诺贝尔经济学奖获得者、国际著名经济学家和经济史学家道格拉斯·诺思为代表的"新制度经济学"理论,才使人们深刻认识到有效的制度是经济增长和财富积累的根本源泉①。在硅谷的财富积累模式中,风险资本家与 NASDAQ 股票市场的结合,不仅有效解决了高技术公司发展的市场融资问题,而且有效解决了风险分散和利润回报问题。因此,风险资本制度的建立,民间风险资本企业的培育,中小高技术企业股票交易市场的发展,是高新技术产业区实现财富积累不可缺失的基本保障。

第五节　全球通道构建战略

全球化与地方化是当今社会经济发展的两个相辅相成的过程和趋势。过去,对区域创新环境和创新网络的强调,主要集中于高新产业区发展的内部,特别是本地网络对本地环境的根植性或嵌入性,重视的是意会知识在产业区内部的流转和产业区内生的创新与发展能力。但伴随着全球化和信息网络技术的迅猛发展,跨国公司全球化战略的实施,使得城市和区域财富的积累,对全球环境和全球网络形成了高度的依赖。产业区发展的跨区网络和全球通道,对产业区的功能优化和动态竞争力的提升具有关键的作用。事实上,有关知识创造和技术创新的大量经验研究,并不支持地方网络优于或支配跨区网络这样的论点,相反越来越多的证据表明,知识创造和技术创新乃是地方网络和跨区网络有机结合的结果②。在经济全球化快速推进的过程中,高新技术产业区只有积极参与全球分工与合作,才能取得激进创新和产业升级,才能打破地方环境和地方网络所造成的发展的"路径依赖"甚至"锁

---

① North D C. Institutions, Institutional Change and Economic Performance, Cambridge and New York: Cambridge university press,1990.

② Bathelt H Malmberg A and Maskell P. Clusters and Knowledge: Local Buzz, Global Pipelines and the Process of Knowledge Creation, Progress of Human Geography,2004,28(1):31—56.

定"，才能在财富积累过程中吸纳全球的优势资源为其所用，也才能在区域、国家甚至世界发展中发挥更为重要的辐射带动作用。世界著名的硅谷、新竹、班加罗尔的三角联结网络，既为这三大世界著名的高新区带来了源源不断的巨额财富，也为其他产业区构建、利用、扩展全球通道提供了楷模。"是民族的，也是世界的"，"是地方的，也是全球的"。产业区全球通道建设的根本依托，是其内部的核心竞争能力，而这种核心竞争能力的保持和提升，则高度依赖于全球通道支持下的跨区合作。人们无法否认，硅谷的成功中高技术移民的贡献。在硅谷中，35%的居民是外国人，来自国外的技术人才高达20万人，中国人和印度人经营的高科技公司占其高科技公司的比重高达29%[①]。不仅如此，硅谷许多技术难题的攻关，也无法离开新竹、班加罗尔工程师的支持。由于知识和技术创新工作流程的日益全球化，高新技术产业日益凸显出跨国化、全球化的特征。事实上，正是创新经济和全球化催生了世界上一个新的阶层：知识型企业家的出现。他们与跨国资本家阶层的相互配合、相互支持，乃是推动全球化进程的核心驱动力量。因此，在高度强调创新环境与本地结网的同时，千万不能忽视跨区网络和全球通道的营建，不同地区创新团队、创新主体之间的合作与工作共享，要从战略的高度加强对跨区网络和全球通道的投资，高度重视人才的跨区（国）流动、最佳实践的跨区（国）传播、知识与技术的跨区（国）共享和多元创新主体跨区（国）战略合作伙伴关系的建设，努力在跨区和全球网络的双赢或多赢中提升自己的财富创造能力。否则，就会在激烈的全球创新经济竞争中因失去活力而落伍甚至被淘汰出局。

第六节   总部经济发展战略

全球化与网络化时代，企业的形态和生产模式已经快速由福特主义向后福特主义转型，企业组织的垂直分化、水平分化以及在空间上的分离，现代大型企业的总部、地区分部、研发中心、分支工厂的不同发展环境要求，为这些不同部门的区位选择提供了实现最优化的可能性与可行性。过去，高技术研

---

① Saperstein J Rouach D，金马工作室译. 区域财富：世界九大高科技园区的经验. 北京：清华大学出版社，2003.

发中心、创新经济孵化器和高技术产品生产中心作为高新区的主要功能,受到了全社会的注目和推崇,但伴随着高新区的发展,创新服务、专业服务等高级生产和生活服务业需求的急剧增长,激发了高新区高级服务经济的兴旺发达。比如硅谷,其多样化的商业部门、同世界其他高科技地区紧密的关联以及强大的灵活适应技术快速变化的能力,使其本质功能已经从高新技术产品的生产中心转向技术研发的实验室、引领全球创新经济浪潮的创造性构思的知识中心、跨国公司全球经营和市场营销的总部基地①。目前,智力资本和高科技服务业已经成为硅谷财富积累的重要源泉。实际上,创新服务、专业服务等服务经济是与企业总部或地区分部在高新区的集聚分不开的。因为对企业总部或地区分部来讲,市场营销与定位、技术研究与产品开发、资金融通与流转和企业内部管理与服务,是其职能的核心,而这些职能的实现,对多种高级生产、生活服务提出了高标准的要求和巨大的市场需求,而高级生产、生活服务业的发展和高质量的供给,又为高新区吸引企业总部的地理集中、激发总部经济的发展提供了强大动力。在全球城市体系中,跨国公司总部和地区分部的多少,已经成为决定世界城市等级的一个关键因素。在全球创新经济体系中,高新区及其所在城市区域的总部数量,也已经成为决定高新区职能定位的关键因子。高新区是依靠更大、更广的区域乃至全球的经济而生存与发展的,硅谷不仅仅是圣克拉拉县的硅谷,不仅仅是加州的硅谷,也不仅仅是美国的硅谷,更是全世界的硅谷。因此,现代高新区应该以其他区域无法替代的创新经济优势和服务经济优势,而成为吸纳跨国公司总部、地区分部、国内企业总部或地区分部的"栖身地"。同时,高新区也要借助总部经济战略的实施,根据总部经济发展的环境与服务功能要求,全面拓展其创新环境战略、创新主体结网战略、风险资本支持战略和全球通道战略,努力促进产业区结构功能的持续升级,进一步提升产业区的功能定位和财富创造能力。

第七节　企业家精神中心形成战略

离开了企业家,创新也就无从谈起。但是,在过去的区域创新理论中,人

---

① 参见第 82 页注 1。

们关注的重点过多偏向于本地实现经济创新的企业家。而硅谷及其他成功发展的高技术产业区的经验表明，作为创新核心的企业家精神的培育与弘扬，不仅仅离不开谋求私人利益的经济型企业家，而且也离不开以地区发展为宗旨的地方政府：政治型企业家，同时也离不开致力于社会服务和第三部门发展的社会型企业家；不仅要依靠本地的企业家，而且要吸引和依靠外地特别是跨国企业家阶层：跨国知识型企业家和跨国资本家。政府、私人产业和以科研院所、中介组织等为代表的第三部门之间的相互影响、相互制衡、相互合作，是区域社会经济健康发展的基础。要激发创新，并将创新转化为地区财富，就需要将高新区培育成企业家精神的中心，并实现经济型企业家、政治型企业家和社会型企业家的良好合作、互补与协同。被誉为"硅谷之父"的斯坦福大学工学院院长特曼教授，乃是伟大的具有长期战略眼光的社会型企业家，其基础教学、工业技术研究、服务地区经济、鼓励师生创业相结合的教育与实践理念，构成了硅谷后来兴旺发达的"种子"。对东亚经济奇迹而言，虽然经历了东南亚金融危机，但许多学者仍然认为东亚经济成功的关键在于"发展主义国家"与市场经济的有机配合。欧美高新区的发展，作为政治型企业家的中央和地方政府的创新同样功不可没。爱尔兰、瑞典、芬兰等国家从工业社会向信息社会的快速成功转型，与中央和地方政府致力于发展创新经济而积极推进的社会政治变革息息相关。德国的慕尼黑、英国的剑桥、法国的索菲亚·安蒂波利斯等欧洲著名高新区的发展，政府虽然在其中发挥着不同的作用，但面对地区财富创造的创新经济，他们均致力于学习和倡导企业家精神的新文化，培育和建设能使新文化繁荣的环境，鼓励个人进取心、创造力、承担风险，支持通过国际间和学科间的交流推动具有突破性的新技术创新。被称为硅谷门户的米尔皮塔市市长亨利·麦纳（Henry Manayan）指出，地方政府与私人企业之间的关系密不可分，地区财富的创造是由政府和企业合作创造的，政府必须为企业着想，为企业提供快速、灵活、周到的服务，如在15分钟内安排好企业的建设审查，每周7天、每天24小时为企业提供审批服务，设计、开通在线智能许可证系统（online smart permit system）为复杂建设项目的审批提供随时服务等①。在全球化过程中，区域之间的竞争，不仅仅表现

① 参见第82页注1。

为实业界的竞争,也表现为政府政策和服务创新的竞争,同时也表现为社会凝聚力的竞争。培育社会型企业家,鼓励经济型企业家关心社区福利,增强社会的凝聚力,与政治型企业家合作共同解决区域发展的困难与问题,促进社会的健康发展,正在受到越来越多的重视。因此,企业家精神中心战略的实施,要以培育创新精神为核心,以合作为纽带,以增加地区财富和居民福利为宗旨,以经济型企业家、政治型企业家、社会型企业家的协同发展为依托。

第八节 区域品牌与营销战略

全球化和信息化时代,区域的发展与企业的发展一样需要品牌和营销战略的支持。资源在全球范围内流动能力的加速,使区域之间的竞争异常激烈。一个区域能否成为资源快速流动空间中的一个"粘性节点",与区域形象、品牌等紧密相关。如美国硅谷,早已成全球高科技经济集聚地的代名词;瑞典的斯德哥尔摩—科斯塔信息通讯技术产业集群,则以"高速的全球移动通讯创新地区"和"全球开发移动和计算机技术方案的主要试销市场"而著称;台湾地区新竹的计算机硬件制造和印度班加罗尔的计算机软件生产,则在全球 IT 产业中享有盛誉。也许,在区域品牌塑造和营销上,爱尔兰将自己定位成在跨国公司扩展欧洲业务时最受欢迎的地区,是创新经济中最成功的品牌形塑和营销的经典案例之一①。仅有 300 多万人口的小岛国家爱尔兰,从 20 世纪 80 年代中期一个失业率高达 17%、GDP 负增长、国债高达 250 亿美元的经济,一跃成为到 2000 年失业率仅为 3.6%、GDP 增长率高达 11%、吸引外国跨国公司 1212 家、占据美国对欧洲高科技投资 1/4 的知识经济强国,其成功发展的经验值得学习借鉴。爱尔兰经济 90 年代以来沿着价值链向以软件业和网络设备制造的成功升级,固然与其企业家精神、社会合作资本、廉价劳动力、政府正确的战略与政策支持、高质量的中等教育体系等密不可分,但过去 40 多年其成功的持续广告宣传也功不可没。在上世纪 60 年代,其在美国宣传的广告主题是"吸引海外投资"——"如果你正在考虑到欧洲发展,请考虑爱尔兰",70 年代的主题是"获利能力"——"在共同市场上最高的回

---

① 参见第 82 页注 1。

报率",80 年代面对高失业率则发起了"我们是年轻的欧洲人"的广告运动，
90 年代则以"地点、人、利润"为主题围绕收益性和高技术而展开，近年来则
是"抓住 e 讯和利润"，向人们展示一个现代、技术发达的爱尔兰。与企业的
发展一样，紧紧围绕地区优势和战略环境的变化，开展系列具有明确目的和
宣传主题的区域广告，对塑造区域形象，扩大区域影响，吸引并强化外来投
资，都具有非常重要的功效。

第九节　资源升级战略

经济增长和财富积累本质上是由生产要素和全要素生产率的提高共同
决定的。一定种类、数量和质量的生产要素，是经济增长和财富积累的基础。
创新经济所依赖的并非传统的资本、土地、劳动力、自然资源等低级要素，而
是知识、技术、管理、网络、制度、创新文化、产业服务与配套能力等高级要素。
产业结构沿价值链的升级，必须以资源的升级为基础和前提。与传统资源的
种类、层次、遍在性相比，高级资源的种类和层次多，共生性、互补性和环境依
赖性强，且具有收益递增的性质，但也更为稀缺，积累所需要的时间更长，因
此实现资源的持续升级，就成为高新区发展的一个重要的战略环节。人才资
源是第一资源，高水平的大学、科研院所是知识和技术创新人才的集聚地。
高新区现有的人才层次，大学和科研院所的研究开发能力，在很大程度上决
定着其在全球分工中的地位，而能否通过各种创新政策和措施，建设具有国
际影响并致力于为地方经济服务的研究型大学，培训高素质的技术工人，吸
引国际一流的研究开发、技术创新、经营管理、风险投资等人才，就基本决定
了其在全球分工中的竞争能力和发展潜力。综观世界上发展领先的高新区，
无论是硅谷、剑桥、慕尼黑、斯德哥尔摩、索菲亚·安蒂波利斯，还是新竹、班
加罗尔、特拉维夫，高水平的大学和研究中心、高素质的知识工人、高级人才
的国际流动与国际化的人才构成、强大的产业服务与配套能力等，乃是其获
得并持续保持竞争优势的重要源泉。与前述各项战略相互补，高级生产要素
的培育和聚集，必须放在全球化资源快速流动的背景下来谋划，以自己的核
心竞争力为依托，既要循序渐进，又要重点突破。

第十节　产业集群化与模块化战略

当前,高度专业化的产业集群的培育受到广泛的关注,并将其看作竞争优势的重要源泉。如前所述,财富的积累除了生产要素的积累和创造之外,全要素生产率的增长发挥着更为重要的作用。在工业经济时代,企业层面和产业层面的规模经济、分工经济、范围经济和集聚经济,构成了全要素生产率增长的四个重要方面,但规模经济递减、交易成本增加、市场规模的限制和集聚不经济的出现,使这四种生产率增长的途径在一定程度上均受到了约束。虽然如此,分别通过分工经济、规模经济、范围经济和集聚经济的好处来培育产业集群,仍是提升区域经济效率和竞争能力的基本途径。因此,充分发挥自由市场的力量,辅之以政策的积极支持和引导,着力培育专业化产业集群仍是高新区发展的一个最基本的战略。但也应该看到,在创新经济时代,由于市场需求的细分化和多变性,福特主义的规模经济受到了严峻的挑战,在传统的分工模式下,过分的分工不仅会导致交易成本的急剧增加,而且会带来更大的市场风险,分工所产生的技术与制度锁定效应也常常会导致创新的停滞。为化解产业集群的内生性与外生性风险,在专业化分工基础上产业发展的模块化[①],便成为高新技术产业结构调整与升级的重要方向。所谓模块,是指可组成系统的、具有某种确定独立功能的半自律性的子系统。所谓模块化,包括整体系统的模块分解和不同模块的系统整合,其本质是在一定限度分工和重复生产基础上不同模块的分解与整合,包括设计的模块化、生产的模块化、组织的模块化等。在高新区产业集群培育过程中,从技术创新的意义上看,依靠核心企业的主导或者各模块企业和中介组织之间的协调,应逐步形成能够为大家所认同的基本的模块设计规则,各个企业在共同的模块设计规则下将特定功能的模块作为企业开发的基本单位,核心企业、创新投资者则对具有异化信息的不同模块进行信息协调和同化,进而实现由系统集成厂商、专业化模块供应商和中介组织等组成的网络组织从设计规则到模块设计与制造、模块整合与集成的协同进化[②]。这样,从专业化集群走向模块化集

---

① 朱瑞博. 模块化抗产业集群内生性风险的机理分析. 中国工业经济,2004(5):54—60.

② 胡晓鹏. 从分工到模块化:经济系统演进的思考. 中国工业经济,2004(9):5—11.

群,便能够充分发挥各个厂商的核心竞争能力,并实现其多样化的优化组合。硅谷作为"模块化集群",正是由于其模块的多样性和较强的动态适应与创新能力,才为其带来了持续的动态竞争优势和源源不断的财富积累。因此,模块化集群,正在成为高新区产业集群培育的新战略方向。

第七章

郑州经济技术开发区学习网络分析①

第一节　引　言

生产网络和技术学习是国际经济地理学的研究前沿。20世纪80年代中期以后,"生产网络"范式逐渐取代"现代公司"范式②,特别关注企业间相互作用及网络连接,如知识信息流量、连接机制、管理风格、动力和地理范围③。生产网络在理解全球经济④和指导区域生产合作⑤上都发挥了重要作用,它可以把产业区概念完美地嵌入到全球化讨论中⑥。可以预见,信息、知识和技术对区域核心竞争力提高与可持续发展将发挥更加重要的作用;如何培育地

①　原载《河南科学》2010年第1期,与马海涛合作完成。

②　Sturgeon, T. Network-Led Development and the Rise of Turn-Key Production Networks: Technological Change and the Outsourcing of Electronics Manufacturing[C]. Paper prepared for the International Institute for Labour Studies, International Labour Organization, Geneva. 1998.

③　Sturgeon T J. How Do We Define Value Chains and Production Networks? . IDS. Bulletin, 2001,32(3):9—18.

④　Yeung H W-C. Industrial Clusters and Production Networks in Southeast Asia: A Global Production Networks Approach[A]. Kuroiwa I and Toh M H. Production Networks and Industrial Clusters: Integrating Economices in Southeast Asia . Singapore: Institute of Southeast Asian Studies, 2008:83—120.

⑤　Arndt S W. Production Networks in an Economically Integrated Region . ASEAN Economic Bulletin, 2001,18(1):24—34.

⑥　参见本页注3。

方/区域学习网络来促进创新成为目前广泛讨论的话题①。Bathelt,Malmberg和 Maskell 建立了"地方传言—全球通道"模型②,提出地方内的企业在保持缄默知识的创造、存储和利用的同时,应重视全球的联系以获取关键知识。而王缉慈③提出产业区的发展应重视外来企业在地方社会网络中的嵌入性,应发展具有创新能力的地方产业网络或产业集群。然而区域技术学习能力的提升需要内部和外部两个方面的网络连接,缺一不可。内部网络利于知识的获取及传播,易于产生信任、标准和共同文化,但行动者获取的知识有很多是冗余的。外部网络连接利于新异知识的获得,但也存在管理机制弱影响信息交流机会的缺点④。国内外有不少文献在理论和实证上对学习网络进行了探讨,但对中国内陆欠发达地区的产业区缺乏深入研究。

第二节　研究区域与数据来源

郑州经济技术开发区创办于 1993 年,2000 年成为河南省唯一的国家级经济技术开发区,位于郑州市东南部,建成区面积约 12.5Km²,工业企业遍布其中(图 7-1)。该开发区 2006 年 GDP 实现 56.11 亿元、工业总产值 70.02亿元、工业增加值 20.83 亿元,2001 至 2006 年间年均增长分别为 34.40%、30.36% 和 39.10%,成为河南省一个新的增长极。但全国横向比较,郑州经济技术开发区发展水平还比较低。2006 年在 54 个国家级经济技术开发区各项指标排名中,生产总值、工业增加值、工业总产值、进口额、出口额和税收分别位于 42、45、45、47、50、42 名。

本章数据来源于 2006 年 10 月至 12 月期间对开发区的百余家工业企业进行的调研。九成以上的企业填写了调查问卷,最终收取有效问卷 97 份,有效率达 94%;并对一些企业进行深入访谈,较全面掌握了企业情况及企业之间关系。

---

① Miao C H, Wei D Y-H, Ma H T. Technological Learning and Innovation in China in the Context of Globalization . Eurasian Geography and Economics, 2007,48(6): 713—732.

② Bathelt H, Malmberg A. Maskell P. Clusters and Knowledge: Local Buzz, Global Pipelines and the Process of Knowledge Creation . Progress in Human Geography, 2004, 28(1):31—56.

③ 王缉慈. 中国地方产业集群及其对发展中国家的意义. 地域研究与开发,2004,23(4):1—4.

④ He S W. Clusters, Structural Embeddedness and Knowledge: A Structural Embeddedness Model of Clusters [J/OL]. http://www.druid.dk/uploads/txpicturedb/dw2006—1703.pdf.2006.

图7-1　郑州经济技术开发区建成区(A)及其在郑州市区(B)的位置

第三节　郑州经济技术开发区学习网络分析

一、开发区内部学习网络

1. 行业间企业联系少,行业内企业联系潜力大

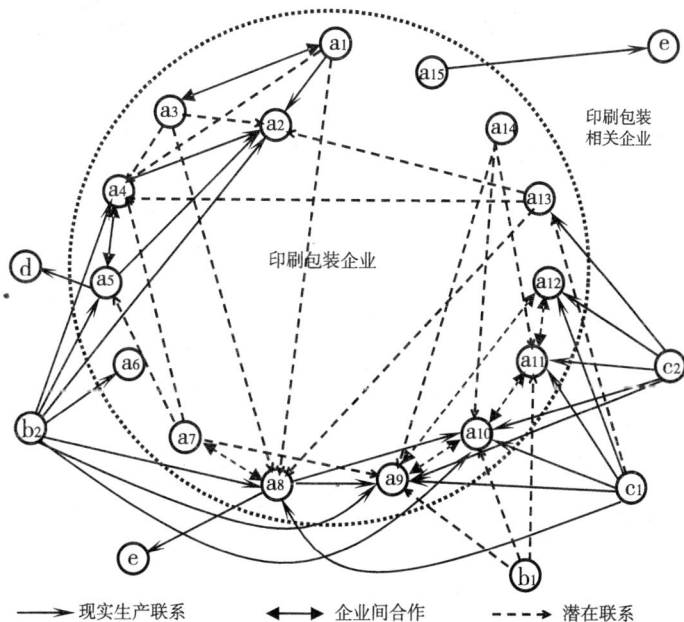

图7-2　开发区内印刷包装企业现实生产联系和潜在联系图

　　该开发区主要有印刷包装、电子电器、化工材料、机械加工、食品饲料、生物医药六个行业,被调研的企业数分别为15、29、14、14、12、5家(图7-1)。由于行业之间的差距,行业间企业的联系很少,很多被调查者对开发区其他企业的情况知之甚少。

　　企业的交流局限在行业内部。例如对15家印刷包装企业以及几家相关企业(如印刷制版公司b1、b2,感光材料公司c1、c2等)进行深入调研,发现由于进驻开发区的时间都相对较长,内部企业之间存在一些资金联系和转包合同关系,人员和技术上有一定程度的合作,是开发区内唯一具有产业集群雏形的行业,但企业之间合作空间仍很大(图7-2)。

　　2. 开发区内学习交流活动较少

　　为考察区内学习交流情况,设置了问题:"即便没有正式的合作项目,贵公司与开发区内企业之间是否经常安排人员互访或座谈?"结果显示61.86%的企业选择较少和几乎没有,没有一家选择非常频繁(图7-3),表明区内企业、机构、人员等行动者之间非正式交流比较少。

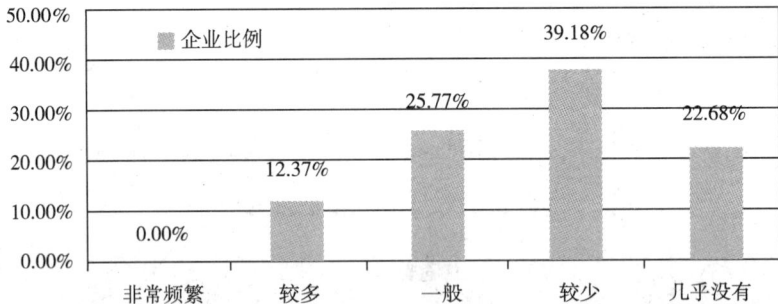

图7-3　开发区内人员交流情况

　　3. 技术提升以自主研发为主

　　区内企业之间的联系少,它们是如何开展知识交流提高技术能力的呢?调查设置了问题"公司成立后技术学习和创新的方式有哪些?"数据显示71.13%的企业选择自主研发(图7-4)。

　　总之,开发区内部企业、机构、人员等行动者之间的正式和非正式联系都比较少。正式的联系主要表现为同行业企业之间的生产合作或具有较强产业关联的行业间生产服务,形成了内部稀疏、具有较大发展潜力的地方生产网络;非正式的联系通道十分稀少。绝大部分大企业都是通过自身努力,完善企业内部的学习组织以及构建同开发区外部企业的连接通道,进行技术学习和创新活动。

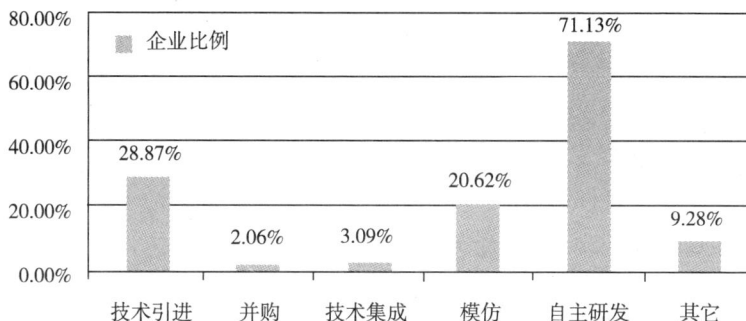

图 7-4　开发区企业后期技术学习与创新方式

二、开发区外部学习网络

1. 生产合作以国内跨区域联系为主

生产网络是企业获取编码知识的主要渠道。通过对区内企业与不同区位企业、客户、研究机构、服务机构等单位的合作交流情况的考察,发现企业与开发区内及境外、国外的单位联系都较少,与郑州市区的联系较多,但大部分联系发生在国内其他省市(表 7-1)。在回答"本企业是否与市内其他企业有技术协议"时,只有 12 家企业做了选择,且没一家是在开发区内。

表 7-1　开发区企业与不同区域企业/机构的生产合作联系

合作对象	开发区内	区外市内	市外省内	省外境内	境外国外
供应商	6.19%	50.52%	69.07%	75.26%	21.65%
同行企业	16.49%	73.20%	84.54%	82.47%	21.65%
客户	13.40%	17.53%	22.68%	30.93%	5.15%
大学/科研院所	0.00%	18.56%	9.28%	21.65%	0.00%
服务机构	1.03%	37.11%	3.09%	19.59%	0.00%

2. 技术主要来源于区域外部

企业生产设备和初始技术主要来源于国内其他地区和国外发达地区(表7-2)。从具体地点的统计上看,国内主要是上海、广东和江苏等沿海地区,内陆地区很少;国外主要是以德国为主的欧洲、以日本为主的东亚和北美地区。

表7-2　开发区企业生产设备和初始技术来源区域分布情况

	开发区内	区外市内	市外省内	省外境内	境外国外
生产设备来源	1	8	4	74	31
初始技术来源	1	4	1	23	10

3. 企业构建各自的外部学习通道

企业大都是通过积极构建外部学习通道,在研发、生产、市场和服务等领域进行技术学习和创新活动。例如,安飞电子玻璃有限公司(简称安飞公司)是一家合资公司,2003年由安阳安彩、南京华飞和荷兰LG-PHILIPS公司以33:10:7的比例出资17亿元组建而成。安飞公司,作为安彩的下属公司,接受关键技术和总体战略指导;与华飞在产品检验和消费市场上开展合作;与LG-PHILIPS公司的合作主要想获取生产液晶显示器的技术。郑州祥和集体电器设备有限公司(简称祥和公司),通过与国际上著名的同行业企业如施奈德、国内著名高校清华大学开展合作,开发新产品。猛狮客车公司是郑州宇通为开发国外市场参与全球竞争与德国曼公司合资建设的。开发区内大部分企业都有自己的外部学习通道。

因此,开发区企业不管是在生产合作还是在获取知识上都以跨区域的外部联系为主。外部生产连接的类型既有等级制的跨国或跨地区企业的生产指令,也有长期形成的信任基础上的协议或合同。传播的知识类型以编码知识为主,往往固化在技术说明书、图纸和电子文档中。企业的生产设备和初始技术很少与地方有关联;企业都在努力构建外部通道获取新异知识,较少利用本地产业环境。知识的传播和生成过程是在以外部为主的生产联系中实现的。

三、综合分析

1. 学习通道外强内弱

开发区内部企业间的横向联系较弱,与外部的纵向联系较强,以借助外部通道获得编码知识为主要特征,这与开发区发展历史短及企业成立时间短有很大关系。

2. 学习动力源于外部压力和企业自身

外部学习动力包括市场竞争和合作企业的要求等压力,内部学习动力主要源于企业自身效益的要求。地方政府也提供了创新资金和奖励措施支持企业创新,但力量较弱。

3. 内部学习网络覆盖面小

开发区内百余家企业就分六大行业,各行业的企业数量少,行业间关系不紧密,使得企业交流的空间小。

4. 以正式联系和编码知识交流为主

开发区企业之间及其与外部的联系是建立在长期的合作所形成的信任机制下,以正式的合同为依托,知识的交流以编码知识为主;开发区企业之间及人员的非正式交流很少,但企业管理人员同外界建立的社会网络关系对获取新异知识和信息是极为重要的。

第四节　结论和建议

一、主要结论

1. 属于卫星平台式产业区类型

Markusen 依据企业的构造、对外和对内指向以及企业的治理结构等要素,将产业区划分为马歇尔式产业区、轮轴式产业区、卫星平台式产业区和国家力量依赖型产业区四种类型。其中卫星平台式产业区主要由跨国公司或多厂企业的分支工厂或机构组成,区内企业间缺乏联系和合作,但每个分支工厂却与区外的母公司和供应商、客户等有紧密的联系,企业生产经营的关键资源如管理人员、技术专家、投资决策和生产服务等均来自区外[1]。郑州经济技术开发区即是卫星平台式产业区的典型代表,我国许多新设立的开发区大都属于这种类型。这类开发区学习的动力来自单体企业动力的累加,而单体企业学习动力源于企业内部和区域外部,较少受开发区内其他企业影响;

---

① Markusen A. Sticky Places in Slippery Space: a Typology of Industrial Districts . Economic Geography, 1996, 72(3): 293—313.

网络连接的风格是受等级依赖关系支配的外部连接①;知识传播的类型以说明书、技术规范等编码知识为主。

2. 外来企业的根植性不强

开发区有相当一部分是外商独资或合资企业,投资仅仅看重该地区的市场、廉价劳动力和开发区优越的基础设施,与该地既少有生产上的联系也缺乏社会人际联系,对该地经济发展缺乏推动和带动作用,极容易受到客观条件的变化改变投资区位。外来企业的根植性不强,会给当地的发展带来较大风险②。相比而言,部分土生土长的企业,或因郑州老市区的整治搬迁进入的企业,与地方社会网络融为一体,具有较强的根植性。外来企业的根植性弱与入区时间较短和产业配套能力差有关。

3. 没有形成地方产业氛围

地方创新动力不是来自企业及机构的单独行为,而是所有行为,这种现象被称为"氛围(milieu)"或"地方环境(local environment)"。氛围被认为是创新企业及创新的孵化器和托儿所③。郑州经济技术开发区是1993年在郑州市郊一块沙荒地上建设的,1998年只有20多家企业,2000年以后才加快步伐,目前开发区还仅仅是一个"容器",将各种关系不密切的企业吸引到此地,相互孤立地发展。从国内发展较好的开发区来看,它们或争取国家扶持发展带动力强的大企业,或大力培育产业集群或地方网络;而仅仅依靠招商引资是难以形成地方竞争力、难以持续发展的。

二、建议

未来开发区的发展应通过内部学习网络建设,向生产网络与社会网络融合的地方生产系统和创新系统④发展,构筑高效的内部学习网络,将生产企业的"容器"变成交互创新的"熔炉"。地方政府部门作为地域创新网络的重要

---

① Yoguel G, Novick M, Marin A. Production Networks Linkages, Innovation Processes and Social Management Technologies: A Methodological Approach Applied to the Volkswagen Case in Argentina . Danish Research Unit Industrial Dynamics (DRUID) Electronic Papers, http://www. business. auc. dk. 2000.

② 参见第90页注3。

③ Constantin D L. Innovation, Territorial Networks and K-Economy . Economy Informatics, 2005(1): 117—122.

④ Dimitriadis N I, Koh S C L. Information Flow and Supply Chain Management in Local Production Networks: the Role of People and Information Systems . Production Planning & Control, 2005,16(6):545—554.

组成要素,在对地方学习和创新的引导和辅助上具有不可替代的作用①。建议如下:①在产业发展政策上,充分研究全球经济形势和全球生产网络变化,制定科学的产业发展规划;选择重点培育的产业,重点吸引与当地主要产业有关联的、具有带动或推动作用的企业。②在创新要素投入上,引进技术水平、管理水平领先的高新技术企业;大力吸引高水平的知识型技术型人才;建立开发区图书馆,增加知识存量。③在平台建设上,提供学习交流的空间场所,如会议室、活动场、广场;建设网上虚拟交流平台;办好科技成果孵化器、创新中心、研发中心等机构;加强与大学科研院所的合作交流。④在学习动力上,邀请专家讲学,组织学习交流活动;设立创新基金,激励和奖励创新活动;完善创新机制,保证创新基金公平公正发放,促进知识流动,保障创新活动正常进行。

---

① 参见第 96 页注 3。

第二篇

城市群与城市—区域发展

第八章

城市群作为国家战略：效率与公平的双赢①

第一节　改革开放以来的国家地域战略

一、区域战略

改革开放以来，我国以分权化渐进改革为基础确立了非均衡区域发展战略思想，并将其贯穿于历次的"五年计划"中。综观"六五"到"九五"的"五年计划"，可以发现，除对老、少、边、穷地区的扶持政策外，20 世纪 80 年代区域战略的核心是"东部沿海地区优先发展战略"，90 年代是在东部沿海地区优先发展战略的基础上，强调效率优先、兼顾公平和地区经济协调发展，但也只是将一些在东部沿海地区实施的政策扩展到中西部地区，因而是一种"东部沿海地区优先发展基础上的非均衡协调战略"。从区域战略的实践操作看，沿海对外开放政策的实施、国家投资布局重点的东移以及经济全球化力量的影响，有力促进了东部沿海地区经济的高速增长，但也造成了区域发展差距的迅速扩大②，以至于到 20 世纪末形成了"一个中国，四个世界"的不平衡发展格局③。

1999 年以来，以西部大开发战略的实施为标志，我国区域战略步入以区

---

① 原载《人文地理》2005 年第 5 期。
② 蔡昉等. 制度、趋同与人文发展. 北京：中国人民大学出版社，2002：54—65。
③ 胡鞍刚，中国：走向区域协调发展[EB/OL]，中经网：50 人论坛，2004—05—10.

域协调发展为目标的新阶段。2002 年,党的"十六大"报告正式提出了全面建设惠及十几亿人口的更高水平的小康社会的发展目标,明确要求"积极推进西部大开发,促进区域经济协调发展","加强东、中、西部经济交流和合作,实现优势互补和共同发展",并在西部大开发战略的基础上,正式提出要"支持东北地区等老工业基地加快调整和改造,支持以资源开采为主的城市和地区发展接续产业"。党的十六届三中全会通过的《中共中央关于完善社会主义市场经济体制若干问题的决定》,是新世纪我国全面建设小康社会的又一纲领性文件,其所提出的"以人为本,树立全面、协调、可持续的发展观,促进经济社会和人的全面发展"的科学发展观和"统筹城乡发展、统筹区域发展、统筹经济社会发展、统筹人与自然和谐发展、统筹国内发展和对外开放"的"五个统筹"的思想,以及"建立有利于逐步改变城乡二元经济结构的体制;形成促进区域经济协调发展的机制"的任务要求,构成了改革开放以来我国发展战略思想上的一次重大转折,它标志着我国贯彻了 20 多年的非均衡发展战略思想正在向"以人为本,协调发展"的战略思想转变。

二、城镇化战略

20 世纪 90 年代,城乡差距扩大与如何实现城乡协调发展的问题同样也成为全社会关注的焦点。如果说,区域差距的扩大与改革开放以来我国沿海经济发展战略的实施紧密相关,那么城乡差距的扩大则有极其深刻的制度原因。我国在传统计划经济体制下所形成的城乡隔离制度并没有随着改革的深化而消除,相反,无论是在东部沿海地区,还是在中西部内陆地区,城乡隔离制度的"路径依赖"和"锁定"所形成的强大惯性,既形成了我国空前规模的农村工业化现象和独具特色的"小城镇、大问题"、"小城镇,大战略",也形成了我国城镇化进程的滞后以及农民、农业、农村等"三农"问题的凸现。由于 1997 年东亚金融危机强大的"外部冲击",我国长期实施的城乡隔离制度的弊端得以全面而深层次的暴露。为扩大内需,城镇化战略最终于 20 世纪末从学术界的长期讨论而跃升为"十五"计划的国家战略。这样,在需求紧缩的新增长阶段,推进城镇化便成为打开抑制经济增长障碍的缺口,释放经济高速发展潜力的关键,城镇化也就自然而然地从国家经济发展战略的配套政策上升为核心政策①。2002 年,党的十六大报告明确提出,"要逐步提高城镇化水平,坚持大中小城市和小城镇协调发展,走中国特色的城镇化道路"。

三、存在问题

我国的区域战略和城镇化战略是根据不同的目的和需要而提出的,前者旨在加快国民经济的增长或者解决经济发展过程中突出的区域不平衡问题,后者旨在扩大内需和解决"三农"问题,二者之间并没有建立内在有机的联系。问题是,在新世纪的发展中,如果不能建立这两种战略之间的有机联系,区域经济协调发展、城乡协调发展的目标就难以真正实现。原因在于:

(1)我国突出的区域差距问题在很大程度上是城乡差距在区域层面的表现。2000 年,我国各地区的人均 GDP、城镇居民人均可支配收入和农民人均纯收入与各地区城镇化水平的相关系数分别为 0.909、0.710 和 0.840,呈现出强相关关系,说明区域差距和城乡差距有着密切的相互联系,二者相互影响,相互依赖。

(2)制约中西部地区社会经济发展的关键在于其工业化与城镇化水平落后。工业化和城镇化的推进都是有条件的,并非每个地区都能够顺利推进其工业化与城镇化进程。伴随着改革的深化,社会主义市场经济体制的建立和完善,经济全球化的深入发展,生产要素流动能力的增强,将使落后地区推进其工业化和城镇化进程面临更加严峻的挑战。如果加快中西部地区发展的区域战略不能与国家的工业化、城镇化战略有机结合,区域经济协调发展、城乡协调发展的目标也就难以真正实现。

(3)区域战略全面覆盖后地域战略的重点尚需明确定位。"十六大"以来,东部发达地区在原来沿海经济发展战略的基础上,以经济全球化的快速推进和国家竞争优势的提升为契机,在加快实施现代化带动战略;西部大开发战略和东北地区老工业基地振兴战略的相继实施,则使我国区域战略的重点扩展到了辽阔的西部和东北部;而近来"中部地区崛起"战略的谋划和孕育,则将使我国区域战略的重点扩展到人口密集的中部,并进而形成区域战略重点的全国覆盖。区域战略的全国覆盖显然是为了服务"区域经济协调发

---

① 赵燕菁. 制度变迁、小城镇发展、我国城镇化. 城市规划,2001,25(8):47—57.

展"这一战略目标,但若没有具体的工业化与城镇化作为战略支撑,在国家有限财力的约束下,这种宽泛化的区域战略不仅很难成为真正的区域战略,而且会造成新一轮的区域竞争,使地方政府与地方政府之间的博弈、地方政府与中央政府之间的博弈陷入"囚犯困境"之中。

(4)加快发展与空间公平的严峻挑战。在国际竞争更加激烈和经济全球化快速推进的时代背景下,抓住机遇加快发展和有效解决发展过程中的巨大区域不平衡性,是新世纪必须面对的严峻挑战,也是社会经济发展战略制定的根本出发点。因此,我国区域战略的设计必须充分考虑"效率"与"公平"的兼顾,努力寻求二者之间的最佳结合点。当前,伴随着社会主义市场经济体制的发育,经济全球化的快速推进,市场对资源配置能力的增强,在东、中、西部如此大的空间尺度上来谈论效率和公平显然缺乏战略的可操作性,如何寻求中央政府与地方政府"相对一致认同"的效率与公平的最佳结合点,就成为区域战略设计的关键。在现代经济社会中,城镇化能够带来效率和文明,同时通过人口的空间迁移和流动而有助于促进空间公平,因此必须在区域战略全国覆盖之后,通过具体的空间城镇化战略来体现效率与公平的结合。

(5)统筹经济社会发展是现代化进程中的必然要求。经济与社会的协调发展是现代化过程中的关键,若以社会发展牺牲经济发展,社会发展就会因为缺乏经济基础而无法持续;而若以牺牲社会发展而片面寻求经济发展,社会问题的凸现最终也会将经济发展的成果全部葬送。90年代以来我国的区域战略虽然旨在促进解决区域经济发展不平衡这一突出的社会问题,但它本质上是一种经济战略,其关注的核心是如何提高战略重点区域的人均收入;而城镇化战略本身不仅是与工业化紧密相关的经济战略,而且是一个致力于现代市民社会发育的社会战略。因此,将区域战略与城镇化战略有机结合,就能在统筹城乡发展、区域发展过程中,有效实现统筹经济与社会的协调发展。

(6)中外区域战略和政策的实践经验表明,一个成功的区域战略至少需要具备三个条件:一是战略目标明确、具体,便于操作;二是政策手段强大有力;三是有良好的空间结构支撑。但我国现有的区域战略在这三个方面都存在明显的缺陷。就战略目标而言,"区域经济协调发展"实际上是一个长期的、模糊的、难以操作的目标。从经济快速增长的要求和区域经济不平衡发

展的严峻现实出发,近中期内可操作的目标应是致力于中西部地区发展条件
较好的"目标区域"缩小与发达地区的差距。在区域战略的政策手段上,正如
有的学者所批评的,中国不仅没有形成完善的区域政策制度基础,也不存在
可供区域政策利用的区域划分框架,同时区域政策工具残缺不全,也缺乏有
效的监督与评估机制,因此,中国真正意义上的区域政策尚未形成①。另外,
欧美发达资本主义特别是欧盟实施区域政策的经验表明,区域政策对实现减
少区域差距目标仅起辅助性的作用,市场本身的运作和其他经济政策优先于
区域政策②。因此,在我国区域政策发育不足的条件下,要实现区域战略的可
操作目标,就必须在尊重市场机制的基础上,充分发挥工业化与城镇化政策
的空间效应,努力实现多种政策手段的有机配合。在空间结构方面,区域经
济的协调发展要求建立一种相对匀称的、分散的空间结构,并且这种空间结
构要与人口的空间结构、资源环境的容量相协调,但目前我国经济的空间结
构与人口分布的空间结构却存在着严重的失衡。这就要求在尊重市场机制
的前提下,培育和优化能够支撑国民经济持续发展和人民生活水平持续提高
的地域空间结构特别是国家的城镇体系结构,从而在根本上要求区域战略与
城镇化战略的有机协调。

第二节　我国区域发展战略模式与城市群的发育

一、关于 21 世纪前半叶我国区域发展战略模式的争论

改革开放以来,我国生产力布局和区域经济开发基本上是按照点轴开发
战略模式逐步展开的③。以"中心地理论"等空间结构理论为基础,陆大道于
80 年代中期提出了"点—轴系统"理论,并据此提出 2000 年以前,我国应重点
开发沿海轴线和长江沿岸轴线,实施"T"字形战略布局④⑤。

90 年代中期以来,有关我国 21 世纪的区域开发战略模式问题再次成为

　　① 张可云.区域经济政策:理论基础与欧盟国家实践.北京:中国轻工业出版社,2001:540—545.

　　② 冯兴元,欧盟与德国:解决区域不平衡问题的方法和思路.北京:中国劳动社会保障出版社,2002:
444—458。

　　③ 陆大道.论区域的最佳结构与最佳发展.地理学报,2001,56(2):127—135.

　　④ 陆大道.2000 年我国工业布局总图的科学基础.地理科学,1986,6(2):110—118.

　　⑤ 陆大道.我国区域开发的宏观战略.地理学报,1987,42(2):97—105.

学术界讨论的热门话题。如徐国第提出了将沿海、沿江轴线作为全国一级轴线，将京广、陇海—兰新轴线作为全国二级轴线，将京九、南昆轴线作为战略轴线的网络型经济体系构想[①]；汪海提出了以北京、上海、香港、重庆四大发展极为核心，构筑以现代化综合交通走廊为基础的武汉至京沪港渝"十"字型发展轴的构想[②]；魏后凯提出，在进入 21 世纪之后，我国的生产力布局和区域经济开发应由目前的点轴开发逐步转变为网络开发，在加强沿海地区产业结构调整和升级、提高其国际竞争力的基础上，重点加强对长江沿岸地区、陇海—兰新以及京广、京九、南昆等铁路沿线地区的开发，并预计从 2010 年到 21 世纪中叶，将会形成网络开发的总体布局格局[③]。与上述主张沿交通线发展的"网络开发"模式不同，王建则通过中、日、美区域经济模式的对比，以经济增长特别是工业化理论为基础，提出了"都市圈"理论，并从人多地（平原）少的人均资源条件的基本国情出发，提出了必须改变我国类似美国的全国大分工区域经济模式，而构建类似日本模式的具有相对独立产业体系的"九大都市圈"的战略构想[④]；高汝熹等则在我国城市圈域经济研究的基础上，提出区位理论、城市体系理论和空间相互作用理论是构成城市圈域经济发展模式的三大理论基石，并以中心城市的经济势能量级及圈域半径等定量方法界定了我国 18 个大城市经济圈[⑤]。

　　显然，"网络开发"模式与"都市圈域开发"模式对指导我国 21 世纪前半叶的区域战略，均有其积极意义，但也各有自己的局限性。"网络开发"模式是点轴开发模式的扩展和延伸，理论基础是"中心地"理论、"空间扩散"理论、"增长极"理论，其基本出发点是区域经济以城市经济为基础沿交通干线的发展，其着力点在"点""轴"互动的基础上，通过区域的最佳"点轴系统"空

　　① 徐国第.对我国宏观经济布局和建立网络型经济体系的基本构想.经济改革与发展,1997(11)：25—29.

　　② 汪海.论构筑武汉至京沪港渝"十"字形发展轴及其对华中开发的意义.中国软科学,1997(12)：13—18。

　　③ 魏后凯.走向可持续协调发展.广州：广东经济出版社,2001：37—49.

　　④ 王建.美日区域经济发展模式的启示与中国"都市圈"发展战略的构想.战略与管理,1997(2)：1—15.

　　⑤ 高汝熹,罗明义.城市圈域经济论,昆明：云南大学出版社,1998：284—322.

间结构实现区域的最佳发展①②③。这种模式虽然已在"六五"以来的历次"五年计划"中有所体现，但其缺陷是战略空间尺度的任意性大，政府主导的色彩比较浓，战略的可操作目标集中于以"经济效率"为偏向的快速增长。而"都市圈域开发"模式的理论基础除强调"经济增长"理论外，本质上与"网络开发"模式没什么不同，其基本出发点是中心城市的经济集聚与辐射效应，是一种立足于中心城市的城市经济区发展战略，其着力点在于"点"与"面"互动的基础上，实现城市经济区内部的"点"、"线"、"网"、"面"的全面均衡开发。"都市圈域"开发模式同样是一个以"经济效率"为偏向的战略，但它在一定程度上克服了网络开发模式宽泛的缺点。不过，由于人们对"都市圈"的尺度大小、划分标准、划分方法和具体方案的分歧很大，更缺乏以全国视野来对各个都市圈在全国区域经济协调发展及城镇化进程中的作用进行深入细致的论证，因而，通过"五年计划"来体现的国家区域战略，至今尚未将"都市圈域开发"模式明确列为国家区域战略的指导思想。

　　针对我国区域战略和政策存在的问题，一些学者指出："我国'六五'以来提出的'沿海与内地'、'东、中、西'、'七大经济区域'等划分经济地带的方法，都没有明确区域政策所要解决的核心问题。"④因此，按照"科学发展观"和"五个统筹"的要求，我国的区域战略模式还亟待创新。

二、我国城市群的发育

　　本章将城市群看作是一个与城镇密集区或日本式大都市圈等同的概念，而将大都市带或大都市连绵区看作是城市群发育的高级阶段。城市作为人类生产和生活、经济与社会的集聚中心，其本质是人类为满足其自身生存和发展需要而创造的一种高度集约的地域空间。随着人类社会的发展，工业化和城镇化的大规模推进，驱使这种地域空间的结构、功能和地理尺度在集聚与扩散机制的交互作用下不断发生演进，于是便出现了从城乡对立向城乡融合的转变，从各城镇相互独立发展向相互依赖发展的转变，进而便在一些地

---

① 　参见第 105 页注 3。
② 　陆大道. 关于"点—轴"空间结构系统的形成机理分析. 地理科学,2002,22(1):1—6.
③ 　陆大道. 区域发展及其空间结构. 北京:科学出版社,1995:98—185.
④ 　陆大道等,中国区域发展的理论与实践. 北京:科学出版社,2003:370.

理环境条件优越的地区形成了工业化和城镇化水平较高、城镇密集且相互联系密切的城市群。研究表明,作为城市群高级形态的大都市带,其巨大的人口规模、发达的社会经济发展水平和其在社会经济发展过程中独特的"枢纽功能"和创新的"孵化器"功能[1],深刻体现了社会演化给人类居住方式带来的变革以及发生在其中的劳动力结构、用地方式和人类自身生活方式的转变,代表了迄今为止人类社会对自然资源最大限度集约利用的方式,预示着未来世界的发展方向[2],因而在人口激增、城镇化快速推进、知识和技术创新突飞猛进、全球相互依赖日益加深的全球化、信息化、知识化、城镇化时代,就成为人类社会竞争、合作与发展的极其重要的地域平台,成为全球经济社会发展的主导力量。因此,城镇化的推进,并非单纯的表现为城镇数量的增加、规模的扩大,同时也在地域空间上表现为都市区的扩展、城市群的形成乃至大都市带的出现。

改革开放以来,我国城乡体制改革的推进与深化,工业化与城镇化的持续发展,经济全球化的深入影响,催生了具有中国特色的都市区、城市群、大都市带的快速发育。从国家战略的层面上,进入新世纪以来,我国沿海珠江三角洲、长江三角洲和京津冀三大城市群的发展已受到广泛关注[3][4][5][6],但与此同时,一些关系到我国社会经济空间结构优化的区域性城市群的培育和发展,也日益受到国家有关部门特别是地方政府的重视,有关城市群的发展、规划、管理和相互之间的竞争迅速成为全社会关注的焦点和热点。

区域规划将成为我国"十一五"计划的一个重点。在区域规划中,如何有效贯彻中央所提出的"科学发展观"和"五个统筹"思想,基于影响我国区域发展的新因素及所形成的新格局[7],建立有利于逐步改变城乡二元经济结构

---

①　Gottmann, J., Megalopolis: or the Urbanization of the Northeastern Seaboard, Economic Geography, 1957(33):189—220.

②　胡序威,周一星,顾朝林等. 中国沿海城镇密集地区空间集聚与扩散研究. 北京:科学出版社, 2000:28—84.

③　参见本页注2.

④　薛凤旋,蔡建明. 中国三大都会经济区的演变及其发展战略. 地理研究,2003,22(5):531—540.

⑤　姚士谋,朱英明,陈振光等. 中国城市群(第二版),合肥:中国科技大学出版社,2001:185—242.

⑥　李国平等. 首都圈结构、分工与营建战略. 北京:中国城市出版社,2004:98—126.

⑦　周一星. 中国的城市体系和区域倾斜战略探讨[A]. 载张秉忱、陈吉元、周一星主编. 中国城市化道路宏观研究[C]. 哈尔滨:黑龙江人民出版社,1991:99—107.

的体制,形成促进区域经济协调发展的机制,制定科学、适宜而又具有可操作性的大城市群规划是至关重要的。新时期我国区域战略与城镇化战略有机结合的要求和我国城市群快速发育的现实,说明我国以"以人为本,协调发展"为核心,以效率与公平的双赢为原则,将"网络开发"与"都市圈域开发"有机结合,以大城市群为依托,以培育大都市带为方向,实施适合我国国情、能够支撑我国社会经济长期持续健康发展的城市群战略,其时机已经成熟。

第三节　城市群战略作为国家战略的意义

城市群战略既是一个城镇化战略,也是一个区域经济和社会发展战略,因而比较好地实现了两大战略的有机结合。早在 90 年代有关我国区域开发战略模式的争论中,一些地理学家就建议将我国城市体系的发育特别是大城市群的发育同区域战略有机结合起来①,建立以城市为依托的城市经济区域系统②,在市场经济制度和经济全球化的新形势下,顺应资本流动的规律,走以城市经济为主体、合理组织功能型相互依存性城市体系空间结构之路,加快发展沿海珠江三角洲、长江三角洲、京津唐、辽中南四大城市集聚区和内陆以中心城市为核心的城镇化地区,使之逐步形成具有一定规模的大都市区、大都市连绵区和世界都市带③。目前,伴随着我国城镇化战略的实施,经济全球化的深入发展,大城市群的发展无论是在沿海地区,还是在中西部内陆地区,都已成为区域经济发展和城镇化的主导与关键。这样,将城市群战略明确作为 21 世纪前半叶国家层面的发展战略,就显示出更为重要、紧迫、深远而又不可替代的意义。

一、人多地少国情下实现现代化的必然选择

2002 年,我国总人口已达 12.85 亿人,人均耕地面积仅有 0.1012 公顷,还不及美国的 1/6。人多地少的基本国情决定了我国现代化的空间组织不能走美国式的以中小城市为主体的松散式布局模式,而必须学习和借鉴与我国

①　参见第108 页注7。
②　顾朝林.中国城镇体系.北京:商务印书馆,1992:382—399.
③　顾朝林、赵晓斌.中国区域开发模式的选择.地理研究,1995,14(4):8—22.

国情相类似的日本以大城市为中心的大都市圈发展模式。战后,日本在其高速工业化和城镇化的过程中,逐渐形成了经济体系相对独立的三大都市圈:东京圈、名古屋圈、大阪圈。1993 年,这三大都市圈土地面积只占全国的13.9%,却集中了全国 49.1% 的人口和 55.7% 的国民生产总值,第三产业增加值、商品批发总额、金融机关票据交换额更占全国的 63.7%、70.0% 和92.7%①。我国人均耕地和平原的禀赋条件与日本类似,目前正处于像日本战后那样的工业化、城镇化高速发展时期,预计到 2030 年,我国人口将会达到最高值 16 亿人,城镇化水平将会达到 60%—70%,城市人口总量将会超过10 亿人。从城市体系的规模结构看,根据第五次人口普查,我国的 50 万和 30万以上的城市分别有 128 个和 211 个,人口分别为 19415 万人和 22583 万人,占全部城市人口的比重分别为 42.3% 和 49.2%。因此,我国的城镇化与日本类似,更偏向于大城市的发展,并且伴随着城镇化的快速推进,我国的大中城市的数量和规模必将进一步膨胀。同时,由于我国地理条件的区域差异,与人口、平原和经济发展水平的整体分布相一致,我国大中城市的地理分布非常集中,已经或初步形成了以长江三角洲、珠江三角洲、京津冀、辽中南、山东半岛、福厦地区为代表的东部沿海地区 6 大城市群,以武汉、中原、长株潭、哈大齐、吉林中部地区为代表的中部地带 5 大城市群,以成渝、关中地区为代表的西部地带 2 大城市群。因此,人多地少的基本国情,决定了我国必须走依托大型城市群来集约组织区域经济发展和城镇化的艰巨任务,通过大型城市群内部高度的专业化分工与协作,逐步建立相对独立但又相互依赖、高度开放并积极参与全球经济分工的产业体系,逐步形成以若干大型城市群为"增长点",以大城市群之间的"综合快速通道"为轴线,来推动国家工业化、城镇化的"多极(大城市群)网络化"空间格局,并以此带动整个国家快速迈进现代化。

二、区域经济协调发展和城乡协调的根本依托

区域经济协调发展、城乡协调发展并非是在各个区域、城乡均衡布局生产力,而是人均收入、就业机会和生活水平在区域之间、城乡之间的相对均衡

---

① 卓勇良.空间集中化战略.北京:社会科学文献出版社,2000:55—98.

化和公平性。在生产要素可以自由流动的制度条件下,社会经济活动的空间集中化乃是社会经济发展过程中不可抗拒的内在规律。美国是一个人均资源禀赋非常优越的国家,也是一个人口高度流动的国家,但其经济和人口的分布也是极其不均衡的。美国的经济和人口主要集中在波士顿、芝加哥、加利福尼亚、德克萨斯和佛罗里达等 5 大都市带(圈),其人口分别达 4600、4500、3200、1700、1400 万人,合计人口达到 1. 54 亿人,占全国的 54%[①]。日本作为人多地少的国家,其人口和经济更为集中,虽然自 60 年代开始,日本政府试图通过"国土综合开发计划"来平衡经济和人口,但在市场机制作用下,经济和人口仍然向三大都市圈集中,三大都市圈人口占全国的比重持续提高,从 1960 年的 33. 9% 提高到 1995 年的 49. 1%,其中东京圈的人口 2000 年更是高达 3200 万人,占日本人口的比重高达 26%[②]。受自然地理条件和社会经济空间集中化规律的支配,我国人口和经济的空间分布是极其不平衡的,从黑龙江的黑河至云南的腾冲划一条线,大体将我国的土地面积平分成两半,但我国 90% 以上的人口居住在这条线以东,而居住在这条线以西的人口还不足 10%。目前,我国已初步形成的 13 大城市群,也全部分布在这条线以东,但在空间上呈现出相对均衡的分布,东部沿海人口最为密集、经济最为发达的地区多达 6 个,人口比较密集的中部有 5 个,西北和西南地区则各有 1个,这 13 大城市群组成的"多极(大城市群)网络化"的空间结构,恰好构成了 21 世纪前半叶"网络开发"和"都市圈域开发"的最佳结合点。因此,区域经济的协调发展、城乡的协调发展,必须尊重空间集中化规律,通过区域战略与城镇化战略的有机结合,将沿海现代化带动战略、西部大开发战略、东北老工业基地振兴战略和中部崛起战略的支撑点,落实到各区域核心城市群的培育与发展上,政策上重点推动和实现大型城市群社会经济发展水平的相对均衡性和公平性,以大型城市群为依托,通过人口和经济向核心城市群的集中以及各个大型城市群之间的合作,一方面促进核心城市群内部的一体化发展和城乡的融合,并通过核心城市群的辐射效应,带动各个区域的工业化、城镇化和农业现代化进程的全面推进;另一方面则促进区域经济的联合与合作,通过产业集群及其产业链,实现各个城市群的共同发展与繁荣,从而带动中西

---

① 张善余.世界大都市圈的人口发展及特征分析.城市规划,2003,27(3):37—42.

② 参见第 110 页注 1。

部地区的发展。

三、建立资源节约型经济和循环经济体系的内在要求

《2001 中国可持续发展战略报告》指出①,21 世纪中国的发展将不可避免地遭遇到六大基本挑战:人口三大高峰相继来临的压力、能源和自然资源的超常规利用、生态环境整体恶化趋势的逆转、每年 1000 万以上农村人口转化为城市人口的压力、区域间发展平衡和共同富裕目标的实现、信息化进程的急速推进和国际竞争力的培育。事实上,这六大基本挑战是有机联系在一起的,它们共同决定了 21 世纪我国的经济发展必须建立在资源节约型经济和循环经济体系的基础上。改革开放 25 年来,我国国内生产总值年均增长9.4%,目前经济总量已超过 11 万亿元人民币,人均 GDP 超过 1000 美元。但一个不容忽视的问题是,我国的高增长率是建立在资源能源消耗较高、环境污染较重基础之上的,还没有完全转变"高投入、高消耗、高排放、不协调、难循环、低效率"的粗放型经济增长方式②。大城市群作为人类社会资源利用的一种高度集约形式,其为资源节约型经济和循环经济体系的建立提供了基本的地域依托。一方面,大城市群是一种高集聚经济,其为新型工业化和可持续城镇化提供了基本的空间平台,有利于按照生态规律在企业清洁生产、生态产业园区发展的基础上,根据大城市群地域空间结构功能的一体化,来组织整个生产、消费和废物处理过程,实现"资源—产品—再生资源"的封闭循环,也有利于土地资源和基础设施集约使用,同时也有利于建立集约高效的交通运输体系;另一方面,与单一城市相比,大城市群更有利于发挥资源调控、环境治理上的一体化优势和规模经济优势,提高资源的空间优化配置能力,从总体上控制和治理环境污染。因此,以大城市群为依托,建立资源节约型经济和循环经济体系,是我国走新型工业化和可持续城镇化道路的必然选择。

四、参与全球经济竞争的基本空间单元

我国的经济发展是在经济全球化进程日益加深的过程中实现的。

---

① 中国科学院可持续发展研究组.2001 中国可持续发展战略报告.北京:科学出版社,2001:1—6.
② 马凯.科学的发展观与经济增长方式的根本转变.求是,2004(8):7—11.

1979—2002 年，我国实际利用外资共计 6234.18 亿美元，其中外商直接投资 4462.55 亿美元，对外借款 1471.57 亿美元，外商其他投资 300.06 亿美元。2002 年，我国进出口总额已达 51378 亿元，其中出口总额达 26948 亿元，进口总额达 24430 亿元，进出口总额占当年国内生产总值的比重已达 49%。可以说，我国快速的经济增长在一定程度上得益于经济全球化推进过程中我国比较优势、后发优势和大国优势的发挥。但经济全球化的推进和影响是极其不均衡的。在当今全球经济竞争中，各个民族国家之间的竞争不仅取决于各国政府的战略和政策，同时也高度依赖于跨国公司活动的集聚地：世界城市体系中的高级节点及其所引领的大城市群地区，因为正是这些高级节点和大城市群地区，由于规模经济、范围经济、专业化经济、集聚经济、高级生产服务经济、学习创新效应的存在，而成为全球经济的管理和控制中心，知识创新、技术创新、制度创新的孵化器。因此，国家的竞争优势在很大程度上是由经济上有创新能力和活力的城市和区域的竞争优势决定的，以世界级城市、跨国级城市、国家级城市、区域级城市所引领的大城市群，构成了当今全球经济竞争的基本空间单元，高级生产要素的集聚地。改革开放以来，东部沿海的 6 大城市群，其工业化、城镇化的推进，城市规模特别是开发区的扩张，由于得益于与经济全球化的良好互动关系而成为积极参与全球经济竞争的基本空间单元，同时由于经济全球化的空间不均衡性，地处中西部地区的 7 个大城市群，目前利用和参与经济全球化的能力还比较低。如何依托这 7 大城市群，提升中西部地区参与经济全球化的能力，是我国新时期区域战略调整中需要深入研究的一个重大问题。同时，对沿海 6 大城市群，如何进一步以全球化为动力，培育和建设我国的国际性城市和创新中心城市，使之尽快成为连接中国与世界经济的新节点，并把中国的各级各类城市融合到新的城市网络体系之中①，也是我国新时期区域战略调整中需要高度关注的重大问题。

五、实现我国经济长期持续增长的"发动机"

经济增长需要"发动机"的带动。根据"增长极"理论，这种"发动机"有产业和空间两种相辅相成的表现形式：能够带动国民经济其他行业增长的

---

① 顾朝林等. 经济全球化与中国城市发展. 北京：商务印书馆，1999：6—32.

"主导产业"和其空间区位的所在地"增长中心"。对于大国经济来说,这种作为"发动机"的增长极,单靠个别产业和个别城市是无法实现的,而必须依靠主导产业体系及其布局的大城市群地区。日本的三大都市圈,自战后以来一直是日本的制造业集聚中心和生产生活服务中心,其第二产业和第三产业增加值占全国的比重一直在一半以上。目前,我国总体上已进入以重化工业化为主导的工业化的中期阶段,城镇化也已进入快速推进的中期阶段,与此同时我国社会经济又迎来了信息化、知识化、全球化相互交织的新增长阶段。在这一阶段,我国的经济增长一方面要继续依赖于重化工业化的推进,同时也要高度依赖于以信息化、知识化为特征的第三产业的发展。第二产业不强、第三产业不足是当前我国经济发展过程中的两个突出问题。2002 年,我国 GDP 构成中第二产业的比重已达 51.1%,而第三产业仅为 33.5%。而以重化工业化和世界工厂著称的日本,其第二产业在 GDP 中的比重,最高的年份(1970 年)才达到 43.2%,而这一年其第三产业在 GDP 中的比重已高达50.9%。我国第二产业比重高,并非表明我国的工业化水平高,而是我国工业化脱离于城镇化、工业化质量较低、城镇化严重不足的一种结果。解决这两个问题的关键就是要实现工业化战略与城镇化战略的有机结合,而大城市群的培育和发展恰好构成了二者的最佳结合点:一方面,大城市群的发育有利于以产业集群和产业链为依托参与经济全球化,并在经济全球化的参与和压力中实现工业化的持续升级,真正打造具有国际竞争力的"世界工厂"、"原材料工业基地"和"制造业基地";另一方面,大城市群的发育有利于基础设施的扩展和完善,不断创造和提高对生产和生活服务业的需求,加速第三产业的发展,并通过对郊区化和汽车时代的推动,刺激汽车、住宅、电子等主导产业的快速扩张。同时,值得特别注意的是,大城市群的发育还有利于社会经济信息化、知识化的推动,通过创新和创新的扩散引领我国"知识经济"的发展。目前的问题是,如何在继续支持和加强富有活力的珠江三角洲、长江三角洲、福厦、山东半岛四大"增长极"的基础上,着力研究和解决京津冀、辽中南以及中西部 7 大城市群的发展规划问题,以形成以 13 大城市群为依托的"多极带动、协调发展"的新型增长格局。

六、城镇化社会发育的主导力量

　　一个城镇化的社会不仅表现为一个较高的城镇化水平,更表现为一个健康的市民社会的发育。由于人在社会生活中生存需要三个基本要素：工作、生涯保障和社会交流，因此，一个现代化的城镇化社会，必须能够为人们提供充足的就业和教育的机会，提供完善的社会保障和高便利的社会交流环境①。与工业化的推动、城镇化水平的提高相比，城镇化社会的发育更是一个复杂而艰巨的过程，但也是一个社会发展更本质更中心的过程。我国有着高度成熟的传统农业社会形态，人多地少的矛盾又极其尖锐，又在传统计划经济体制下为保证国家工业化的推动而实施了世界独有的城乡隔离制度，现代城市社会的发育历史很短，在此基本国情下，城镇化社会的发育在我国社会经济发展中显得更为重要也更为艰巨。改革开放以来，我国已有近2亿农村劳动力通过不同方式解决了在非农产业和城镇就业的问题，城镇化水平也由1978年的17.92%提高到2002年的39.09%，城镇人口的绝对数量已多达5亿人，但无论是教育、就业、社会保障还是社会交流，我国城镇人口中的社会分化甚至社会极化都是极其突出的。要加快我国城镇化社会的发育，促进市民社会的形成，大城市群的发育就成为一个重要的战略选择。这是因为，作为城镇化社会发育的主导力量，大城市群有现代化的中心城市的带动和示范，其现代城市功能和支持制度相对比较完善，政府和社会的公共物品供给能力较强，同时能够提供大量的教育机会、就业机会、创业机会、交流机会，能够有效满足现代人的多样化需要。发达国家城镇化社会发展的经验表明，以教育、就业、养老、医疗保健为核心的社会保障体系的建设，是城镇化社会持续健康发展的必要条件，是治理和预防城市社会问题的根本保证。我国虽然无法像发达资本主义国家那样建立高水平的国家福利制度，但必须建立适合我国国情的由个人、家庭、单位、社会和政府共同投资的以社会保险制度、社会救济制度、社会福利制度为核心的社会保障体系。同时，以大城市群为依托，大力发展第三部门，积极建立公共项目投资和建设的伙伴关系，提高公民的自主意识和社会参与意识，赋予社区更多更大的自治权力，重视市民交流设施和空间的营造，加强社会的开放性和包容性，防止社会极化，治理城市贫困，与建立最基本的社会保障体系一道，也是城镇化社会持续健康发展的必不可少的关键。

---

① 周牧之.鼎：托起中国的大城市群.北京：世界知识出版社，2004：97—105.

第九章

中国城市群发育现状分析[①]

第一节　城市群的基本概念

　　法国地理学家戈特曼（Jean Gottmann）认为，在巨型的城市化地域内，支配空间经济形式的已不再是单一的大城市或都市区，而是集聚了若干都市区，并在人口和经济活动等方面密切联系而形成的一个都市区集群[②]。由于我国的城市化是在城乡隔离制度的独特背景下推进的，都市区的发展受到了严重制约。同时，由于我国城市化还正处于快速推进时期，真正的戈特曼意义上的大都市连绵区还处于发育过程中。因此，国内学者更喜欢用城市群（Urban Agglomeration）来指称在我国城市化过程中，在特定地域范围内，由若干个不同性质、类型和等级规模的城市基于区域经济发展和市场纽带联系而形成的城市网络群体。如姚士谋就给出了这样一个城市群概念：在特定的地域范围内具有相当数量的不同性质、类型和等级规模的城市，依托一定的自然环境条件，以一个或两个超大或特大城市作为地区经济的核心，借助于现代化的交通工具和综合运输网的通达性，以及高度发达的信息网络，发生与

---

　　① 原载《地域研究与开发》2006 年第 2 期。与王海江合作完成。

　　② Gottmann, J. Megalopolis: or the Urbanization of the Northeastern Seaboard . Economic Geography, 1957(33) : 189—220.

发展着城市个体之间的内在联系,共同构成一个相对完整的城市"集合体"①。

但是,20世纪末期以来,伴随着城乡隔离制度的逐步消除,我国以大中城市为核心的都市区在一些地区获得了快速发展。有些学者,如周一星,还特别强调了在我国划分和发展都市区的意义②。因此,在对我国城市群的认识上,既要强调城镇之间的相互作用与功能互补,也要强调城乡之间的互动和都市区的扩展。这样,可将城市群定义为:在一定规模的地域范围内,以一定数量的超大或特大城市为核心,以众多中小城镇为依托,以多个都市区为基础,城镇之间、城乡之间紧密联系而形成的具有较高城市化水平和城镇密度的城市功能地域。结合我国城镇群发育的实际和向大都市连绵区演化的潜力,本章对我国城市群的界定按如下原则来进行:(1)至少有一个人口在200万以上的超大城市或一个副省级以上城市或两个人口在100万以上的特大城市;(2)与核心城市的通勤距离不超过4个小时;(3)区域范围应达到2万km² 以上;(4)建制市的数量不少于7个;(5)为便于统计处理,地级市所辖的所有县(市)全部纳入;(6)政府部门和学术界相对公认的名称和区域范围。

第二节　总体实力分析

依上述原则,目前我国大型城市群共有13个,具体情况详见表9-1、表9-2和表9-3。可以看出,这13个大城市群在我国社会经济发展中举足轻重,2002年其土地面积虽然仅占全国的12.18%,但其容纳的人口却占全国的37.30%,实现的GDP和工业生产总值占全国的71.24%和75.17%,完成的社会消费品总额和实际利用外资额则分别占全国的65.51%和85.91%。

①　姚士谋,朱英明,陈振光等.中国城市群第二版.合肥:中国科学技术大学出版社,2003:3—5.
②　胡序威,周一星,顾朝林等.中国沿海城镇密集地区空间集聚与扩散研究.北京:科学出版社,2000:28—84.

表9－1　我国主要城市群发育的基本状况(2002年)

城市群		年末总人口(万人)	土地面积(万平方公里)	GDP(亿元)	工业总产值(亿元)	固定资产投资总额(亿元)	实际利用外资金额(亿美元)	城市数(县级市以上)
沿海	长三角	7570.58	10.02	20444.76	31022.21	5443.14	178.49	49
	珠三角	2624.93	5.47	9565.29	14280.01	2969.85	116.17	18
	京津冀北	5968.53	16.91	8994.96	8754.77	3561.00	93.96	21
	辽中南	2807.99	8.17	4862.17	4161.30	1114.05	36.45	19
	福厦	2148.12	4.11	3798.71	3137.91	837.75	36.58	11
	山东半岛	3897.40	7.33	7014.23	8388.03	1714.83	52.76	30
中部	长株潭	1249.66	2.81	1430.42	844.02	399.47	4.59	7
	武汉	3056.20	5.80	2977.54	1895.71	927.25	18.91	16
	中原	3895.75	5.88	3326.02	2602.84	595.35	2.85	23
	吉中	1871.61	8.80	2130.21	1825.32	545.88	8.13	14
	哈大齐	2318.51	15.17	2916.11	1977.45	663.04	2.44	12
西部	成渝	8337.48	20.91	5673.01	3272.57	2108.18	7.77	24
	关中	2165.90	5.54	1514.36	1103.40	550.65	2.83	8
合计		47912.66	116.91	74647.79	83265.55	21430.46	561.93	252

注:数据来源于《中国统计年鉴2003》、《中国城市统计年鉴2003》、《中国区域经济统计年鉴2001》,经汇总计算得来。

表9－2　我国城市群主要经济指标占全国比重(2002年)

城市群		总人口比重	土地面积比重	GDP比重	工业总产值比重	固定资产投资总额比重	社会消费品零售总额比重	实际利用外资金额比重
沿海	长三角	5.89	1.04	19.51	28.00	12.51	15.27	27.29
	珠三角	2.04	0.57	9.13	12.89	6.83	8.67	17.76
	京津冀北	4.65	1.76	8.58	7.90	8.19	9.33	14.36
	辽中南	2.19	0.85	4.64	3.76	2.56	4.64	5.57
	福厦	1.67	0.43	3.63	2.83	1.93	3.23	5.59
	山东半岛	3.03	0.76	6.69	7.57	3.94	5.03	8.07

续表

城市群		总人口比重	土地面积比重	GDP 比重	工业总产值比重	固定资产投资总额比重	社会消费品零售总额比重	实际利用外资金额比重
中部	长株潭	0.97	0.29	1.37	0.76	0.92	1.52	0.70
	武汉	2.38	0.60	2.84	1.71	2.13	2.96	2.89
	中原	3.03	0.61	3.17	2.35	1.37	2.96	0.44
	吉中	1.46	0.92	2.03	1.65	1.25	1.89	1.24
	哈大齐	1.80	1.58	2.78	1.79	1.52	2.16	0.37
西部	成渝	6.49	2.18	5.41	2.95	4.85	5.38	1.19
	关中	1.69	0.58	1.45	1.00	1.27	1.46	0.43
合计		37.30	12.18	71.24	75.17	49.27	65.51	85.91

注:数据来源同表 9 - 1。

表 9 - 3　我国城市群的三次产业结构(2002 年)

城市群	第一产业比重	第二产业比重	第三产业比重	城市群	第一产业比重	第二产业比重	第三产业比重
全国	15.4	51.1	33.5	长株潭	11.82	43.69	44.91
长三角	5.86	52.18	41.96	武汉	14.27	45.30	41.98
珠三角	5.60	49.31	45.09	中原	13.76	50.27	35.76
京津冀北	8.80	43.40	47.80	吉中	18.42	41.78	39.80
辽中南	8.80	49.24	41.96	哈大齐	14.41	51.80	33.78
福厦	10.49	49.36	39.31	成渝	17.01	42.36	40.63
山东半岛	10.78	51.94	37.29	关中	11.78	44.28	43.93

注:数据来源同表 9 - 1。

一、东部地带

1. 长江三角洲城市群

长江三角洲城市群是以上海为龙头,由 15 个地级以上的中心城市所组成。包括 1 个直辖市——上海,3 个副省级城市——南京、杭州、宁波,11 个地级城市,即江苏省的苏州、无锡、常州、镇江、南通、扬州、泰州和浙江省的湖州、嘉兴、绍兴、舟山。2002 年,该城市群总人口 7570.58 万人,土地面积为

100242 平方公里,国内生产总值达 20444.76 亿元,分别占沪宁杭三省市合计的 55.45%、47.58%、85.77%。长江三角洲城市群以占全国 5.89%的人口、1.04%的土地面积,吸纳了全国四分之一(27.29%)的外资,生产了全国近五分之一(19.51%)的国内生产总值。由于该城市群正处于工业化的中后期,其产业结构仍是二三一型的,第三产业特别是生产型服务业还有待于进一步的发展。进入 21 世纪,伴随着上海世界城市的建设,在上海的辐射带动下,长江三角洲城市群已成为我国经济最发达、发展最迅速的区域。在世界城市群中,长江三角洲城市群已跻身前六位。

2. 珠江三角洲城市群

珠江三角洲城市群由广州、深圳、珠海、佛山、惠州、肇庆、东莞、中山、江门等 9 个城市组成。2002 年,该城市群年末总人口 2624.93 万人,土地面积为 54704 平方公里,国内生产总值达 9565.29 亿元,分别占广东省的 33.40%、30.42%、81.27%。珠江三角洲城市群以占全国 2.04%的人口、0.57%的土地面积,吸纳了的近六分之一(17.76%)的外资,生产了全国近十分之一(9.13%)的国内生产总值。在产业结构上,该城市群第一产业比重已下降到 5.6%。受香港、澳门与内地更紧密经贸关系安排(CEPA)等有利因素的影响,该城市群在香港的带动下,其活力将会持续下去。

3. 京津冀城市群

京津冀城市群空间地域范围涉及两市一省,包括北京、天津两个直辖市和河北省的唐山、保定、廊坊、秦皇岛、张家口、承德、沧州等 7 个地级市。该城市群 2002 年末总人口 5968.53 万人,土地面积为 169118 平方公里,国内生产总值达 8994.96 亿元,分别占京津冀三省市的 65.12%、78.15%、79.00%。京津冀城市群以占全国 4.65%的人口、1.76%的土地面积,吸纳了全国七分之一(14.36%)的外资,生产了全国近十二分之一(8.58%)的国内生产总值。受北京作为首都的影响,该城市群的第三产业比较发达,并已经形成了三二一型的产业结构,但其第一产业比重比长三角、珠三角分别高出 2.94、3.20 个百分点,说明其第二、三产业还有待于进一步提升。同时,受行政体制的约束,该城市群一体化发展水平也比较低,急需围绕大北京地区作为世界城市的发展目标进行规划与整合①。

4. 辽中南城市群

辽中南城市群是依托沈大高速公路和哈大铁路的交通走廊,南起大连,北至铁岭,长约500公里地域内,由沈阳、大连、鞍山、抚顺、本溪、营口、盘锦、辽阳、铁岭9座城市组成。本城市群2002年末总人口2807.99万人,土地面积81673平方公里,国内生产总值达4862.17亿元,分别占辽宁省的66.81%、55.37%、89.08%,其中国内生产总值占全国的4.64%。该城市群为我国老工业基地,其经济地位的下降已引起社会的高度关注,目前正面临着国家从战略高度进行振兴的难得历史机遇。

5. 福厦城市群

福厦城市群是以福州、厦门、莆田、泉州、漳州为中心的城市群。2002年,该城市群年末总人口2148.12万人,土地面积41086平方公里,国内生产总值达3798.71亿元,分别占福建省的61.98%、33.19%、81.13%,其国内生产总值占全国的3.63%,实际利用外资额占全国的5.59%。该城市群正处于工业化中期,发展速度很快,但第一产业的比重还比较高。

6. 山东半岛城市群

山东半岛城市群包括济南、青岛、淄博、东营、烟台、潍坊、威海、日照8市②。本城市群2002年末总人口3897.40万人,土地面积73311平方公里,国内生产总值7014.23亿元,分别占山东省的42.91%、46.99%、66.47%,其国内生产总值占全国的6.69%,实际利用外资额占全国的8.07%。由于该城市群在总体实力上已稳居第四位,并且近年来经济充满活力,发展速度很快,因此已经成为我国继珠三角、长三角、京津冀北三大增长极之后的第四"增长极",但其第一产业的比重还比较高,第三产业尚需加快发展,区域影响力还有待提高。

二、中部地带

1. 长株潭城市群

长株潭城市群包括长沙、株洲、湘潭三市。这三城市呈"品"字型分布,彼

---

① 吴良镛.京津冀地区城乡空间发展规划研究.北京:清华大学出版社,2002:3—11.

② 周一星,杨焕彩主编.山东半岛城市群发展战略研究.北京:中国建筑工业出版社,2004:3—4.

此相距不足 50 公里。2002 年,该城市群年末总人口 1249.66 万人,土地面积 28107 平方公里,国内生产总值达 1430 亿元,分别占湖南省的 18.85%、13.27%、32.95%,其国内生产总值占全国的 1.37%。该城市群总体规模小,第二产业尚需要进一步增强,但第三产业非常活跃。

2. 武汉城市群

武汉城市群直径为 200 公里,包括武汉、鄂州、黄石、黄冈、孝感、咸宁、天门、仙桃和潜江等九城市,本城市群 2002 年末总人口 3056.2 万人,土地面积 57962 平方公里,国内生产总值达 2977.54 亿元,分别占湖北省的 51.04%、31.18%、59.84%,其中国内生产总值占到全国的 2.84%。该城市群地处长江中游,是我国中部崛起和长江经济带发展的重要战略平台,但其第一产业的比重还比较高,第二产业尚需加快发展。

3. 中原城市群

中原城市群是指以郑州为核心,由郑州、洛阳、开封、新乡、焦作、平顶山、许昌、漯河和济源等 9 座城市形成的以陇海、京广铁路为中轴的城市密集区。该城市群 2002 年末总人口 3895.75 万人,土地面积 58756 平方公里,国内生产总值达 3326.02 亿元,分别占河南省的 40.53%、35.18%、53.92%,是河南省经济发展水平最高和城市最为集中的地区,其国内生产总值占全国的 3.17%。该城市群地处黄河中下游,是我国中部崛起和黄河经济带发展的重要战略平台,但其第三产业尤其是现代生产服务业的发展亟待加快。

4. 吉中城市群

吉中城市群是以长春、吉林、四平、辽源和松原等城市组成的城市群。2002 年该地区年末总人口 1871.61 万人,土地面积 88000 平方公里,国内生产总值达 2130.21 亿元,分别占吉林省的 69.34%、60.12%、94.84%,其中国内生产总值占到全国的 2.03%。该城市群虽然是我国的老工业基地,但其第一产业的比重还明显偏高,工业化进程尚需要进一步加快。

5. 哈大齐城市群

哈大齐城市群是以哈尔滨、大庆、齐齐哈尔、绥化为中心的城市群。2002 年该地区年末总人口 2318.51 万人,土地面积 151720 平方公里,国内生产总值达 2916.11 亿元,分别占黑龙江省的 60.81%、33.35%、75.12%,其中国内生产总值占到全国的 2.78%。该城市群地广人稀,近年来发展有些滞缓,亟待振兴。

三、西部地带

1. 成渝城市群

成渝城市群包括成都、重庆、德阳、绵阳、眉山、乐山、资阳、内江、遂宁、南充、达州等城市,是我国人口最多、面积最大的城市群,也是中西部地区城市数目最多的城市群。本城市群 2002 年末总人口 8337.48 万人,土地面积209098 平方公里,国内生产总值达 5673 亿元,分别占四川、成都二省市的70.78%、36.85%、82.86%,其中国内生产总值占到全国的 6.53%。该城市群地处长江上游,是我国大西南地区的经济核心,近年来在西部大开发的推动下发展非常迅速。由于其第一产业的比重比全国平均水平还高出 1.61 个百分点,因而其工业化的任务十分艰巨。

2. 关中城市群

关中城市群是由分布在陕西关中地区的西安、宝鸡、咸阳、渭南、铜川等城市构成。本城市群 2002 年末总人口 2165.9 万人,土地面积55367 平方公里,国内生产总值达 1514.36 亿元,分别占陕西省的 58.95%、26.90%、74.38%,其中国内生产总值占到全国的 1.45%。该城市群是我国大西北地区综合经济实力最强的地区,但近年的发展有些滞缓,亟待在西部大开发战略中给以强力支持。

第三节　人均指标、中心城市及县域经济分析

一、人均指标分析

我国城市群人均经济发展状况明显分成三种类型(图 9 – 1)。第一种是长三角、珠三角城市群,人均 GDP 分别达到了 27005.54 元和 36440.18 元,为全国平均水平的 3.31 倍和 4.47 倍,人均工业总产值分别超过了 40000 元和50000 元,为全国平均的 4.75 倍和 6.31 倍。第二种类型是京津冀北、山东半岛、辽中南和福厦城市群,各项人均指标低于长三角和珠三角,却明显高于内陆的城市群。这与沿海近二十多年来的改革开放和大力发展外向型经济,积极吸引外资有着密不可分的关系。但值得注意的是经济总量居第三位的京

津冀北城市群,其人均 GDP 指标竟然落后于山东半岛、辽中南和福厦三城市群。第三种类型是中西部地区的四大城市群,有一定的经济基础,但人均指标明显低于沿海各大城市群,尤其是中原、关中、成渝、武汉四城市群,许多人均指标还明显较低。

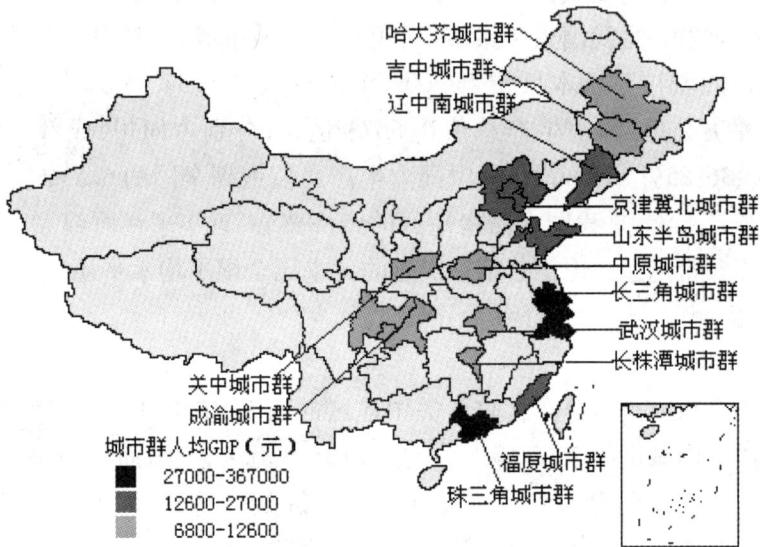

图 9 - 1　中国城市群的人均 GDP 分布(2002 年)

二、中心城市分析

2002 年上海 GDP 达到 5346.27 亿元,依然是经济实力最强的城市,但也仅及香港的 1/2。深圳各项人均经济指标则高居第一位,其人均 GDP 达 161837.93 元。各大城市群中 GDP 超过 2000 亿元的中心城市有上海、北京、广州、深圳四个(图 9 - 2),说明了长三角、珠三角和京津冀北三大城市群具有较强大的中心城市。GDP 在 1000—2000 亿元之间的中心城市有天津、武汉、沈阳、大连、重庆、成都。低于 1000 亿元的有济南、青岛、西安、厦门、长沙、福州和郑州,其中长沙、福州、郑州、洛阳 GDP 相对较低,城市的中心性较弱,城市集聚力和辐射力不强。深圳、上海、广州、厦门、青岛、大连等沿海经济开放城市的人均经济指标相对较高,而地处内陆的西安、郑州、洛阳、武汉、成都、重庆等城市人均经济指标相对较低,其中最低的重庆人均 GDP 只有

10507.06 元。

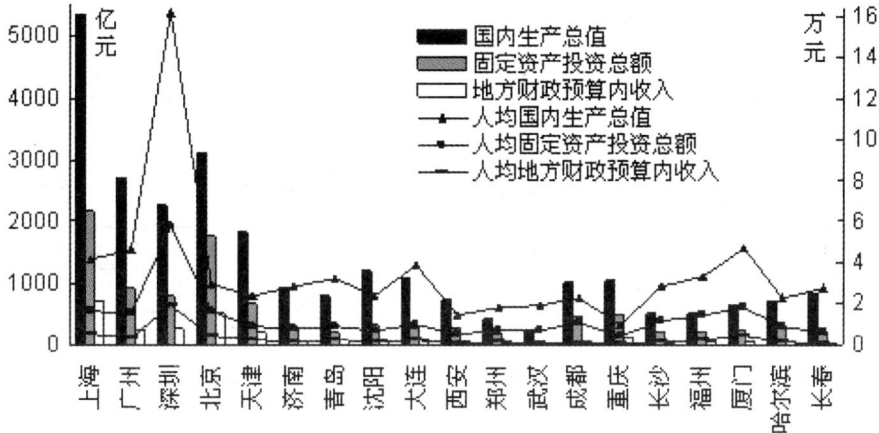

图 9 - 2　中国城市群中心城市(市区)的主要经济指标(2002 年)

三、县域经济分析

　　长三角、珠三角、福厦、山东半岛城市群的县域经济比较发达(表 9 - 4),都市区发展迅速。而作为中国三大城市群之一的京津冀北城市群,县域经济发展相对滞后,县域经济年增长率较低,与城市经济形成鲜明的二元结构。在中西部 7 大城市群中,长株潭、吉中、中原、武汉城市群的县域经济相对发达,而哈大齐、成渝、关中的县域经济比较落后。各城市群县域人口占城市群总人口的比例都超过了 50%,地处内陆的中原和成渝城市群县域人口所占比重较大,中原城市群县域人口占地区总人口的 80%,成渝城市群占 77%。县域工业总产值占地区比重最大的是中原城市群,达到了 52%,说明中原城市群县域经济相对比较发展,城市经济相对较弱。与此相反,吉中、哈大齐、辽中南城市群县域工业总产值占地区的比重最低,分别为 10%、13% 和 14%,显示了东北老工业基地县域工业发展滞缓,县域经济比重过小,城乡经济发展较不平衡。

表9-4　中国城市群主要县域经济指标(2002年)

城市群	年末总人口(万人)	第一产业增加值(亿元)	第二产业增加值(亿元)	地方财政预算内收入(亿元)	规模以上工业总产值(亿元)	县域年末总人口占城市群比	县域工业总产值占城市群比	人均GDP(元)
长三角	4517	945.53	4428.70	396.00	10724.66	59.67	34.57	14243.73
珠三角	1380	374.37	1300.53	112.30	3727.48	52.59	26.10	15172.81
京津冀	3706	634.80	1450.80	95.56	1717.93	62.09	19.62	7139.99
辽中南	1512	320.34	609.24	40.85	567.36	53.84	13.63	7617.44
福厦	1358	308.98	921.64	57.82	1163.36	63.22	39.55	12054.18
山东半岛	2556	611.70	1633.74	117.02	3676.31	65.59	43.83	10620.05
长株潭	778	133.53	222.97	17.62	245.00	62.27	29.03	5881.96
武汉	1934	254.44	510.61	37.60	647.04	63.28	32.54	5241.51
中原	3112	438.60	1102.03	56.95	1421.83	79.89	52.25	5643.00
哈大齐	1238	230.48	198.94	24.97	255.84	53.40	12.94	4800.70
吉中	1242	345.06	475.97	18.73	190.62	66.36	10.44	5464.15
成渝	6388	806.48	1214.95	98.73	1078.18	76.62	32.95	4004.03
关中	1405	137.57	194.69	20.32	259.11	64.88	23.48	2891.00

注:县域经济包括县级市,人均GDP数据为2000年数据,数据来源于《中国县(市)统计年鉴2001》,其余数据来源于《中国城市统计年鉴2003》、《中国县(市)统计年鉴2003》。

第四节　结　语

在我国区域经济发展和城市化推进过程中,城市群的培育与发展近年来已经成为社会关注的一个焦点。尽管城市群在我国社会经济发展中的作用举足轻重,但一个不争的事实是我国典型意义上的大都市连绵区还未真正形成,各城市群的发展还很不平衡,多数特别是中西部地区的城市群还并非是真正意义上的城市群,而更多是区域发展的战略目标和面向发展的规划工具。在我国新的区域发展格局下,大城市群的发展无疑是重要的战略平台,承担着工业化、城镇化和区域经济协调发展的历史重任。《2004中国可持续发展战略报告》提出,为挖掘"发展红利",中国必须坚持发展长三角、珠三角、环渤海三大具有世界竞争力的组团式大城市群,打造中国城市化建设中的主力与经济增长能力的"航母"①。但是,在支持东部沿海长三角、珠三角、京津冀北三大国家级城市群发展的同时,在东部沿海现代化带动战略、西部大开发战略、东北老工业基地振兴战略、中部崛起战略的实施中,从国家战略的高度,加强对其余 11 大城市群的政策和资金支持,从中心城市和县域经济发展入手,迅速提升各大城市群的经济实力,形成"多极联动"的新的增长格局,已是迫在眉睫。

---

① 中国科学院可持续发展战略研究组.2004 中国可持续发展战略报告.北京:科学出版社,2004:vii-xvi.

第十章

我国中心城市对外服务能力的空间格局①

第一节　引　言

城市的全部经济活动可分为两部分：为本地服务和为外地服务。为外地服务的部分，体现了城市在区域城市体系中所承担的功能，构成了城市的基本活动部分。本章用城市流概念来描述城市的基本活动部分和对外服务能力，它用于指一城市对区域城市体系中的其他城市由基本活动服务所产生的人流、物流、信息流、资金流、技术流等经济流。依靠这些经济流，城市具有对外服务能力的部门，通过向其他城市输出货物和服务来为本城市发展谋取收入。因此，本章所定义的城市流，乃是城市对外输出的经济流，它来源于该城市的对外服务部门，对应于该城市的基本活动部分。这样，通过计算城市流的大小——城市流强度，就可以描述城市对外服务能力的强弱。本章拟以我国全部地级以上城市为研究样本，通过城市流强度模型的构建和计算，来量化表征我国中心城市的对外服务能力，并据此分析我国中心城市对外服务能力的规模分布和空间格局，为认识我国城市体系的结构特征提供新的视角。

---

①　原载《地理研究》2009 年第 4 期。与王海江合作完成。

第二节　城市对外服务能力的城市流强度模型

与以空间相互作用模型特别是重力模型为基础的城市经济联系模型[1]相比,城市流概念强调的是城市基本经济活动和对外服务所产生的经济联系,它剔除了城市自我服务活动的影响。1994年,中国城市规划设计研究院"陇海—兰新地带城镇发展研究课题组"提出了城市流这一概念[2]。2002年朱英明、于念文通过对沪宁杭城市密集区城市流研究,提出了城市流强度模型[3]。2004年以来,多位学者分别对珠江三角洲城市群[4]、东北地区城市群[5]、长江流域城市群[6][7]、山东半岛城市群[8]、武汉都市圈[9]等区域的城市流进行了实证研究。

城市流强度是指一市在区域城市体系中向其他城市输出的经济流量,它表征的是该城市对外服务能力的强弱。公式为:

$$F = NE \qquad\qquad (1)$$

式中 F 为城市流强度, N 为城市功能效益,即一城市单位外向服务功能量所产生的实际影响, E 为城市外向服务功能量。

借助区位商的原理,可以计算出中心城市的各产业部门从业人员的基本部分,即城市的外向服务功能量 E。设 i 城市 j 部门从业人员的区位商为 Lq_{ij}:

$$Lq_{ij} = \frac{(G_{ij}/G_i)}{(G_j/G)} \qquad (i = 1,2,\cdots n; \quad j = 1,2,\cdots m) \qquad (2)$$

①　苗长虹,王海江.河南省城市的经济联系方向与强度——兼论中原城市群的形成与对外联系.地理研究,2006,25(2):222—232.

②　中国城市规划设计研究院课题组.陇海—兰新地带城镇发展研究.北京:中国建筑工业出版社,1994:299—315.

③　朱英明.沪宁杭城市密集区城市流研究.城市规划汇刊,2002(1):31—33.

④　张虹鸥,叶玉瑶等.珠江三角洲城市群城市流强度研究.地域研究与开发,2004,23(6):53—56.

⑤　曹红阳,王士君.关于黑龙江省东部城市密集区城市流强度分析.人文地理,2007,22(2):81—86.

⑥　李桢业,金银花.长江流域城市群经济带城市流——基于长江干流30城市外向型服务业统计数据的实证分析.社会科学研究,2006(3):28—33.

⑦　李桢业,金银花.长江经济带外向型产业城市流分析.中南财经政法大学学报,2006,(156)3:117—122.

⑧　陶修华,曹荣林等.基于城市流分析的城市联系强度探讨——以山东半岛城市群为例.河南科学,2007,25(1):152—156.

⑨　刘承良,李江敏,张红.武汉都市圈经济社会要素流的空间分析.人文地理,2007,(98)6:30—37.

式中 G_{ij} 为 i 城市 j 部门从业人员数量；G_i 为 i 城市从业人员总量；G_j 为全国 j 部门从业人员数量；G 为全国总从业人员总量。

若 $Lq_{ij} > 1$，则可认为 i 城市 j 部门存在外向服务功能，因为 i 城市的总从业人员中分配给 j 部门的比例超过了全国的分配比例，该部门可以为城市以外区域提供服务[①]。

用 E_{ij} 表示 i 城市 j 部门的外向服务功能量，它可定义为 j 部门从业人员中的基本活动部分，即 i 城市 j 部门中具有对外服务能力的人数。当 $Lq_{ij} > 1$，则有：

$$E_{ij} = G_{ij} - Gi(G_j/G) = G_{ij}(1 - 1/Lq_{ij}) \tag{3}$$

用 N_{ij} 表示 i 城市 j 部门的外向服务功能效率，这里用 i 城市 j 部门从业人员的人均 GDP 来表征，则有：

$$N_{ij} = GDP_{ij}/G_{ij} \tag{4}$$

式中 GDP_{ij} 表示 i 城市 j 部门的国内生产总值。

设 F_{ij} 为 i 城市 j 部门的城市流强度，则有：

$$F ij = N_{ij} \cdot E_{ij} \tag{5}$$

若 F_i 为 i 城市全部具有对外服务能力的产业部门的城市流强度，则有：

$$F_i = \sum_{j-1}^{m} N_{ij}E_{ij} \tag{6}$$

第三节　测度指标的选取

已有的研究往往选取第三产业的几个主要外向服务部门作为测度城市流强度的指标，忽视了城市第二产业的对外服务能力。由于城市经济发展水平与经济结构特点的较大差异，仅第三产业的部分指标已不能很好反映全国中心城市的对外服务能力与结构特点，应当选取更多的普适性指标来评价。

对国家统计局《三次产业划分规定》所列的全部 20 个产业门类逐一筛选，经实际测算对比，删除与主题不符的第一产业和第三产业的国际组织，并剔除第二产业中的采掘业和第三产业中的公共管理和社会组织、居民服务和其他服务业。剔除采掘业是因为矿业城市专业化职能特强，区位商特别高，

---

① 参见第 129 页注 3。

对城市流分析干扰较大。剔除公共管理和社会组织部门是因为用该部门从业人员的基本部分作为量测城市政府行政管理中心性的指标时,城市样本体系的行政最小需要量与城市规模并不存在相关关系[1]。剔除居民服务和其他服务业,是因为该部门在研究区域中各城市的区位商大都小于1,对外服务能力性不强。对于教育部门,实际测算显示如果以全部的教育从业人员来计算,会出现如北京等大城市的教育部门区位商为负,而一些中小城市区位商奇高的情况,与现实不符,原因是作为城市非基本部分的中小学教育从业人员比重较大,本章直接选取高等教育从业人员作为教育部门的基本部分(表10-1)。

考虑到研究主体是中心城市,本章所涉及的各项指标全部采用市区数据。由于部分产业部门的从业人员人均GDP数据难以完整获取,计算中采用市区从业人员人均GDP来替代。

表10-1　用于计算中心城市对外服务能力的产业部门

产业	第二产业	第三产业	
部门	制造业	交通运输、仓储及邮政业	租赁和商业服务业
	电力、煤气及水生产供应业	信息传输、计算机和软件业	科研、技术服务和地质勘察业
	建筑业	批发和零售业	水利、环境和公共设施管理业
		住宿、餐饮业	教育(仅含高校教师数)
		金融业	卫生、社会保险和社会福利业
		房地产业	文化、体育和娱乐业

第四节　城市流与城市中心性

中心性是城市地理学中关于城市对外服务职能一个重要的概念,最先由德国经济地理学家克里斯塔勒提出[2],它用于指中心地为其以外地区服务的

---

① 周一星,张莉等.城市中心性与我国城市中心性的等级体系.地域研究与开发,2001,20(4):1—5.

② Christaller W. Central Place in Southern Germany . Translated by Baskin C W , Englewood Cliffs. NJ and London: Prentice Hall, 1966.

相对重要性。城市流与中心性都是关于城市对外服务能力的表述,但城市流强调的是城市对外联系过程中交流强度的大小,而中心性则体现城市对外服务等级的高低。因此,对外服务能力较强的城市,其城市流强度较大,中心性也较高,两者应该是正相关关系。由此,与相对成熟的城市中心性模型进行对比,可在一定程度上检验城市流强度模型的科学性。

中心性的度量有多种方法,周一星曾先用反映就业人员数的 9 个指标来度量[1],后又建立多指标体系进行综合评价[2]。俞勇军、陆玉麒取市区 GDP、非农业人口、社会消费品零售总额等 3 个指标评价城市中心性[3]。王茂军等则采用商业(含饮食业)、服务业从业人员的合计值作为中心性分析的定量指标[4]。运用多指标体系和 3 指标两种评价方法,本章分别得到 2004 年中国地级以上城市的中心性指数。

将各城市的城市流强度和两种中心性指数按所占比例进行标准化无量纲处理,可显示其相关性(图 10 - 1),相关系数分别达到 0.847 和 0.904。城市流强度与城市中心性的这种强线性相关性,说明城市流强度是一种能够较好表征城市对外服务能力大小的测度指标。

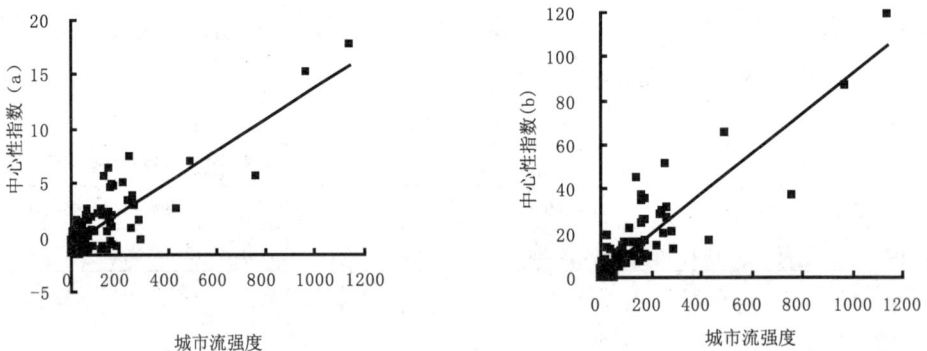

图 10 - 1 城市流强度与城市中心性的相关性(a、综合评价法,b、三指标评价法)

但这两个概念不能混淆,中心性是中心地为其以外地区服务的相对重要性,

① 参见第 131 页注 1。
② 周一星,张莉.改革开放条件下的中国城市经济区.地理学报,2003,58(2):271—284.
③ 俞勇军,陆玉麒.省会城市中心性研究.经济地理,2005,25(3):352—357.
④ 王茂军,张学霞等.近 50 年来山东城市体系的演化过程——基于城市中心性的分析.地理研究,2005,24(3):432—442.

由中心地的对外服务部门的诸多总量指标综合加权体现,其指数的大小只有相对意义。而城市流强度是城市基本部分的具体经济活动量值,是城市在履行对外服务能力过程中产生的经济流量大小的绝对数额。

第五节　中心城市对外服务能力的空间格局

中国城市体系结构一直是国内外学者关注的热点领域。例如,周一星、胡智勇用城市航空运输资料分析了中国城市体系的空间联系网络[①];薛俊菲则从航空网络视角揭示了开放条件下中国城市体系的等级结构与分布格局[②];杜国庆结合 GIS 技术,以重力模型为基本模型,建立了中国城市体系空间结构模拟模型[③][④];顾朝林、庞海峰运用重力模型方法对中国城市间的空间联系强度进行定量计算,刻画出了中国城市体系的空间联系状态和结节区结构[⑤]。如前所述,城市流强度表征的是城市对外服务能力的强弱,而城市体系所强调的"网络联系"和"地区联系"[⑥],均是源于城市的对外服务能力而形成的。因此,用城市流强度的分布来分析城市体系的结构与布局,是一种较为可行且直观的方法。并且,城市流强度是由不同产业部门的基本活动对外服务量加总而成的,可以用城市流强度的部门结构,便利地分析中心城市对外服务的部门特点。

一、城市规模分布与产业部门分布

依据前述的城市流模型,我们计算了 2004 年度中国地级以上共 286 个中心城市的城市流强度。从不同规模等级中心城市的城市流强度分布可以看出(表 10 - 2),人口规模等级越高,平均城市流强度越大,综合对外服务能力

---

① 周一星,胡智勇. 从航空运输看中国城市体系的空间网络结构. 地理研究,2003,21(3):276—286.

② 薛俊菲. 基于航空网络的中国城市体系等级结构与分布格局. 地理研究,2008,(27)1:23—32.

③ Du Guoqing. Using GIS for Analysis of Urban System, GeoJournal, 2001,52:213—221.

④ 杜国庆. Spatial Structure of Urban Systems in Developing Countries: A Case Study of China. 南京大学学报(自然科学版). 2006, 42 (3):225—241.

⑤ 顾朝林,庞海峰. 基于重力模型的中国城市体系空间联系与层域划分. 地理研究,2008,27(1):1—12.

⑥ Dematteis G. Globalization and Regional Integration : The Case of the Italian Urban System. GeoJournal, 1997,43:331—338.

越强。从总量来看,人口规模在 100—200 和 50—100 万人的城市,对全国城市流强度的贡献最大,其中 100—200 万人的超大城市数量有 30 座,城市流强度总和为 3735 亿元;50—100 万人的大城市数量有 77 座,城市流强度总和为 3136 亿元;这两个规模组的城市流占全国的比重接近 1/2。因此,50 万人规模以上的城市,是我国区域经济联系的主体力量,其城市数量虽然仅占全国地级以上城市的 44.41% ,但其对外服务总量占全国的比重却高达 86.47% ;特别是 100 万人规模以上城市,其城市数量虽然只有 50 座,占全国地级以上城市的 17.48% ,但其提供的对外服务总量却占 64.64% ;而 50 万人规模以下的城市,城市数量虽然达 159 座,占全国地级以上城市的比例高达 55.59% ,但其提供的对外服务总量仅占全国的 13.53% 。这说明,全国中心城市的对外服务能力高度集中在人口密集的大城市尤其是特大城市。

表 10 - 2　不同人口规模中心城市的城市流强度

城市规模组(万人)	城市数(座)	城市数占全国比例(%)	城市流强度总和(亿元)	总和占全国比例(%)	平均城市流强度(亿元)	城市流强度累积(亿元)	累积占全国比例(%)
>1000	1	0.35	1141	7.94	1141	1141	7.94
800～1000	1	0.35	969	6.74	969	2111	14.69
500～800	1	0.35	259	1.80	259	2370	16.49
400～500	5	1.75	988	6.88	198	3358	23.37
300～400	4	1.40	856	5.96	214	4214	29.33
200～300	8	2.80	1338	9.31	167	5552	38.64
100～200	30	10.49	3735	26.00	125	9288	64.64
50～100	77	26.92	3136	21.83	41	12423	86.47
20～50	117	40.91	1667	11.60	14	14091	98.07
<20	42	14.69	277	1.93	7	14368	100

注:人口规模按市区非农业人口计算。

分产业部门看(表 10 - 3),房地产业、住宿餐饮业、租赁和商业服务业、文化体育、科研和技术服务、交通运输、高等教育等部门,全国 70% 以上的城市流是由 100 万人规模以上城市所创造的;50—100 万人规模的城市,对电力煤

气、卫生和社会保险、金融、水利和环保、制造业等部门城市流形成的贡献相
对比较突出;20—50 万人规模的城市,则对电力煤气、建筑、卫生和社会保险、
金融、信息传输和计算机服务等部门,所形成的城市流相对比较大。从城市
流的部门来源结构来看,全国地级以上中心城市中制造业形成的城市流占
39.16%,建筑业占 10.24%,第二产业合计占 52.31%,体现出在工业化阶段
我国中心城市对外服务以第二产业为主的特征。而在第三产业中,交通运
输、仓储及邮政业和高等教育所提供的城市流尤为突出,传统的批发和零售
业、租赁和商业服务业以及新兴的科研、技术服务和地质勘察业的结构比重
也比较大,说明我国中心城市第三产业对外服务结构中传统产业和新兴产业
并重发展的格局。从不同人口规模城市的部门结构来看,大于 100 万人的特
大城市第三产业对外服务的主导地位非常明显,所形成的城市流结构比重为
53.28%,作为交通运输、商业服务、房地产、高等教育、科研和技术服务中心
的功能突出;50—100 万人规模的城市,制造业和电力、煤气以及金融、卫生等
部门的对外服务能力突出;20—50 万人规模的城市,建筑业、金融业和卫生、
社会保障的地位比较突出;而人口小于 20 万人规模的城市,第二产业的对外
服务能力比较弱,而传统的批发和零售的作用比较强,金融和卫生、社会保险
的功能也比较突出。

表 10 - 3　城市流的产业部门分布和城市规模分布

产业部门	按产业部门分布(%)				按人口规模的分布(%)			
	全部	>100	50—100	20—50	<20	>100	50—100	20—50	<20
制造业	39.16	37.11	49.70	34.66	18.05	61.24	27.43	10.41	0.91
电力、煤气及水生产供应业	2.91	1.16	5.45	6.27	11.98	25.88	40.57	25.40	8.14
建筑业	10.24	8.45	10.19	20.32	9.18	53.35	21.52	23.36	1.77
交通运输、仓储及邮政业	8.20	10.12	5.29	3.40	5.53	79.83	13.96	4.88	1.33
信息传输、计算机服务和软件业	1.59	1.61	0.66	2.96	3.06	65.31	8.97	21.91	3.80

产业部门	按产业部门分布(%)				按人口规模的分布(%)			
	全部	>100	50—100	20—50	<20	>100	50—100	20—50	<20
批发和零售业	4.75	5.11	2.77	4.90	13.81	69.53	12.60	12.12	5.74
住宿、餐饮业	3.48	4.65	1.24	1.31	2.81	86.27	7.71	4.43	1.59
金融业	3.76	2.55	5.11	7.05	8.69	43.94	29.39	22.10	4.57
房地产业	2.99	4.24	0.53	0.98	0.86	91.70	3.86	3.87	0.57
租赁和商业服务业	4.01	5.32	1.72	1.43	1.38	85.82	9.29	4.21	0.68
科研、技术服务和地质勘查业	4.14	5.19	3.25	0.40	1.84	81.00	16.97	1.15	0.88
水利、环境和公共设施管理业	1.42	0.95	1.88	2.76	3.65	43.33	28.68	22.90	5.09
高等教育	8.22	9.35	6.26	6.09	5.67	73.46	16.46	8.72	1.36
卫生、社会保险和社会福利业	3.60	2.23	5.31	6.81	10.68	40.04	31.87	22.23	5.86
文化、体育和娱乐业	1.53	1.96	0.63	0.65	2.81	82.57	8.85	4.96	3.63
全部产业合计	100	100	100	100	100	64.64	21.62	11.77	1.97

数据来源:由《中国城市统计年鉴2005》汇总计算得到。

二、等级结构与空间分布

按照城市流强度的大小,可将中心城市的对外服务能力分成四个级别(表10-4,图10-2)。城市流强度大于800亿元、具有全国意义的一级中心城市只有上海和北京,其城市流强度分别为1141亿元、969亿元,远高于其他城市。城市流强度介于200—800亿元之间的为二级中心城市,包括深圳、广州、苏州、厦门、无锡、大连、佛山、天津、青岛、杭州、成都、东莞等12个城市,具有跨省区服务的意义。50—200亿元之间的为三级中心城市,包括珠海、南京、宁波、长沙、哈尔滨、济南、沈阳等47个城市,其中有许多城市为中部、西部和东北地区省份的省会或副中心城市,具有省域意义。50亿元以下的有芜湖、株洲、太原、玉溪、柳州、金华、绵阳、齐齐哈尔等225个城市,大多只具有区域意义。

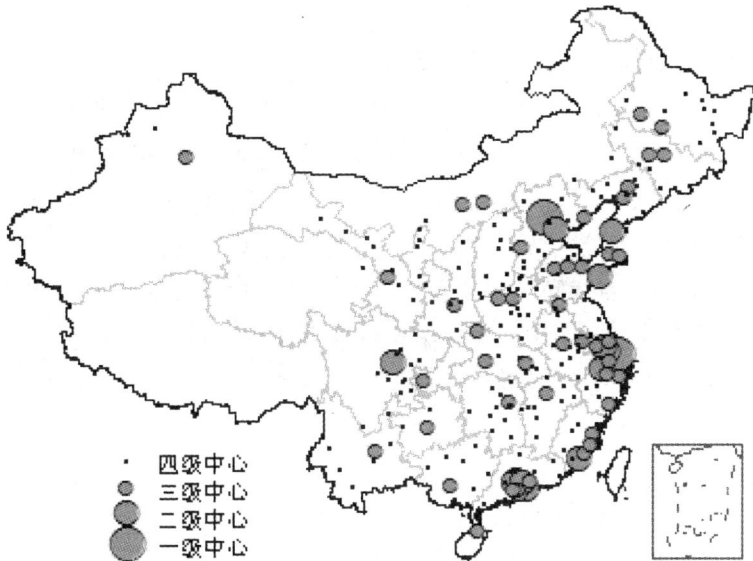

图 10 - 2　按对外服务能力划分的中国不同等级中心城市的空间分布

表 10 - 4　中国中心城市对外服务能力的等级结构

城市对外服务能力等级	城市流强度(亿元)	中心城市	城市作用
一级中心	>800	上海和北京	全国中心
二级中心	200—800	深圳、广州、苏州、厦门、无锡、大连、佛山、天津、青岛、杭州、成都、东莞 12 个城市	跨省大区域中心
三级中心	50—200	珠海、南京、宁波、长沙、哈尔滨、大庆、济南、中山、淄博、沈阳、重庆、西安、惠州、常州、武汉、鞍山、昆明、温州、郑州、包头、长春、烟台、泉州、福州、石家庄、南昌、江门、贵阳、兰州、南通、威海、台州、乌鲁木齐、呼和浩特、合肥、宜昌、潍坊、南宁、洛阳、徐州、莆田、吉林、嘉兴、十堰、绍兴、秦皇岛、海口等 47 个城市	省域中心或副中心
四级中心	<50	芜湖、株洲、太原、玉溪、柳州、金华、绵阳等 225 个城市	地方市域中心

三、东部三大城市群的对外服务能力

我国东部长江三角洲、珠江三角洲和京津冀北三大城市群所创造的城市流占全国的比重分别达 20.34%、16.41% 和 9.78%，三者累积占全国的 46.53%（表 10-5）。长三角的上海对外服务能力排列首位，是全国最大的综合性对外服务中心，服务结构以第三产业为主，占城市流强度的 76.39%，第二产业占 23.61%。京津冀北城市群中北京的对外服务能力在全国排列第二位，全部集中在第三产业部门，这与作为政治文化中心的首都功能是一致的。天津的对外服务能力全国排列第十位，并且服务结构以第二产业为主，其中的制造业形成的城市流强度占 72.62%，与北京具有很强的互补性，因此北京—天津组成了我国北方的复合服务中心。珠江三角洲城市群的情形和京津冀北城市群类似，深圳和广州的城市流强度在全国分列第三、四名，其中广州的对外服务以第三产业为主，形成的城市流比例占 82.9%，深圳则以第二产业为主，其制造业形成的城市流比例为 69.21%。因此，广州—深圳经济一体化造就了我国东南沿海地区的复合服务中心。

表 10-5　三大城市群及其核心城市对外服务能力强度与结构

产业部门比例（%）	北京	上海	京津一体	广深一体	京津冀北城市群	长三角城市群	珠三角城市群
制造业		23.61	15.32	48.67	16.06	46.40	61.08
电力、煤气及水生产供应业					1.94	0.65	0.73
建筑业					0.33	2.01	
交通运输、仓储及邮政业	3.84	25.50	4.33	10.63	6.57	13.40	5.65
信息传输、计算机服务和软件业	9.54		7.53	2.05	6.85	0.29	1.49
批发和零售业	11.52	12.58	9.57	3.88	9.01	5.35	2.06
住宿、餐饮业	12.06	2.19	9.52	11.13	8.32	2.96	6.00
金融业		3.88			0.54	4.56	5.81
房地产业	12.34	5.57	9.74	13.42	8.79	2.25	7.13
租赁和商业服务业	27.14	12.26	22.19	4.24	19.40	5.52	2.25
科研、技术服务和地质勘察业	13.71	4.19	10.82		9.48	2.79	
水利、环境和公共设施管理业			1.02		1.85	0.22	0.06

续表

产业部门比例(%)	北京	上海	京津一体	广深一体	京津冀北城市群	长三角城市群	珠三角城市群
高等教育	3.85	5.68	5.24	5.35	6.21	8.53	3.36
卫生、社会保险和社会福利业		4.19			0.45	4.38	4.04
文化、体育和娱乐业	5.98	0.36	4.72	0.64	4.20	0.68	0.34
第二产业合计		23.61	15.32	48.67	18.33	49.06	61.82
第三产业合计	100.00	76.39	84.68	51.33	81.67	50.94	38.18
城市流强度(亿元)	969	1141	1228	1252	1405	2923	2357
占全国地级以上城市的比重	6.74	7.94	8.55	8.71	9.78	20.34	16.41

数据来源:由《中国城市统计年鉴2005》汇总计算得到。

对比上海、北京—天津和广州—深圳三大经济中心或者复合中心,对外服务能力总量分别为1141、1228、1252亿元,实力相当。对比三大城市群整体对外服务能力,长江三角洲略大于珠江三角洲城市群,但二者均明显大于京津冀北城市群,说明我国目前的经济发展中心仍然在长三角和珠三角地区,京津冀北地区的经济发展规模相对还是比较小。从对外服务的部门结构来看,京津冀北城市群的二、三产业城市流强度的结构是18.33: 81.67,长江三角洲城市群是49.06: 50.94,珠江三角洲城市群为61.82: 38.18,显示出由北向南,经济结构总体出现以三产服务业为主向以二产制造业为主的空间格局,中国制造业的中心仍然集中在长三角与珠三角地区。

四、区域分布与部门结构

城市流的区域分布存在着高度的不平衡性(图10-3、图10-4)。按照东部、中部、西部和东北四大区域的划分,分别汇总区域内中心城市的城市流强度及不同产业部门所占比例(表10-6)。从四大区域中心城市对外服务总量来看,东部地区的城市流强度占全国的63.76%,中部和西部地区分别占12.42%和13.93%,东北地区最少,占全国的9.89%。东部地区的对外服务总量分别是中部、西部、东北地区的5.1、4.6、6.4倍。这从中心城市对外服务强度上说明了我国区域经济发展水平的巨大差异。

从四大区域对外服务部门的结构分布来看,全国、东部、西部和东北地区中心城市的对外服务结构均是二产略大于三产,而中部地区则是三产大于二产,这意味着中部地区第二产业发展的滞后,工业化的任务还十分艰巨。

在第二产业部门中,东部地区中心城市制造业城市流的比重特别突出,占到47.56%,其次是东北地区,制造业城市流比重占35.32%,远大于中部和西部地区,说明东北老工业基地的制造业基础较好,优势明显,而中、西部地区城市制造业的发展相对不足。对于第二产业部门中城市流比重相对较大的建筑业,从西部、中部、东北到东部地区,依次由30.38%、20.31%、12.59%递减到3.51%,表明从经济欠发达区域到发达区域,建筑业城市流所占比例是逐渐减弱的,电力、煤气及水生产供应业也大体表现出同样的递减规律。

表 10 – 6　城市流强度的区域结构

城市流强度所占比例(%)	全国城市	东部地区	中部地区	西部地区	东北地区	省会及计划单列市
城市流强度(亿元)	14368	9161	1784	2001	1421	7629
占全国比例	100	63.76	12.42	13.93	9.89	53.09
制造业	39.16	47.56	22.14	18.65	35.32	27.76
电力、煤气及水生产供应业	2.91	1.43	4.70	3.76	8.97	0.57
建筑业	10.24	3.51	20.31	30.38	12.59	10.04
交通运输、仓储及邮政业	8.20	8.47	5.59	9.22	8.27	11.91
信息传输、计算机服务和软件业	1.59	1.85	1.36	1.54	0.26	1.92
批发和零售业	4.75	4.25	7.11	5.67	3.72	6.02
住宿、餐饮业	3.48	4.03	4.83	1.28	1.37	5.79
金融业	3.76	4.43	2.80	2.19	2.81	2.05
房地产业	2.99	4.23	0.56	0.89	1.03	5.22
租赁和商业服务业	4.01	5.49	1.67	1.10	1.47	6.53
科研、技术服务和地质勘察业	4.14	2.45	4.91	9.22	6.91	6.33
水利、环境和公共设施管理业	1.42	0.70	2.74	1.98	3.59	1.03
高等教育	8.22	6.88	13.71	8.70	9.32	10.29
卫生、社会保险和社会福利业	3.60	3.52	4.52	3.75	2.80	2.01
文化、体育和娱乐业	1.53	1.20	3.06	1.66	1.56	2.53
第二产业合计	52.31	52.50	47.15	52.79	56.88	38.38
第三产业合计	47.69	47.50	52.85	47.21	43.12	61.62
产业部门合计	100	100	100	100	100	100

数据来源:由《中国城市统计年鉴2005》汇总计算得到。

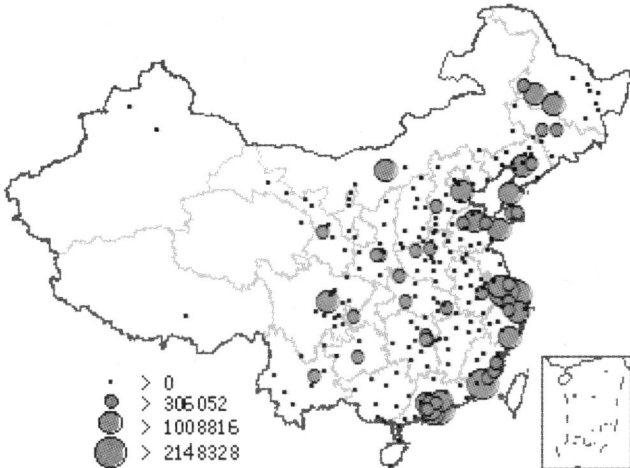

图 10 - 3　第二产业城市流强度空间分布(单位:万元)

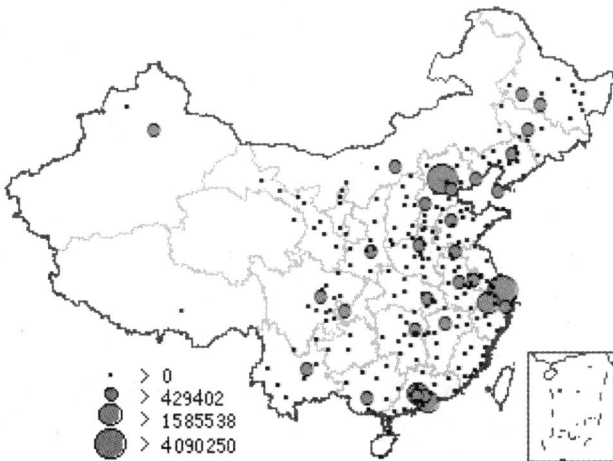

图 10 - 4　第三产业城市流空间分布(单位:万元)

对于第三产业部门,全国各个区域中心城市的三产服务部门的对外城市流分布较为均匀,相对比重较大的有交通运输、仓储及邮政业和高等教育两个部门。东部地区的金融、房地产、租赁和商业服务业相对其他区域有较大优势。中部的高等教育、文化体育娱乐业,西部的科研、技术服务和地质勘察业,以及东北地区的水利、环境和公共设施管理等部门的城市流相对全国比例较高,具有相对的区域优势。

总体而言,发达的东部地区中心城市的城市流强度较大,对外服务能力整体较强,工业化优势突出,中部、西部和东北地区也有部分产业部门具有一定的对外服务优势。

第六节　结　论

本章通过对城市流概念的讨论、城市流强度的计算、我国中心城市对外服务能力规模分布与空间格局的分析,得到以下结论:

(1)城市流是一城市对区域城市体系中的其他城市由基本活动服务所产生的经济流,它描述了城市的基本经济活动部分。城市流强度是一城市在区域城市体系中向其他城市输出的经济流量,它表征了城市的对外服务能力。城市流强度与城市的中心性强度具有很强的相关性,说明城市流强度是一种能够较好表征城市对外服务能力大小的测度指标。

(2)将城市流强度的计算从第三产业扩展到第二产业,可以更全面反映城市的对外服务能力和结构。城市流强度与结构的准确测度、分析和评价,既要包括比较全面的部门体系,也要通过实证检验消除那些干扰性强的部门。并且,若能准确获取各个中心城市的不同产业从业人员的人均 GDP 数值,城市流强度的测算结果将会更加准确可信。

(3)我国中心城市对外服务能力高度集中在人口密集的大城市特别是特大城市。85% 的城市流强度是由非农业人口规模 50 万人以上的中心城市创造的,65% 的城市流强度是由 100 万人口规模以上城市创造的。100 万人规模以上城市在房地产业、住宿餐饮业、租赁和商业服务业、文化体育、科研和技术服务、交通运输、高等教育等产业部门所创造的城市流,均占全国 70% 以上。制造业在 50—100 万人口规模的城市表现突出。我国正处于工业化阶段,第二产业所形成的城市流在全部地级以上城市中占 52.31%,但对于人口规模大于 100 万人的特大城市和人口规模在 20 万以下的小城市,第三产业的主导地位非常明显。

(4)依据城市流强度,可将全国中心城市的对外服务能力分成全国中心、跨省区中心、省域中心、地方中心四个等级。东部三大城市群集中了我国地级以上城市对外服务能力的 46.53%,上海、北京—天津和广州—深圳则组成了全国性的三大对外服务中心。东部地区的城市对外服务总量远高于中部、西部和东北地区,显示我国区域经济发展进程中,中心城市对外服务水平存在较大的区域落差。

第十一章

河南省城市经济联系方向与强度①

第一节　引　言

随着社会经济的发展,尤其是城市在区域中的经济地位和作用日益加强,区域内部和区域之间的各种社会经济现象的联系更加密切与复杂。传统区域研究的主要内容包括区域个性和差异的分析、区域间相互作用的研究。区域相互作用也就是横向区际经济联系的研究②,区域联系可以强化或削弱空间差异,促进空间格局的动态变化。区域之间的经济联系是一个综合的概念,经济联系可以细分为人员的来往、货物的交换、资金的移动、信息的交流等,区域之间经济联系强度的大小,也就是相互作用的强弱,可以直观地用人员、货物、资金、信息等联系数量的大小来表现。地理学对于区域特性和差异的研究已经非常深入,而对区域之间经济联系的实证研究还相对薄弱,影响研究进展的主要原因之一是统计资料不足③。本章借助区域间相互作用的引力模型,利用河南省公路、铁路和航空客运方面的具体资料,来验证城市之间的经济联系强度与公路、铁路客运之间的相关性,试图建立通过城市经济联系强度所占比例的大小来确定城市经济联系方向的研究方法,并通过河南省城市经济联系方向和强度的具体计算,来分析中原城市群形成及其与外部城

---

① 原载《地理研究》2006 年第 2 期。与王海江合作完成。
② 李春芬. 区际联系——区域地理学的近期前沿. 地理学报,1995,(6):491—496.
③ 虞蔚. 我国重要城市间信息作用的系统分析. 地理学报,1988,(2):141—148.

市群对接的客观基础。

第二节　研究的理论、模型与数据

一、主要经济联系方向理论

克里斯泰勒的中心地理论以均质平原和经济人为假设条件,解释了城市体系的空间结构。大量的验证说明,该理论的一些观念、原则是有意义的,中心地模式的成分无处不在,尤其存在于低等级的聚落体系中①。然而,尽管现实世界中人们的经济活动总的说是近于理智的,但一旦有了人类的经济活动,形成了聚落和城市,再经过历史的积淀,现实的城市和区域发展空间就绝对是非均质的②。周一星基于这种区域发展空间的非均质性,提出了城市与区域城市体系的主要经济联系方向理论,该理论的主要论点是:①城市的实体地域会沿着它的对外联系方向而延伸,会偏重于主要对外联系方向而发展。②在漫长的历史发展中,一个城市城址的变迁往往朝着它的主要经济联系方向移动。③若地域没有明显的主导对外联系方向时,则中心城市在中心区位或重心区位成长发育。若区域在外部有明显的主导对外联系方向时,中心城市常在区域偏于主要对外联系方向的门户位置上形成发展。若一城市能兼得区域中心区位和门户区位两种优势,该城市常常成为稳定的区域首位城市。④城市的主要经济联系方向既有相对稳定的一面,也有随着经济格局、宏观形势和政策的变动而发生变化的一面,因此城市发展的主导方向也可能发生变化。⑤城市沿主要经济联系方向而发展的基本原理是最小努力原则③。

二、区域相互作用的引力模型

地理学家对牛顿力学引力模型的引用,最早源于赖利(Reilly)1929年发表的对零售关系研究方法的探索④,后在20世纪50、60年代的地理学计量与理论革命以及区域科学的发展中,被广泛应用于"距离衰减效应"和"空间相

---

① 周一星. 城市地理学. 北京:商务印书馆,1995.

② 周一星. 主要经济联系方向论. 城市规划,1998,(2):33—261.

③ 参见本页注2.

④ Reilly,W. J. Methods for the Study of Retail Relationships . University of Texas, Bulletin(2944), 1929:1—9.

互作用"的经验研究①。20 世纪 90 年代以来,国内一些学者如王德忠和庄仁兴②、牛慧恩等③、李国平等④、周一星等⑤、郑国和赵群毅⑥等在对区域经济联系的定量研究中,也广泛应用了空间相互作用的引力模型。根据学者们已有的研究成果,考虑到本研究的对象主要是区域中的城市经济联系,我们选取如下的模型方案:

$$R_{ij} = (\sqrt{P_i G_i} \sqrt{P_j G_j})/D_{ij}^2, \quad F_{ij} = R_{ij}/\sum_{j-1}^{n} R_{ij}$$

式中 R_{ij} 为两城市经济联系强度;F_{ij} 为两城市经济联系强度占区域经济联系强度总和的比例,即经济联系隶属度;P_i、P_j 为两城市市区非农业人口数(之所以不采用市区总人口,是因为由于行政区划的调整,一些城市的市区人口中存在大量的乡村人口);G_i、G_j 为两城市市区的 GDP;D_{ij} 为两城市的距离。

三、数据的收集和整理

河南省省辖市市区的非农业人口和 GDP 数据来源于国家统计局城市社会经济调查总队编的《中国城市统计年鉴(2003 年)》和河南省城市社会经济调查队编的《河南城市统计年鉴(2004)》。省辖市之间的距离采用河南省交通厅道路运输局的公路客运公示线路运营里程,部分数据用河南省测绘局编的《河南省地图册》公路里程表进行了纠正,郑州与全国省会城市之间运营里程数据来源于通用全国铁路运营里程表,河南省除郑州以外的其他省辖市与省外城市之间运营里程数据为郑州与省外城市之间的运营里程按行运方向加权该城市与郑州之间运营里程。河南省城市间的公路客运车次数据来源于河南省交通厅道路运输局 2004 年 5 月 10 日印发的关于下发《河南省跨区

① Haggett,P. Locational Analysis in Human Geography . London: Edward Arnold Ltd, 1965:33—40.

② 王德忠,庄仁兴.区域经济联系定量分析初探——以上海与苏锡常地区经济联系为例.地理科学,1996,16(1):51—57.

③ 牛慧恩,孟庆民,胡其昌等.甘肃与毗邻省区区域经济联系研究.经济地理,1998,18(3):51—56.

④ 李国平,王立明,杨开忠.深圳与珠江三角洲区域经济联系的测度及分析.经济地理,2001,21(1):33—37.

⑤ 周一星,杨焕彩.山东半岛城市群发展战略研究.北京:中国建筑工业出版社,2004:131.

⑥ 郑国,赵群毅.山东半岛城市群主要经济联系方向研究.地域研究与开发,2004,23(5):51—54.

道路、高速公路客运班线、车辆综合审定表》的通知中公示的运营线路①。河
南省省辖市之间和郑州与全国省会城市之间的铁路客运车次是于 2004 年 12
月 18 日和 2005 年 3 月 1 日在因特网上由河南省信息港中原铁路客运查询系
统查询得到②③,郑州至全国各省会城市的航空每周班次资料是 2005 年 3 月
1 日由河南航空售票网查询得到④。公路、铁路和航空的客运车次、班次系有
关部门向社会发布的实际运营信息,数据具有很高的可信度。

第三节　经济联系强度与公路、铁路
客运相关性的实证分析

　　基于前述理论、方法与数据,我们分别计算出了 2002 年河南省全部省辖市
之间的经济联系强度值,即省内城市经济联系量,以及河南省 18 个省辖市与全
国各省会城市之间的经济联系强度值,即省外城市经济联系量(表 11 – 1)。

　　考虑到公路客运适宜于省域内中短途运输,铁路、航空适宜于省际间的
长途运输,同时考虑到航空运输的特殊性,对省内城市经济联系,我们主要考
察其与省内公路客运的相关性;对河南与全国各省会城市之间的经济联系,
则主要考察其与省际铁路客运的相关性。

一、省域内经济联系强度与公路客运之间相关性的实证分析

　　我们分别用省内城市经济联系强度、GDP、公路客运日发车班次各自所
占全省的比例来标准化数据,利用 SPSS12.0 软件,进行三个变量之间的相关
分析,绘制了简单散点图(图 11 –1),并计算出河南省省内城市经济联系强度
与 GDP 的简单相关系数为 0.835,省内城市经济联系强度与公路客运日发车
班次的简单相关系数为 0.908,散点图与相关系数显示出上述变量之间具有
很强的线性关系;而且省内城市经济联系强度与公路客运之间的相关系数明
显大于省内城市经济联系强度与 GDP 相关系数,而 GDP 是计算经济联系强

---

　　① 　河南省交通厅道路运输局关于下发《河南省跨区道路、高速公路客运班线、车辆综合审定表》的通
知(河南省交通厅道路运输局文件,豫交运客 [2004] 25 号) [EB/OL]. http://www. yz. ha. cn/bxtz/index.
asp/2004—05—10

　　② 　河南省信息港中原铁路客运查询系统 [EB/OL]. http://train. chinamor. cn. net/. 2004—12—18.

　　③ 　河南省信息港中原铁路客运查询系统 [EB/OL]. http://train. chinamor. cn. net/. 2005—3—01.

　　④ 　河南省航空售票网 [EB/OL]. http://www. hangkong. cn/2005—3—01

度的三个要素之一,这足以显示出省内城市经济联系强度与公路客运的强相关性,也就是说,公路客运的实际状况极大地反映了省域内区域经济联系的实际状况。

表 11 - 1　河南省省辖市经济联系强度表

省辖市	与省内城市经济联系量		与全国省会城市经济联系量(不含郑州)		与省内省外经济联系量		省内与省外经济联系强度比		GDP(亿元)		公路客运日发车班次(市区)	
	总量	所占比例	总量	所占比例	总量	所占比例	总量	所占比例	GDP	所占比例	双向车次	所占比例
郑　州	160351	24	57248	21	217599	23	2.80	1.15	442	23	2464	21
开　封	55547	8	13464	5	69012	7	4.13	1.69	73	4	909	8
洛　阳	58987	9	33345	12	92332	10	1.77	0.72	251	13	1255	11
平顶山	39384	6	18335	7	57719	6	2.15	0.88	117	6	608	5
安　阳	43432	6	17483	6	60915	6	2.48	1.02	128	7	604	5
鹤　壁	39465	6	8643	3	48108	5	4.57	1.87	54	3	352	3
新　乡	68150	10	16440	6	84590	9	4.15	1.70	100	5	635	5
焦　作	51900	8	14194	5	66094	7	3.66	1.50	83	4	642	5
濮　阳	21259	3	12649	5	33908	4	1.68	0.69	116	6	587	5
许　昌	38874	6	8627	3	47501	5	4.51	1.85	58	3	779	7
漯　河	22055	3	8431	3	30486	3	2.62	1.07	52	3	771	7
三门峡	5083	1	5573	2	10656	1	0.91	0.37	35	2	269	2
南　阳	16796	2	18348	7	35144	4	0.92	0.38	151	8	374	3
商　丘	17610	3	16974	6	34584	4	1.04	0.43	86	4	335	3
信　阳	8696	1	12342	4	21038	2	0.70	0.29	89	5	169	1
周　口	8261	1	5633	2	13894	1	1.47	0.60	34	2	462	4
驻马店	10352	2	7065	3	17418	2	1.47	0.60	53	3	400	3
济　源	13290	2	3601	1	16891	2	3.69	1.51	21	1	220	2
河南省	679492	100	278395	100	957887	100	2.44	1.00	1943	100	11835	100

注:1. 经济联系量单位为万元 * 万人/平方公里。2. 济源为 2003 年的数据。3. 数据来源于国家统计局城市社会经济调查总队编.《中国城市统计年鉴(2003)》.北京:中国统计出版社,2004。4.拉萨、海口、港澳台未统计在内。

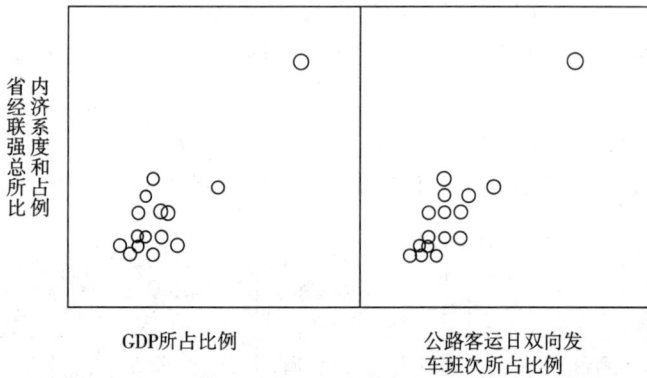

图 11－1　省内经济联系强度与 GDP、公路客运班次相关性简单散点图

二、省际经济联系强度与铁路客运之间相关性的实证分析

分别用河南省全省和郑州每天发往全国省会城市的铁路客运车次所占比例来标准化数据,然后利用 SPSS12.0 软件进行分析,得到散点图(图 11－2),并计算出河南全省与全国省会城市的经济联系强度和铁路客运班次的简单相关系数为 0.807,这表明省际经济联系强度与铁路客运班次有较强的线性关系;郑州与全国省会城市经济联系强度和铁路客运班次的简单相关系数为 0.767,也呈显著线性相关关系,但相关系数没有前者大,原因在于,郑州与全国省会城市之间除了铁路运输之外,航空运输也具有不可替代的作用。这样,铁路客运的实际状况也可以较为准确地反映省际之间经济联系的实际状况。

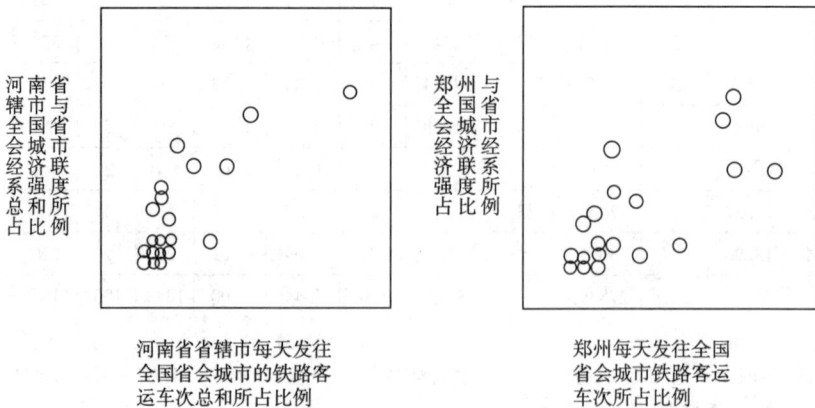

图 11－2　省际经济联系强度与铁路客运班次相关性散点图

三、小结

我们对于区域之间经济联系强弱的认知，大多是通过两地之间的人员、货物和信息的交流状况来感性认识，这种感性认识在缺乏统计数据时难以用一种较为准确的量化指标来描述。通过上述实证分析，我们验证了城市之间的经济联系强度与公路、铁路客运之间确实有着极强的线性相关性。由此，我们就可以运用由区域相互作用引力模型计算出的经济联系强度值，作为衡量城市、区域之间经济联系强度大小的一种替代量化指标，可用经济联系强度所占比例的大小来确定城市、区域经济联系的主要方向。

第四节　河南省主要经济联系方向的确定

一、河南省经济联系强度分析

从表 11 - 1 中我们可以看出，河南省 18 个省辖市中，郑州的作用和地位比较突出，省内与省外的经济联系量占全省的 24% 和 21%，省内与省外的经济联系量总和是第二位城市洛阳的 2.3 倍，郑州兼得河南省的中心区位与门户区位。省内与省外经济联系量总和排名前 5 位的城市分别是郑州（占全省 23%，下同）、洛阳（10%）、新乡（9%）、焦作（7%）开封（7%），后 5 位的城市分别是济源（2%）、信阳（2%）、驻马店（2%）、周口（1%）、三门峡（1%）。

虽然省外经济联系由于只计算了与省会城市的经济联系而仅具有相对意义，但从各城市省内经济联系强度与省外经济联系强度之比，仍可以看出各城市在省内外经济联系上的差别。从各城市省内省外经济联系强度比可以看出，经济联系相对以省内为主的内联型城市主要有鹤壁、许昌、新乡、开封、济源、焦作等，经济联系相对以省外为主的外联型城市主要有信阳、南阳、三门峡、商丘、周口、驻马店、濮阳、洛阳等。由此我们发现，由经济联系强度所占比例来确定的内联型与外联型城市与城市在区域中的位置关系十分密切，内联型城市位于靠近区域中心城市的位置，外联型城市则位于距离区域中心城市较远的区域边缘区位，并且一些城市与外围大城市联系密切，比如信阳、南阳和驻马店邻近武汉，洛阳、三门峡邻近西安。

二、省内经济联系方向

在计算出河南省18个省辖市相互之间的经济联系量后,我们选取大于2000万元＊万人/平方公里的数据绘制成河南省省内经济联系图(见图11-3)。从图中可以看出,郑州是河南省的经济联系中心,以郑州为中心,向外呈辐射状同心圆式圈层构造。第一圈层是以郑州为中心,包括洛阳、开封、新乡、焦作、许昌、平顶山、漯河、济源共9个城市,它们构成了河南省城镇体系的核心圈层,郑州外围的8个城市,除济源外,均与郑州有很强的经济联系,并且这8个城市之间的相邻城市也彼此有较强的经济联系,相互连接成网格状,从而构成了具有重要社会经济发展意义的中原城市群。第二圈层是中原城市群以外的其他城市组成的外围圈层,它们只和核心圈层中的邻近城市发生较弱的经济联系,而它们之间除了鹤壁、安阳、濮阳因距离较近,相互之间有较强的经济联系外,其他的城市间经济联系强度很小,联系很弱。

为了能够把省内城市经济联系强度和省内城市公路客运车次的实际数据进行参照对比,我们计算汇总了各城市经济联系强度占全省比例和各城市公路客运车次占全省比例(表11-2),综合考察表中的数据,采取定量与定性相结合的方法分析,我们可以找出各个城市的主要省内经济联系方向。郑州的主要省内经济联系方向为开封、新乡、洛阳、焦作;开封为郑州;洛阳为郑州、

表11-2　河南省省内经济联系强度和公路客运比例表

	郑州		开封		洛阳		平顶山		安阳		鹤壁		新乡		焦作		濮阳		许昌		漯河		三门峡		南阳		商丘		信阳		周口		驻马店		济源	
	A	B	A	B	A	B	A	B	A	B	A	B	A	B	A	B	A	B	A	B	A	B	A	B	A	B	A	B	A	B	A	B	A	B	A	B
郑州			68	47	34	31	22	28	14	23	10	22	41	35	34	38	18	30	37	25	23	22	18	20	19	44	25	32	17	28	21	32	17	27	14	34
开封	23	4			3	3	3	3	4	2	4	3	7	3	2	7	11	5	8	3	1	3	0	4	4	14	6	4	0	8	8	3	2	2		6
洛阳	13	10	4	4			13	11	3	3	4	2	6	8	16	26	5	3	4	10	5	2	43	79	11	9	6	4	6	1	5	2	5	2	46	23
平顶山	5	8	2	1	9	5			1	0	1	0	2	1	2	1	2	0	23	18	16	17	5	0	24	11	6	8	7	2	11	3	8	2	2	0
安阳	4	5	2	2	2	1	2	0			52	38	7	14	3	1	19	40	1	0	1	0	2	0	2	0	4	3	2	0	2	0	2	0		
鹤壁	2	2	1	1	3	0	1	0	47	18			9	4	3	1	14	3	1	0	1	0	1	0	1	0	2	1	1	0	1	0	1	0		

续表

	郑州		开封		洛阳		平顶山		安阳		鹤壁		新乡		焦作		濮阳		许昌		漯河		三门峡		南阳		商丘		信阳		周口		驻马店		济源	
	A	B	A	B	A	B	A	B	A	B	A	B	A	B	A	B	A	B	A	B	A	B	A	B	A	B	A	B	A	B	A	B	A	B	A	B
新乡	17	9	4	6	7	4	4	1	12	15	16	17			25	18	15	10	3	1	3	0	5	0	4	1	7	3	3	1	3	0	2	0	6	11
焦作	11	11	3	2	14	9	3	1	4	1	4	1	19	16			6	1	2	1	2	0	6	0	3	0	4	1	3	1	3	1	2	0	20	20
濮阳	2	6	3	10	2	2	1	0	9	32	7	13	5	9	2	1			1	1	1	0	2	0	2	1	9	4	2	1	2	0	1	0	1	1
许昌	9	8	3	9	3	10	23	18	1	0	1	0	2	0	1	0	2	0			22	26	2	0	7	2	4	4	4	1	10	5	7	6	1	0
漯河	3	6	1	2	2	3	9	27	1	0	0	0	1	0	1	0	1	0	12	20			2	1	6	5	5	8	9	3	5	24	18	20	1	0
三门峡	1	1	0	0	4	21	1	0	0	0	0	0	0	0	1	0	0	0	0	0	0	0			1	0	1	1	1	0	1	0	1	0	1	0
南阳	2	9	1	4	3	3	10	4	1	0	0	0	1	0	0	0	0	3	2	5	2	3	3	0			3	3	14	24	5	2	7	1	1	1
商丘	3	4	5	5	2	1	3	4	2	2	1	1	2	1	1	0	7	0	2	4	4	4	2	1	3	2			4	3	14	12	3	3	1	3
信阳	1	2	1	1	1	0	1	0	0	0	0	0	0	0	0	0	0	3	1	1	0	0	1	0	7	11	2	1			3	1	17	11	0	0
周口	1	6	1	6	1	1	2	2	0	0	0	0	0	0	0	0	0	0	1	0	2	6	2	13	1	0	2	2	7	15	3	6			6	14	0	0
驻马店	1	6	1	1	1	2	2	1	0	0	0	0	0	0	0	0	0	0	1	0	2	3	9	9	1	0	5	6	2	5	21	28	7	9			0	0
济源	1	3	0	1	0	5	1	0	0	0	0	0	4	5	13	1	0	0	3	0	1	0	1	0	0	0										

注：A列数据为经济联系强度所占比例，即横行城市与竖列城市的经济联系强度值占该城市与全省所有城市经济联系强度总和的比例。B列数据为公路客运所占比例，即横行城市发往竖列城市的公路客运车次占该城市发往全省所有城市车次的比例。

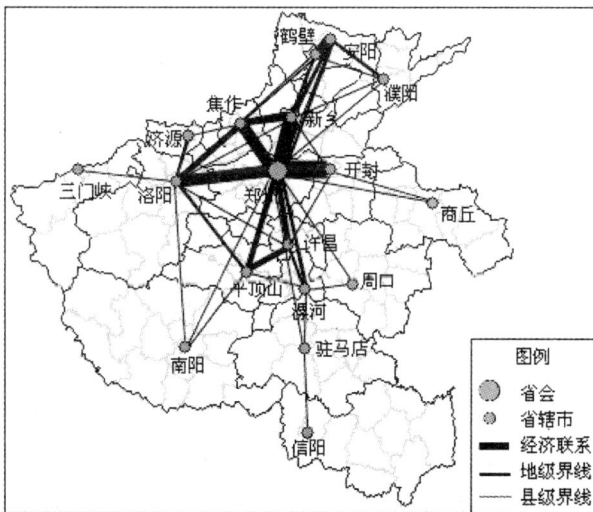

图 11-3　河南省省内经济联系图

州、焦作、济源,同时发往三门峡、许昌的客车较多;平顶山为郑州、许昌、洛阳,然后是漯河和南阳;安阳为郑州、鹤壁、新乡与濮阳;鹤壁为安阳、郑州、新乡、濮阳;新乡为郑州、焦作、安阳;焦作为郑州、新乡、洛阳;濮阳为安阳、郑州、新乡;许昌为郑州、平顶山、漯河;漯河为郑州、许昌、平顶山;三门峡为洛阳、郑州;南阳为郑州、洛阳、平顶山;商丘为郑州、开封;信阳为驻马店、郑州、南阳;周口为郑州、商丘、漯河;驻马店为郑州、漯河、信阳;济源为洛阳、焦作、郑州。以上的结果也可以看出,城市的主要联系方向显示了地域相邻指向性原则和中心城市指向性原则。新乡、焦作、开封城市区域的扩展包括新城区或高新技术开发区的建设区位选择,都很好地体现了主要经济联系方向理论。新乡的主要经济联系方向是郑州,新乡的开发区区位就选择在通向郑州方向的市区东南方向;焦作的主要经济联系方向也是郑州,焦作的高新技术开发区也选择在通向郑州方向的市区正南方向;开封的新区建在通向郑州最近的交通便利的市区西北方向;对于郑州,其对外主要经济联系方向是北京,郑东新区的建设选择在郑州市区的东部,这里是郑州通向京津地区的门户。

三、省际经济联系方向

把全省18个省辖市与全国各省会城市经济联系强度全部计算出来,进一步进行比例汇总和比较,我们得到河南省省际经济联系强度与铁路、航空客运比较表(表11－3)。然后根据城市间经济联系量的大小与分布情况,绘制出河南省区际经济联系方向图(图11－4),为了直观形象,只考虑经济联系量大于2000万元＊万人/平方公里的数据。

由表11－3与图11－4可以看出,河南全省对外主要经济联系中,比例最大的方向是京津冀地区,即北京、天津、石家庄方向,经济联系量所占比例分别是16%、7%、9%,合计占32%。其次是长三角地区的上海、南京、杭州,所占比例分别是11%、6%、2%,合计占19%。第三是华中、华南地区的武汉(14%)、长沙(2%)、广州(2%)方向,这三城市合计占18%。第四是西部的西安(9%)、兰州(1%)方向。与此对应,每天出省的铁路客运车次集中在北京(256对)、武汉(131对)、西安(102对)、广州(79对)、石家庄(62对)、上海(41对)方向,每周出省的国内航班集中在上海(53班)、广州(49班)、北京(44班)、杭州(18班)等方向。

郑州市与河南省全省对外主要经济联系方向是完全一致的,从经济联系量数值看依次是京津冀、长三角、武汉和西安方向。张莉在 2001 年研究了铁道部于 1995 年 5 月对全国 58 个主要铁路站点进行的直通客流的调查资料后,用"各区域与某区域客运交流量"占该区域客运量的比重来表示区域之间客运交流的联系强度,得到郑州的主要联系城市及联系强度是北京 17%、武汉 10%、西安 9%、乌鲁木齐 7%、广州 7%、上海 5%、石家庄 5%[①]。这与本章的研究结论基本一致。

表 11 - 3　河南省省际经济联系强度与铁路、航空客运比较表

省会城市	河南省省辖市与全国省会城市经济联系量		郑州与全国省会城市经济联系量		河南省每天发往全国省会城市的铁路客运车次		郑州每天发往全国省会城市铁路客运车次		河南省航空客运每周班次		郑州航空客运每周班次	
	总量	所占比例	总量	所占比例	总量	所占比例	总量	所占比例	总量	所占比例	总量	所占比例
北京	44960	16	9245	16	256	25	38	12	44	16	35	15
武汉	39217	14	8064	14	131	13	34	11	2	1	2	1
上海	31636	11	6505	11	41	4	11	3	53	20	42	18
石家庄	25417	9	5227	9	62	6	48	15	0	0	0	0
西安	23705	9	4874	9	102	10	38	12	0	0	0	0
天津	19063	7	3920	7	21	2	10	3	0	0	0	0
南京	17522	6	3603	6	17	2	16	5	0	0	0	0
济南	14333	5	2947	5	9	1	6	2	0	0	0	0
太原	10958	4	2253	4	26	3	4	1	0	0	3	1
合肥	6252	2	1286	2	17	2	4	1	0	0	0	0
广州	5992	2	1232	2	79	8	11	3	49	18	35	15
杭州	5715	2	1175	2	13	1	3	1	18	7	18	8
成都	4953	2	1019	2	33	3	7	2	18	7	18	8
长沙	4930	2	1014	2	30	3	26	8	0	0	0	0
重庆	4644	2	955	2	36	3	4	1	9	3	9	4

---

① 张莉.我国区际经济联系探讨——以铁路客运为例.中国软科学,2001(11):99—103.

续表

省会城市	河南省省辖市与全国省会城市经济联系量		郑州与全国省会城市经济联系量		河南省每天发往全国省会城市的铁路客运车次		郑州每天发往全国省会城市铁路客运车次		河南省航空客运每周班次		郑州航空客运每周班次	
	总量	所占比例	总量	所占比例	总量	所占比例	总量	所占比例	总量	所占比例	总量	所占比例
沈阳	3984	1	819	1	14	1	7	2	9	3	9	4
南昌	3735	1	768	1	21	2	5	2	0	0	0	0
兰州	2236	1	460	1	35	3	16	5	2	1	2	1
长春	1762	1	362	1	12	1	5	2	0	0	0	0
福州	1543	1	317	1	3	—	1	—	6	2	6	3
哈尔滨	1385	—	285	—	8	1	3	1	6	2	6	3
呼和浩特	1021	—	210	—	2	—	1	—	0	0	0	0
贵阳	779	—	160	—	6	1	4	1	7	3	7	3
昆明	662	—	136	—	9	1	3	1	25	9	22	9
南宁	648	—	133	—	14	1	5	2	2	1	2	1
银川	522	—	107	—	7	1	1	—	7	3	7	3
西宁	507	—	104	—	5	1	4	1	0	0	0	0
乌鲁木齐	318	—	65	—	25	2	7	2	11	4	11	5

注:1. 经济联系强度单位为万元*万人/平方公里。2.—表示比例不足 0.5%。3. 数据来源于国家统计局城市社会经济调查总队编.《中国城市统计年鉴 2003 年》.北京:中国统计出版社,2004.4. 拉萨、海口、港澳台未统计。5. 航空每周班次资料来源于河南省航空售票网 http://www.hangkong.cn/2005 年 3 月 1 日查询。

　　铁路与航空对于中长途客运,相互补充和协调。把由经济联系强度计算的数据与铁路、航空客运的实际数据相对照,得到的河南省的省际主要经济联系方向总体上是相一致和相吻合的。但值得说明的是,受距离衰减效应的影响,本章计算河南同乌鲁木齐、西宁、银川、南宁、呼和浩特、昆明、贵阳、哈尔滨的经济联系量占全省的比重不足 0.5%,但由于客观经济联系的需要,河南与乌鲁木齐、南宁之间的铁路联系,与昆明、乌鲁木齐之间的航空联系实际上比较紧密。因此,对于河南与这些边远地区的经济联系,不能依赖引力模型进行解释。

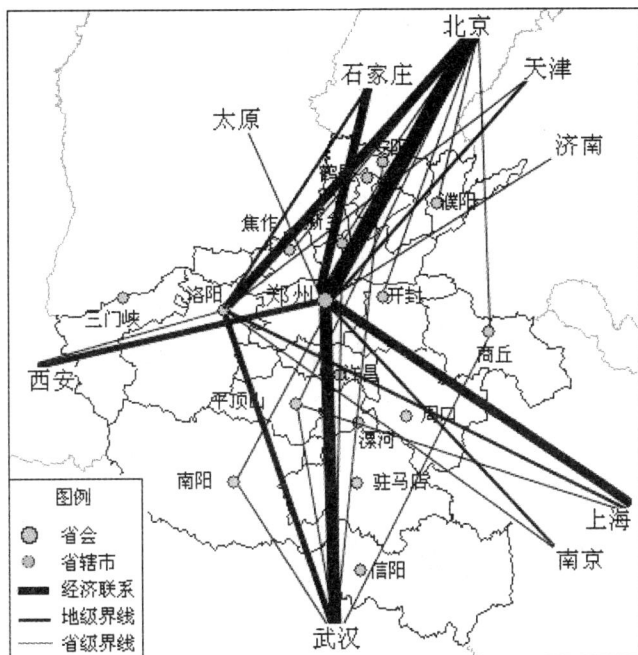

图 11-4 河南省省际经济联系图

第五节 结 语

本章的研究表明,通过城市之间经济联系强度的测算与比较,我们可以比较准确地认识城市在区域城市体系中的地位,清晰地识别城市的主要经济联系方向。而这种联系方向的确定,正如周一星所说的:"有利于城市和区域经济的空间组织,有利于明确城市实体空间的发展方向和为开发区的选址提供依据,有利于交通运输的合理组织。"①

过去,人们在谈论一个城市的经济地理位置时,只能定性地描述其区位的优劣,很难用定量的数据来说明。现在,通过用引力模型来测算经济联系强度,再由该城市经济联系强度占区域全部城市经济联系强度的比例,就可以有效地定量表征经济地理位置的重要性。在本章的实证研究中,这种表征

① 参见第 144 页注 2。

得到了城市之间公路、铁路客运实际联系数据的有力支持。

同时,通过河南省内各城市经济联系强度的测算,表明以郑州为核心,包括洛阳、开封、新乡、焦作、许昌、平顶山、漯河、济源共 9 个城市的中原城市群,具有紧密经济联系的客观基础,并得到了公路客运联系的强有力支持。而通过河南与国内各省会城市经济联系的测算,表明中原城市群经济联系的主要方向是京津冀、长江三角洲、武汉、关中四大城市群,而与山东半岛城市群的联系还不紧密。这说明,中原城市群在今后的发展中,除了应该强化其内部的区域经济一体化进程、加强其内部的经济联系之外,还应进一步利用其与周边四大城市群的联系,实现与这些城市群在发展上的对接和功能上的协调。考虑到山东半岛城市群的发展活力和从省区功能向区际功能转换的要求,加强中原城市群与山东半岛城市群快速交通通道的建设将对两大城市群的发展具有"双赢"的重大意义。

当然,城市之间的经济联系除了人流、物流之外,还存在着资金、信息等联系。要全面刻画某一城市的经济地理位置和在区域城镇体系中的地位,还需要全面综合的定量研究。

第十二章

经济全球化、自生能力与中部地区崛起战略[①]

第一节　引　言

　　自 2004 年中央提出"促进中部地区崛起"的战略意向以来,如何实现中部地区的崛起,中央和地方政府应对中部地区崛起采取什么样的战略、给予什么样的支持政策,迅速成为人们关注和讨论的热点。但是在中央推行科学发展观、贯彻"五个统筹"、建设和谐社会新的战略指导思想下,如若过分强调"增长速度的竞争"而不能从经济全球化的过程中通过自生能力的提升来解决"中部塌陷"问题,不仅会直接影响到中部地区的发展,而且也会对全国经济的健康发展产生不利影响。这是因为,中部地区的崛起是一个中长期战略,它与西部大开发、东北老工业基地振兴面临着不尽相同的问题。作为华夏文明的主要发祥地,该地区人口众多,农业比重大,传统文化厚重,向现代社会转型的任务艰巨,因此中部地区的崛起是一个典型的经济发展和社会转型问题,仅靠一些权宜之计或者治标不治本的政策是无法达到战略目标的。因此,中部地区的崛起首先需要从理论和战略上寻找突破。本章的目的,是将中部的崛起放在经济全球化及与东部发达地区的互动过程中考察其面临的问题和机遇,然后基于区域自生能力的概念和技术选择指数、资本积累、技

---

　　① 原载《黄河文明与可持续发展》2008 年第 2 期。

术进步来评估各地区比较优势的发挥程度,最后将经济全球化与自生能力有机结合,提出实现中部地区崛起的比较优势战略。

第二节　经济全球化与区域经济的不平衡发展

一、区域经济不平衡发展的时空格局

根据我国区域政策的演变,本章提出如下区域经济划分方案:将东北3省(辽宁、吉林、黑龙江)和中部6省(山西、河南、湖南、湖北、安徽、江西)单独作为两大区域经济板块,以对应中央新的区域政策格局;同时将享受西部大开发政策的西部12个省市区,划分为西北区(包括新疆、内蒙古、宁夏、青海、甘肃、陕西)和西南区(包括广西、云南、贵州、西藏、四川、重庆);将除辽宁外的东部沿海经济发达的10个省市,划分为华南沿海(包括海南、广东、福建)、华东沿海(上海、浙江、江苏)和华北沿海(山东、河北、北京、天津),这样目前中国大陆31个省市区就被划分为7个地理和区域经济政策单元。

区域经济的不平衡增长是经济发展的一个客观规律。为了矫正区域经济的不平衡增长,无论是采取计划经济的社会主义国家,还是建立在私有制基础上的资本主义国家,战后受凯恩斯主义和国家计划等经济政策的影响,均对区域经济发展施加了强有力的政策干预。改革开放以前,在以重工业优先发展为核心的赶超战略的指导下,为了实现沿海和内地区域经济的相对均衡发展,改变建国初期发达生产力高度集中在沿海而重工业优先发展的资源却在内地的资源配置错位,中国在相对封闭的世界经济环境和国防备战的要求下,着力加强了对西北、华北沿海、东北三地区的投资,1953—1978年,在全国国有部门基本建设投资中,这三地区分别占全国的13.15%、14.53%和14.55%[1],华东沿海地区由于经济基础好,虽然国有部门基本建设投资仅占全国的7.49%,但自我发展能力比较强,因而这4大区域在1952—1978年取得了超过全国平均水平的增长速度(表12-1),而西南地区虽然国家也加大了投资,1953—1978年国有部门基本建设投资占全国的14.76%,但由于经济基础差,地处边远,其增长速度只接近全国平均水平。这样,改革开放前在经

---

[1]　李泊溪.地区政策与协调发展.北京:中国财政经济出版社,1995:89.

济增长上被国家相对边缘化的地区,就只剩下中部和华南沿海了,特别是中部 6 省,1952—1978 年的平均年增长速度只有 4.89%,仅及全国平均水平的 80%,除山西外,中部其余 5 省的增长速度均明显低于全国平均水平。

表 12 - 1　1952 年以来不同时期全国各区域 GDP 增长速度的竞赛及 GDP 占全国比重的变化

省份	增长速度(%)								占全国比重(%)				
	52—78	79—95	96—99	2000	2001	2002	2003	00—03	1952	1978	1995	2000	2003
华南沿海	5.58	13.52	10.05	9.7	9.2	10.4	12.1	10.34	7.03	7.89	13.72	14.51	14.41
华东沿海	6.54	11.88	11.26	10.8	10.3	11.7	13.3	11.50	18.22	18.97	19.33	19.72	20.74
华北沿海	7.60	10.22	10.91	10.4	10.5	11.0	12.7	11.16	17.46	17.62	17.64	18.26	18.92
东北	6.49	8.49	9.18	8.8	9.2	10.0	10.7	9.65	13.96	14.27	10.30	10.02	9.56
中部	4.89	9.98	10.26	8.6	8.8	9.8	11.0	9.54	24.30	22.03	20.63	20.36	19.44
西北	7.02	9.09	9.30	9.1	9.7	10.3	12.1	10.30	8.25	7.97	6.17	6.11	6.28
西南	5.78	9.17	9.26	8.3	9.1	10.7	10.7	9.60	10.78	11.24	12.20	11.02	10.66
全国		6.15	9.79	8.30	8.0	7.5	8.3	9.3	8.27				
全国平均	6.25	10.08	9.93	9.2	9.5	10.4	11.7	10.19	100	100	100	100	100

资料来源:《新中国五十年统计资料汇编》、《中国统计年鉴》(各年)。

注:各区域和全国的平均增长速度按各省区的算术平均计算,下同。

改革开放以来,伴随着发展战略从"赶超"向"比较优势"的转变和高度集中的计划经济体制向社会主义市场经济体制的转型,中国的区域经济发展战略与区域增长格局呈现出新的特征。国家的分权化改革和沿海经济发展战略的实施,在上世纪 80 年代以 4 个经济特区的设立为标志,率先启动了以珠江三角洲、福厦城市群为核心的华南沿海地区的高速增长;而后在 90 年代则以上海浦东开发为标志,启动了以上海为龙头以长江三角洲城市群为核心的华东沿海地区的高速增长。90 年代后半期以来,以京津冀、山东半岛两大城市群为核心,华北沿海地区的增长明显加速。2000 年以来,伴随着西部大开发战略的实施,西部地区特别是西北地区的增长得以加快。"十六大"以来,随着东北老工业基地振兴战略的推行,东北地区有望改变 80 年代以来增长速度持续低于全国各地区平均水平的态势。

改革开放以来,中部地区的增长是引人注目的。1979—1995 年和 1996—1999 年两个时段,中部地区的增长速度均略高于全国各地区的平均水平,与改革开放前处于全国 7 大区域板块经济增长的最底部形成了鲜明的对照。但自 2000 年西部地区大开发战略实施以来,由于西部地区经济增长提速,中

部地区的增长相对全国各地区平均增长水平有所下降,并像改革开放前那样
重新成为全国区域经济增长的最底部。但要看到,一方面,近年来西部地区
增长的提速乃是国家扩大内需和加强对西部地区的投资倾斜政策所形成的,
具有强烈的对国家政策的依赖性,这种增长是否能够像改革开放以来东部地
区的增长那样成为一种中期乃至长期趋势,还有待于进一步的观察;另一方
面,分析近年来中部在经济增长速度上的"塌陷"(表12-2),大体有两类原
因:一是受农业问题的困扰。与沿海地区相比,中部地区农业和农村经济的
比重大,但1999—2003年第一产业的平均增长速度仅有3.33%,在7大区域
经济板块中仅比华东沿海稍高,如河南、安徽的农业结构比重大,但在2003
年全国各地区第一产业平均增长4.1%的情况下,这两个省份的农业却是负
增长;二是第二产业增长相对缓慢。中部地区第二产业的增长速度,不仅与
沿海发达地区而且与西部地区相比,均有1个百分点左右的落差,在7大区域
经济板块中,只比东北地区稍高。因此,中部地区的崛起问题,本质是由两个
相辅相成的方面组成的,一是如何改变农业的弱质地位,通过国家的政策支
持,保持农业的持续增长;二是如何提高资本积累能力,加快工业发展,以带
动国民经济结构的调整和升级。这两个方面,通过工业化过程中产业结构的
转换和能力的提升而紧密相连。因而,要防止中部地区在经济增长上的"塌
陷",促进中部地区的崛起,既需要国家的农业和区域发展政策的强有力支
持,同时也需要增强中部地区自身的结构调整能力。

表 12-2　1999—2003 年各区域的产业增长与结构状况　　单位:%

| 区域 | GDP | 平均增长 | | | 产业结构 | | | |
		第一产业	第二产业	第三产业	第一产业	第二产业	工业	第三产业
华南沿海	10.17	5.47	12.35	9.36	10.42	50.95	44.97	38.63
华东沿海	11.23	3.19	12.53	11.23	6.85	52.87	47.15	40.29
华北沿海	10.91	4.43	12.16	10.65	10.65	50.19	43.84	39.16
东北	9.31	3.95	10.55	10.23	12.38	50.75	44.27	36.87
中部	9.17	3.33	11.34	9.70	16.82	46.77	38.82	36.40
西北	9.87	3.40	12.37	10.29	17.53	45.71	33.40	36.76
西南	9.21	3.67	12.20	10.43	20.48	41.17	32.51	38.35

资料来源:《中国统计年鉴》(1999—2003)。

二、经济全球化与各区域的参与程度

20世纪70年代资本主义石油危机之后,在新技术革命、自由经济思想复兴、社会生产体制从"福特主义"向"后福特主义"转型、放松金融管制以及"冷战"结束等一系列因素的作用下,以跨国公司为核心,社会经济生活中的各种超地域关系得以全面扩展,经济全球化不仅作为一个社会经济过程而且作为一种意识形态、一种思维模式在全球范围内得以全面兴起。中国的改革开放正是顺应经济全球化这一时代潮流、紧紧抓住国际资本和产业转移的历史机遇而展开的,中国经济的持续高速增长也是在经济全球化的前提下取得的。如果说,中国经济发展战略从改革开放前的"赶超"走向改革开放以来的"比较优势"[1],是以邓小平为核心的第二代领导集体审时度势的英明决策,那么这一战略转变的前提,就是在经济全球化冲击下社会经济从原来的"封闭"走向"开放",因为开放以及进而的区域经济一体化、全球经济一体化,乃是实施比较优势战略的必要条件。

经济全球化对改革开放以来中国经济的时空重组产生了重大而深远的影响。1978年,我国的进出口总额仅有355亿元,其中进口187.4亿元,出口167.6亿元,外贸依存度仅有9.80%;1985年,我国实际利用外资仅有46.47亿美元,其中FDI仅有16.61亿美元,实际利用外资占当年全国固定资本形成总额的比重仅5.17%。但伴随着中国改革开放的深化,特别是进入90年代以来,我国的对外贸易迅速增长,外贸依存度迅速提高,利用外资特别是利用FDI的能力和水平也迅速提升。如1994年,我国的进出口总额在1993年突破1万亿元的基础上,又突破了2万亿大关,使外贸依存度提高到了43.59%,实际利用外资432.13亿美元,其中FDI达到337.67亿美元,实际利用外资占全国当年固定资本形成总额的比重达到空前的22.10%。到2004年,根据海关统计,我国的进出口总额已经突破1万亿美元大关,达到11228.46万美元,按100美元折合827.68元人民币计算,为92935.72亿元,外贸依存度进一步提高到68%,而FDI则已突破600亿美元大关,达到606.3亿美元。

---

[1]　林毅夫,蔡昉,李周. 中国的奇迹:发展战略与经济改革. 上海:上海人民出版社,1994:1—9.

　　但由于各个区域发展条件的差异,我国各地区参与全球化的能力和水平存在着严重的不平衡性(表12-3)。首先,在利用外资方面,沿海地区得天独厚的地理条件和国家沿海经济发展战略的共同作用,使得自改革开放以来,这一地区一直是 FDI 的青睐对象。1983—2003 年,华南沿海、华东沿海和华北沿海 10 省市,实际利用外资总额占全国的 81.47%,虽然沿海地区内部存在着 80 年代主要集中在华南沿海、90 年代以来华东沿海的比重迅速增加、华北沿海则稳步提升的时空差异。其次,在进出口方面,沿海 3 大经济板块参与经济全球化的绩效则更加引人。2004 年,这 3 大区域的进出口总额占全国的比重高达 90.36%。再次,从外贸依存度来看,2004 年华南沿海已达到139.83%,华东沿海达到 87.75%,华北沿海则达到 38.91%。因此,仅就我国沿海地区参与经济全球化的程度来看,我国 80 年代以来所实施的沿海经济发展战略是非常成功的。

表 12-3　各地区实际利用外资及进出口状况　单位:亿元,%

地区	1983—2003		1983—1990		1991—1999		2000—2003		2004 年		2004 年进出口		2003
	总量	分布	总量	分布	总量	分布	总量	分布	总量	分布	总量	比重	外贸依存度
华南沿海	1920.79	37.96	88.9	54.44	1181.63	40.78	650.26	32.52	120.55	19.88	30795.79	33.14	139.83
华东沿海	1353.74	26.75	21.68	13.28	700.39	24.17	631.67	31.59	209.92	34.62	32601.02	35.08	87.85
华北沿海	848.11	16.76	26.98	16.52	477.21	16.47	343.92	17.20	136.44	22.50	20571.78	22.14	38.91
东北	327.00	6.46	9.66	5.92	185.09	6.4	132.25	6.61	59.38	9.79	3924.39	4.22	27.37
中部	375.29	7.42	5.52	3.37	200.96	6.93	168.81	8.44	61.48	10.14	2371.63	2.55	9.40
西北	64.52	1.28	5.11	3.11	36.53	1.27	22.88	1.14	6.27	1.03	1218.61	1.31	13.65
西南	170.74	3.37	5.44	3.33	115.64	4.00	49.66	2.48	11.18	1.84	1452.51	1.56	9.16

资料来源:《新中国五十年统计资料汇编》、《中国统计年鉴》(各年)。

　　除沿海 3 大区域之外,我国区域经济发展的其余 4 大板块,参与经济全球化的能力还很薄弱。这 4 大区域经济板块合在一起,累计利用的外资仅及广东(含海南)的 63.31%,2004 年的进出口总额仅及广东一省的 32.69%。但这 4 大区域经济板块同样也存在着明显差异。从实际利用外资的时间趋势看,只有中部和东北地区占全国的比重呈现出逐年提高的态势,特别是中部,从 1983—1990 年实际利用外资占全国的 3.37% 提高到 1991—1999 年的

6.93%，2000—2003 年和 2004 年又进一步提高到 8.44% 和 10.14%，体现出中部已经成为继沿海 3 大区域之后外商投资的一个新的重点区域。在进出口贸易方面，东北、西北和西南三大区域均具有发展边境贸易的良好条件，在全国 7 大区域经济板块中，唯独中部地区发展对外贸易的区位条件存在着一定限制，因此，中部地区的进出口总额和外贸依存度均比较低，与东北三省相比尚有明显的差距，更不用说与沿海三大区域的差距了。

各区域参与经济全球化的能力和程度的差异，是我国区域经济发展不平衡的一个重要因素。根据魏后凯等人的计量经济分析[①]，1985—1999 年间，包括辽宁的东部沿海 11 省市外商投资对 GDP 增长的影响达到了 0.01 的显著水平，其贡献率为 18.11%，享受西部大开发政策的西部 12 个省区，外商投资对 GDP 增长的影响未达到 0.10 的显著水平，其贡献率仅为 1.15%。虽然外商投资即使在沿海发达地区的增长中，其重要程度远小于国内资本和劳动力投入，但是在东西部地区估算的和实际存在的 GDP 增长 2 个百分点的速度差异中，却有 90% 是由外商投资分布的差异所造成的。因此，虽然外商投资并不是改革开放以来我国各地区经济高速增长的主要决定因素，但却是形成各地区增长速度差异的主要决定因素。

第三节　区域自生能力与区域经济的不平衡发展

一、从企业自生能力到区域自生能力

"自生能力"是经济发展理论中的一个核心概念。为了理解要素禀赋结构、发展战略以及经济政策环境与体制之间的内在关系，林毅夫给出了这样一个以"企业的预期利润率"为核心的"企业自生能力"定义[②]："如果一个企业通过正常的经营管理预期能够在自由、开放和竞争的市场中赚取社会可接受的正常利润，那么这个企业就是有自生能力的，否则，这个企业就是没有自生能力的。"林毅夫指出，在一个自由竞争的市场经济中，一个正常经营、管理的企业在没有外部扶持的条件下，如果能够获得不低于社会可接受的正常利润率水平的预期利润率，则该企业就是有自生能力的。

---

① 魏后凯，贺灿飞，王新.中国外商投资区位决策与公共政策.北京:商务印书馆,2002:217　233.
② 林毅夫.自生能力、经济发展与转型:理论与实证.北京:北京大学出版社,2004:3—57.

虽然企业的经营管理将影响其盈利能力,这是一个公认的命题。然而,一个企业的预期获利能力也取决于其产业和技术的选择。如果企业的产业和技术选择同该经济的要素禀赋结构所决定的比较优势相一致,那么企业在正常经营管理的条件下,就可以以最低成本进行生产,从而获得社会可以接受的正常利润,企业就具有了前述所定义的"自生能力"。如果企业的产业和技术选择在政府"违背比较优势战略"的政策驱动下,同该经济的要素禀赋结构所决定的比较优势不一致,比如资本十分稀缺而劳动力相对富余的欠发达经济在赶超战略的驱动下选择的资本密集型产业和技术,那么该企业在面临市场竞争时就会丧失"自生能力",这时,政府由于种种原因要维持企业的生存,就必须因企业的"政策性负担"而对企业进行"政策补贴"。然而,由于信息不对称,政府不能区分政策负担诱致的损失和企业经营不善甚至是企业经理人员的道德风险造成的损失,因此只好把企业的所有亏损的责任都承担起来,于是就形成了企业"预算约束的软化"。一旦企业的预算约束软化,企业的经理人员就没有压力提高生产率,于是会追求更多的在职消费和其他道德风险的行为。

显然,企业的自生能力、经济的要素禀赋结构和经济战略及政策具有内在的联系。由于在自由、开放和竞争的市场经济中,要素禀赋结构是经济比较优势的基础,遵循或违背比较优势的经济战略在很大程度上影响甚至决定着企业的产业和技术选择,因而也就在很大程度上影响甚至决定着企业自生发展能力。由于企业的发展和赢利是区域发展的基础,无论是居民收入还是地方政府的财政收入,其主体均来自具有"自生能力"的企业,特别是在自由、开放、竞争的市场经济中,如果地方政府推行违背比较优势的战略和政策,企业的自生能力下降,地方政府的财政收入也会随之下降,然而企业对地方政府的"政策补贴"的需求却大大增加,这样,企业的自生能力、地方政府的财政收入、地方政府的财政支出之间就会陷入恶性循环,区域也就失去了"自生发展能力",除非有强有力的中央政府的支持,区域发展的进程就会滞缓甚至可能会中断。因此,在自由、开放和竞争的市场经济中,如果一个区域在其特定的要素禀赋结构基础上遵循比较优势战略,企业在正常经营管理的条件下取得了社会可以接受的正常利润,那么这个区域就是有自生能力的;否则,如果一个区域违背比较优势战略,企业在正常经营管理的条件下无法取得社会可以接受的正常利润,即使企业依靠地方政府甚至中央政府的"政策补贴"而取得本质上是"租金"的利润,那么这个区域也是缺乏自生能力的。由于地方政府与中央政府在经济干预手段和能力上的差别,如果没有中央政府的大力支持,除非该区域拥有得天独厚的自然资源,一个缺乏自生发展能力的区域是无法维持中长期增长的。如果这些区域不能及时调整其发展战略,发现并充分发挥其比较优势,这些区域的未来就无法摆脱其"不发展"或"依赖发展"的命运。

二、技术选择指数与各区域的自生发展能力

为从经验上测度发展战略的选择,林毅夫构造了一个统计指标[1]:制造业部门的实际技术选择指数 TCI,它是制造业的实际资本劳动比率与整个国民经济的资本劳动比率之间的比值。如果定义给定资源禀赋下的制造业最优技术选择指数为 TCI*,则可将政府的发展战略间接测度如下:

$$DS = TCI/TCI^*$$

显然,如果政府选择遵循比较优势战略,则预期 DS = 1;如果政府违背比较优势战略促进资本密集型产业发展,则预期 DS > 1;如果政府违背比较优势的战略保护它的传统部门,则预期 DS < 1。然而,由于 TCI* 不可直接观测,所以只能考察 TCI 的变化趋势以及利用计量分析来间接测度政府战略的变化。

利用《中国经济研究中心发展战略组》[2]和林毅夫[3]提供的数据,我国各区域不同时期工业部门的 TCI 见表 12-4。根据 TCI 的定义,在工业化的初期,由于工业部门的扩张和资金密集度的不断上升,二元经济结构强化,则最优的 TCI 将趋于上升。但到了工业化中后期,伴随着二元结构的消除和第三产业的发展,理论上最优的 TCI 应该逐步下降。但是,除了工业化阶段影响之外,实际 TCI 的大小也受政府战略和政策的影响,那些不能遵循区域比较优势而缺乏自生发展能力的地区,实际 TCI 的值就会偏离 TCI* 而更高。林

---

① 参见第 163 页注 2。

② 蔡昉、王德文. 中国地区比较优势:差异、变化及其对区域差距的影响[EB]. www.cass.net.cn, 2005—4—10.

③ 参见第 163 页注 2。

毅夫对我国区域增长的计量经济分析表明[1]，在控制了影响区域增长的其他变量如储蓄倾向、劳动力平均增长率、外国直接投资累计额和结构变量等变量之后，区域劳均 GDP 的增长与 TCI(1978—1999 年的平均值)之间具有显著的负相关关系，偏回归系数大约在 −0.003 左右。这意味着一个区域的 TCI 对 TCI* 有一个单位的偏离，将使其劳均 GDP 在 1978—1999 年期间每年的增长率降低 0.3%。蔡昉等则在我国各区域经济增长的计量分析中[2]，将市场化指数和技术选择指数引入包含物质资本、人力资本的生产函数方程，回归结果表明，技术选择指数每下降 1%，区域的劳均收入将提高 0.007%，市场化指数上升 1%，将能够带动区域劳均收入增长 0.002%。

表 12 − 4　各区域工业部门 TCI 的变化(年平均值)

地区	1979—1981	1982—1984	1985—1987	1988—1990	1991—1993	1994—1996	1997—1999	1978—1985	1978—1999
华南沿海	5.916	4.391	2.903	2.421	2.474	2.635	2.591	5.216	3.523
华东沿海	3.628	2.727	2.083	1.718	1.762	1.635	1.790	3.208	2.290
华北沿海	4.744	4.016	2.648	2.315	2.444	2.361	2.513	4.388	3.140
东北	5.103	4.410	3.382	2.782	2.711	2.583	3.545	4.761	3.608
中部	7.902	7.505	4.581	3.925	3.574	3.700	3.972	7.441	5.196
西北	6.263	6.024	5.100	4.328	4.187	4.639	6.115	4.984	5.302
西南	8.254	8.238	5.538	4.691	4.907	5.338	5.726	8.088	6.223

资料来源：中国经济研究中心战略组(2002)；林毅夫(2004)。

表 12 − 4 表明，我国东部沿海发达地区在改革开放初期，其 TCI 就比中西部地区低，而改革开放以来又进一步下降，特别是原来比较高的省份(如福建)，下降幅度较大，说明沿海地区在发展战略上向比较优势战略的转型较快；而中西部地区的 TCI 到 90 年代末，仍有相当大一部分省区保持在较高状

---

① 参见第 163 页注 2。
② 中国经济研究中心发展战略组.关于技术选择指数的测量与计算[R],北京大学中国经济研究中心讨论稿,NO.C2002003.2002.

态,说明这些省区除工业化阶段的影响外,改革开放前国家赶超战略所形成路径依赖以及经济体制转型过程中地方政府对资本密集型产业的偏爱,使这些省区向比较优势战略的转型相对缓慢,进而在一定程度上降低了它们的增长速度,从而进一步扩大了我国各地区之间的发展差距。这也从另一个方面说明,中西部地区要想在经济增长速度上与沿海发达地区趋同,就必须进一步促使经济发展战略从赶超向比较优势战略的转变,以各自的发展阶段和要素禀赋为基础,培育和支持区域的自生发展能力。

三、资本积累、技术进步与区域自生发展能力

由于劳均产出的增长具有两个源泉:劳均资本积累和技术进步。因此,如果把劳均产出或收入的增长看作区域自生发展能力的表现,那么,劳均资本的积累能力和技术进步速度则是区域自生能力的核心组成部分。通过放松"各经济体在给定时期技术前沿相同"的假定,林毅夫运用数据包络分析方法[1],将劳均产出的增长分解为三个方面:技术效率变化带来的增长效应(EC)、技术进步带来的增长效应(TP)和投入水平变化带来的产出增长效应(INC)的乘积。根据我国 1978—2000 年各省区的资料,对劳均 GDP 增长的源泉的分解结果见表 12 – 5。可以看出,1978—2000 年我国各地区劳均 GDP 的增长存在显著的差异。东部沿海的新兴工业化省份如江苏、浙江、广东的劳均 GDP 在 1978—2000 年间增长了 10 倍左右,中部地区则在 5 倍左右,而东北地区和西北、西南地区总体上增长较慢。显然,这种增长速度的差异,与劳均资本的积累增加密不可分。表 12 – 5 也表明,在劳均 GDP 的增长中,东部沿海地区劳均要素增加的效应也明显较大。但由于资本边际报酬递减规律的作用,对长期的经济增长而言,技术进步则发挥着更加重要的作用。从表 12 – 5 显示的各地区技术前沿提高效应的分布来看,华南沿海和华东沿海的技术进步速度明显较快,除老工业基地上海外,均在 3 以上,华北沿海地区的技术前沿的提高速度虽然落后于华南和华北沿海,但也明显高于东北、中部和西部地区。

---

① 参见第 163 页注 2。

表 12 - 5　1978—2000 年主要省份劳均 GDP 增长及其源泉

省份	劳均 GDP 增长倍数	技术效率 提高效应	技术前沿 提高效应	劳均要素 增加效应		劳均 GDP 增长倍数	技术效率 提高效应	技术前沿 提高效应	劳均要素 增加效应
华南沿海					中部				
广东	9.3790	1.0000	3.4396	2.7268	河南	4.7030	1.0000	2.4022	1.9578
福建	8.6471	1.0000	3.4416	2.5125	山西	4.3855	1.0000	2.3388	1.8751
华东沿海					安徽	4.9795	1.0000	2.3252	2.1415
上海	6.2981	1.0000	2.5964	2.4257	江西	5.1863	1.0000	2.5108	2.0656
江苏	10.3545	1.0000	3.3345	3.1053	湖南	4.2224	1.0000	2.2347	1.8895
浙江	10.0343	1.0000	3.4853	2.8790	湖北	5.1140	0.9186	2.5371	2.1943
华北沿海					西北				
北京	5.6694	1.0000	2.6418	2.1460	陕西	4.2412	1.0000	2.2502	1.8848
天津	5.4510	1.0000	2.4411	2.2330	内蒙古	4.8077	1.0000	2.3133	2.0783
山东	6.2894	1.0000	2.7543	2.2835	青海	2.6246	1.0000	2.8616	0.9172
河北	5.5753	1.0000	2.5777	2.1629	甘肃	2.9523	1.0000	1.8350	1.6089
东北					宁夏	3.2339	1.0000	2.1167	1.5278
辽宁	3.8361	1.0000	2.1467	1.7870	新疆	6.1642	1.0000	2.7273	2.2602
吉林	4.1528	1.0000	2.2792	1.8221	西南				
黑龙江	3.1031	1.0000	1.7963	1.7275	四川	3.6308	1.0000	2.0547	1.7670
					云南	4.2972	1.0000	2.5562	1.6811
					贵州	3.7312	1.0000	2.2656	1.6469
					广西	3.8718	1.0000	2.0422	1.8959

资料来源：林毅夫(2004)。

那么,各个地区为什么会有不同的劳均要素增加和技术前沿提高速度呢？林毅夫强调了区域发展战略对区域劳均资本的积累能力和技术前沿的提高能力的影响①,认为在顺应比较优势战略的情况下,初始劳均资本量较少、技术落后的经济体将在未来的时期内获得较快的劳均资本积累的潜在速度和潜在的技术进步速度。但显然,这两方面能力的提高除了与区域发展战略密切相关外,还与国家的政策、改革开放水平密切相关。表 12 - 6 给出了

---

① 参见第 163 页注 2。

我国各地区不同时期的基本建设投资水平及其占全国的比重。可以看出,改革开放以来沿海地区经济的高速增长,在一定程度上也是建立在比重迅速提升的基本建设投资的基础上。特别是华东沿海,其基本建设投资占全国的比重,从改革开放前的7.5%迅速提高到1979—1995年间的14.2%,在1996—1999年则进一步提高到18%。与之形成对照的是,中部地区基本建设投资占全国的比重则从改革开放前的21%下降到不足17%;东北、西北、西南也均有非常明显的下降。根据蔡昉等人的计量经济分析①,物质资本在我国各地区劳均产出增长中估计的弹性系数在0.4以上,人力资本的弹性系数在不同的回归方程中不稳定,多数的估计在0.2—0.5之间,但是在分东、中、西部地区各自的回归中,东部地区人力资本的弹性系数明显高于中部,西部地区的弹性系数则比较小。由于我国人力资本流动中,存在着突出的"孔雀东南飞"现象,因此,对于中西部地区,无论是物质资本的积累还是人力资本的积累,改革开放以来与沿海地区相比均处于劣势地位。同时,如果考虑到表12-3所体现的外资和外贸对物质资本和人力资本积累以及技术前沿提高的重要影响,中西部地区相对东部沿海的劣势地位则更加明显。

表 12-6　各地区基本建设投资及其占全国的比重　单位:亿元,%

地区	投资额				占全国比重			
	1953-1978	1979-1995	1996-1999	2000-2003	1953-1978	1979-1995	1996-1999	2000-2003
华南沿海	331.81	5167.48	5789.11	7612.53	5.34	14.59	13.49	11.09
华东沿海	465.79	5042.4	7729.75	12282.38	7.49	14.23	18.02	17.89
华北沿海	903.28	5564.21	6746.77	10473.85	14.53	15.71	15.73	15.26
东北	904.49	3934.82	3611.34	5481.14	14.55	11.11	8.42	7.98
中部	1311.56	5886.01	7267.44	12020.44	21.10	16.62	16.94	17.51
西北	817.22	3280.52	3650.7	7322.79	13.15	9.26	8.51	10.67
西南	917.43	3683.02	4874.95	8820.31	14.76	10.40	11.36	12.84
不分地区	564.65	2967.44	3229.54	4629.53	9.08	8.38	7.53	6.74
全国总计	6216.23	35425.84	42899.56	68642.97	100.00	100.00	100.00	100.00

资料来源:《中国统计年鉴》(各年)。

---

①　参见第165页注2。

第四节　从经济全球化、自生发展能力看中部地区崛起

从表12-3和表12-6所体现的2000—2003及2004年的最新趋势看，中部地区的基本建设投资占全国的比重、利用外资占全国的比重都有明显的上升。但从这些年的区域经济增长格局看，中部地区却出现了"增长速度塌陷"的尴尬局面。固然如前所述，近年来西部地区的增长提速乃是国家西部大开发政策而迅猛加大了对西部地区投资的结果，如西北和西南地区基本建设占全国的比重在2000—2003年间比1996—1999年间分别提高了2.16和1.48个百分点，而中部地区仅仅提高了0.57个百分点，但与沿海地区基本建设投资比重相对下降但经济增长仍然加速的格局相比，中部地区的"增长塌陷"显然还存在着其他方面的原因。基于前述的分析，本章认为关键的原因还在于在经济全球化深入发展的背景下，中部地区地方政府从"赶超战略"向"比较优势"战略的转型相对缓慢，人们对资本密集的大工程、大项目、大企业集团的偏爱有加，地方政府所扶植的企业其产业和技术选择仍明显偏向与要素禀赋结构不相适应的资本密集型部门，造成企业和区域的自生发展能力较弱，潜在的劳均资本积累能力和技术前沿的提高速度被减缓。同时，受计划经济体制下产业发展的路径依赖的影响，中部地区长期以来以能源、原材料和资本密集型制造业为其地域分工角色和发展定位，严重削弱了该地区劳动力富裕而成本低廉的比较优势。另外，参与经济全球化能力的低下，也是制约这一地区资本积累和技术进步的重要因素。

从目前我国区域经济发展的格局和趋势来看，中部地区的发展或崛起，有赖于以下3方面的因素之间的有机配合：本身的发展战略调整、经济全球化的深入发展、沿海地区的产业结构升级与产业转移。

首先，中部地区只有转变其赶超战略，利用市场力量充分发现和利用其比较优势，才能为其中长期增长奠定良好的基础。由于中国市场化的力量主要来源于民营经济和外商直接投资经济的发展，而相对于国有经济，民营经济和外商投资经济更倾向于遵循比较优势战略，但受传统计划经济体制以及改革的路径依赖的影响，国有经济特别是中西部地区的国有经济市场化的程度比较低，地方政府的赶超战略使中西部地区国有经济发展中资源配置的扭

曲仍比较严重。2004 年,在全社会固定资产投资构成中,国有经济投资的比重在华南沿海、华东沿海、华北沿海已经下降到 29.60%、28.77% 和 28.64%,东北地区也下降到 36.36%,而中部地区仍高达 38.74%,西北地区和西南地区则更高达 50.22% 和 43.03%。在国有及规模以上非国有工业企业产品销售收入中,国有及国有控股工业企业的比重在华南沿海、华东沿海、华北沿海分别为 20.99%、21.92% 和 39.54%,东北地区高达 68.90%,中部地区为 55.38%,西北地区和西南地区则分别为 73.62% 和 55.63%。可见,与东部沿海发达地区相比,中部地区的国有经济比重较高,在国有经济发展上资源配置的比例较大。因此,中部地区必须奋力推进其市场化进程,通过放松管制,营造良好的投资与发展环境,切实将民营经济和外商投资经济放在优先发展的战略地位,并积极利用民营经济和外商投资经济来改造国有经济,真正将赶超战略转向比较优势战略,通过资源配置效率的改进,建立起保持经济中长期增长的制度化机制。

其次,随着经济全球化的进一步发展,中部地区在全球经济发展中的人力资本、自然资源、市场容量等优势将会进一步凸显,地方政府在实施比较优势战略中,如何有效利用"后发优势"来加速对 FDI 的利用和技术学习就成为战略中的关键。因此,中部地区必须通过进一步深化改革,扩大开放,在借鉴东部沿海地区推进经济市场化、工业化、城市化、全球化的基础上,以城市群为主要地域依托,努力培育和建设实现区域经济与全球经济有机联结的战略平台[①],一方面,要立足中部地区的交通、资源、劳动力等要素禀赋优势,以城市群的培育为核心,努力营造优良的创业投资环境,积极吸引 FDI,不断提高资本积累的质量;另一方面,要立足于中部地区快速推进的工业化与城市化进程,以中心城市的功能提升和产业集群的培育为核心,努力建构多元化的全球技术学习通道,加强对全球技术学习的政策支持和投资,通过对发达经济技术的模仿和创新,加速技术前沿向发达经济的收敛速度。

再次,在很大程度上,中部地区的发展还有赖于国家区域发展政策特别是对沿海地区发展政策的调整。基于沿海发达地区的经济发展阶段,靠以土地、环境和中西部地区成本低廉的"农民工"为代价来换取经济高速增长的发

---

① 苗长虹.城市群作为国家战略:公平与效率的双赢.人文地理,2005,20(5):9—14.

展模式已走到了尽头。从国家发展战略的高度,用"胡萝卜"加"大棒"的政策手段,加速沿海地区的产业转型和升级,既是我国顺应经济全球化规律的内在要求,同时也是中西部地区发展的客观需要。只有沿海发达地区的产业和技术顺利实现升级,传统产业和劳动密集型制造业才有可能向中西部地区大规模转移,中部地区的比较优势才能得以充分有效的利用和发挥。

第十三章

我国乡村地区的城镇化与小城镇发展

城镇化作为乡村人口、乡村地域转变为城市人口、城市地域并受城市文化和生活方式影响的一个渐进过程，它是在工业化和市民社会等多种力量的拉动下进行的，也是在乡村地区社会经济发展的推动下演进的。我国作为世界上人口最多的发展中国家，近20多年来所发生的从传统社会向现代社会、从乡村社会向城市社会、从农业社会向工业社会的剧烈转型，构成了全社会走向现代化的主旋律。在这一剧烈转型过程中，乡村地区的城镇化和小城镇的发展既构成了主导转型的一支重要力量，同时也是转型过程的重要特征和必然结果。

第一节　乡村地区城镇化进展的基本评价

受传统计划经济体制和城乡隔离制度的制约，改革开放以来我国的城镇化实际上走上了一条"二元城镇化"的独特道路：以大中城市为主导的"都市地区的城镇化"和以小城镇为主导的"乡村地区的城镇化"。与大中城市扩张和都市区发展为主导的都市地区的城镇化相比，乡村地区的城镇化并非是将全部乡村地区转变为都市地区，而是指发生在乡村地区内部在农业增长和非农化力量推动下乡村人口和生产要素向小城镇（包括县级市、县政府驻地的城关镇和建制镇）集聚和生活方式向市民社会转型的过程。因此，对乡村地区城镇化的认识和评价，不能脱离传统计划经济体制和城乡隔离制度的变革,不能脱离小城镇的建设和发展,不能脱离农民、农村和农业的发展。

一、推进乡村地区城镇化和发展小城镇的战略依据

改革开放以来,在我国城镇发展的政策实践上,一直有着强烈的小城镇偏向。党的十一届三中全会通过的《中共中央关于加快农业发展若干问题的决议(草案)》指出:"有计划地发展小城镇建设和加强城市对农村的支援。这是加快农业现代化,实现四个现代化,逐步缩小城乡差别、工农差别的必由之路。"1980年,全国城市规划工作会议又确立了"控制大城市规模,合理发展中等城市,积极发展小城市"的方针。1983年,著名社会学家费孝通教授提出了"小城镇,大问题"的重要论断①。1993年,经国务院原则同意,建设部等6个部委联合颁发了《关于加强小城镇建设的若干意见》;1995年,国家体改委、建设部、公安部等11个部委联合下发了《小城镇综合改革试点指导意见》,并在全国选择了57个镇作为综合改革试点。1998年,中共十五届三中全会通过了《中共中央关于农业和农村工作若干重大问题的决定》,提出"发展小城镇,是带动农村经济和社会发展的一个大战略";2000年,中共中央、国务院发出了《关于促进小城镇健康发展的若干意见》,提出"抓住机遇,适时引导小城镇健康发展,应当成为当前和今后较长时期农村改革与发展的一项重要任务"。2002年,十六大报告提出,"要逐步提高城镇化水平,坚持大中小城市和小城镇协调发展,走中国特色的城镇化道路。发展小城镇要以现有县城的和有条件的建制镇为基础,科学规划,合理布局,同发展乡镇企业和农村服务业结合起来。消除不利于城镇化的体制障碍,引导农村劳动力合理有序流动。"因此,推进乡村地区城镇化和发展小城镇,已远远超越了学术界的讨论,而已成为党和政府全面建设小康社会、繁荣农村经济的核心政策工具。但对于这一政策工具的理论依据及其实践成效,尚需要进行客观公正的认识与评价。

1. 加快工业化进程的客观需要

工业化是发展中社会追求的一个核心目标,也是由不发达走向发达的必由之路。改革开放以前,在"赶超战略"及其所催生的传统计划经济体制和城

---

① 费孝通.小城镇、大问题.社会学通讯,1983(4).

乡隔离制度下,我国实际上走上了一条以重化工业化为主导的畸形工业化和城镇化道路。1979 年与 1952 年相比,虽然工业增加值在 GDP 中的比重由 17.64% 提高到 43.82%,但农村居民消费水平仅增长了 67.30%,而在 1950 至 1980 年的 30 年中,城镇化水平仅由 11.2% 上升到 19.4%①,广大农民仍处于绝对贫困之中。正是改革开放初期顽固的城乡隔离制度和低度城镇化的严峻现实,才催生出费孝通先生"小城镇、大问题"这一关系我国社会经济发展的重大战略命题。

改革开放以来,我国经济发展虽然实现了由"赶超战略"向"比较优势战略"的转变②,传统计划经济体制向现代市场经济体制的渐进转型,但由于传统计划经济体制和城乡隔离制度的"路径依赖"和"锁定"效应,我国又走上了"城乡二元工业化"和"城乡二元城镇化"的独特发展道路。然而,由于以乡镇企业为主导的农村工业具有天然的社区属性,又由于交易成本节约的内在要求,农村工业具有高度的空间分散性③。这种分散的农村工业化与促进小城镇发展政策偏好的背离,在很大程度上造成了乡村地区低度的城镇化和难以持续的工业化。这样,推进乡村地区城镇化,发展小城镇,就继续被赋予加快农村工业化进程的重任。

2. 全面繁荣农村经济的客观要求

我国是一个农业和农民大国,同时也是一个土地资源稀缺、人地关系矛盾尖锐、经济和城乡二元结构显著的国家。在这样的基本国情下,如何繁荣发展农村经济,始终是社会面临的一个重大难题。在传统计划经济体制下,通过工农业价格剪刀差等途径,农业和农村经济为国家工业化提供了巨额的原始资本积累,但也付出了农业和农村经济长期停滞和农民普遍贫困的巨大代价。按 1950 年不变价格计算,1952 年我国农业劳均净产值只有 161 元,到 1978 年仍为 160 元。然而根据估算,1952—1978 年我国农业实际资本转移净额高达 5080 亿元,平均每年 188 亿元,占同期国民收入积累额的比重

---

① 许涤新主编. 当代我国的人口. 北京:中国社会科学出版社,1988:294—295.

② 林毅夫、蔡昉、李周. 中国奇迹:发展战略与经济改革. 上海:上海三联书店、上海人民出版社,1994.

③ 苗长虹、樊杰、张文忠. 我国农村工业发展:一个综合区位分析框架. 地理研究,2002,21(1):125—133.

达 40.50%①。

80 年代以来,农村先行改革的制度创新效应极大解放和发展了农村的生产力,农业持续的高速增长和乡镇企业的异军突起带来了农村经济的快速繁荣,在传统体制下长期维持的城乡差别也一度迅速缩小。但从 80 年代中期开始,由于城市改革的启动,特别是 90 年代城市主导国民经济增长时代的到来,我国城乡收入的差别又迅速扩大。虽然 1995、1996 年受农产品收购价格提升的影响,这一比值有所下降,但从 1997 年开始,受国际、国内需求紧缩诸因素的影响,以往支撑农民收入增长的三个主要途径:通过提价促进农业增长、通过发展乡镇企业吸收农业剩余劳动力、到城市外出打工均遇到了前所未有的困难和障碍,农民收入的增幅持续连年下降,而农民的负担却刚性增长。同时,由于农业生产资料价格持续上扬,主要农产品价格持续下跌,在一些农产品主产地区,农业已成亏损行业,至 1999 年,差不多快有一半的农村人口的收入进入到零增长和负增长②。2000 年,农民家庭人均纯收入呈绝对下降和增长幅度不超过 2% 的省区多达 15 个,而当年全国 GDP 增长速度为 8.3%,人均 GDP 增长速度为 7.1%。这样,在以往农民增收的有效手段均失效之后,“农民真苦,农村真穷,农业真危险”的“三农”问题便迅速成为全国上下关注的焦点,如何在新世纪有效解决或者缓解“三农”问题也就成为学术界和政府部门必须面对的世纪难题。

“三农”问题的核心是农民的收入问题,而农民的收入取决于农民能否有效就业,由于我国人多地少的资源禀赋不可能改变,而且伴随着人口的增长,城镇化和基础设施建设对土地尤其是耕地的大量占用以及农业技术进步和土地适度规模经营的开展,即使是在耕地总量动态平衡完成较好的条件下,我国 1.3 亿公顷耕地所能容纳的就业人口也是非常有限的。因此,减少农民,实现农业剩余劳动力向非农产业的转移,是解决或缓解我国“三农”问题的必由之路。根据东南亚国家的工业化经验,农村劳动力向外部转移过程中,在二、三产业就业的比例平均为 1:3,而我国在改革开放 20 年中才勉强达到 1:1,在农村内部甚至是 1.5:1。由于农村人口对服务业的需求很低,大量服务性劳务都采取自助方式,所以虽然在农业以外就业,却难以带动服

---

① 郭熙保.农业发展论.武汉:武汉大学出版社,1995:375—382.
② 王建.如何认识当前的“三农”问题.中经网,50 人论坛,2001 年 8 月 1 日.

务产业的发展。这样,以城镇化为龙头,带动农村工业向小城镇的集聚和服务业的发展,便成为新世纪解决我国农民就业和促进农村发展的一个重大战略选择。特别是小城镇作为国家城镇化战略的重要一元,由于其数量多,分布广,建设成本和农民的迁入成本低,与农业、农民、农村具有天然的联系,因而在解决"三农"问题、全面繁荣农村经济方面,发挥着不可替代的作用。因此,虽然不能片面强调小城镇战略,但也决不能对小城镇的发展全盘否定。

3. 转变传统经济体制和城乡隔离制度的重要力量

城乡差别过大是我国社会经济发展过程中一个比较突出的问题,而导致城乡差别过大并长期维持的一个重要条件就是传统的计划经济体制和城乡隔离制度。由于传统制度的惯性、我国改革的渐进性质以及传统制度下城市既得利益集团的极力维持,改革开放以来我国的城乡隔离制度并未伴随着改革的深化而及时得到转变。受传统的国家工业化资本积累模式的影响,我国于 1980 年出台了"控制大城市,合理发展中等城市,积极发展小城市"的城市发展方针。因此,"通过批评小城镇效率比大中城市低来否定这一政策,实际上是没有意义的,因为'积极发展小城市'并非由于小城市效率高,而是因为小城市对国家的积累模式冲击最小"①。

我国作为一个人口大国和农民大国,稳定和发展的双重要求从根本上决定了必须走风险最小化的渐进改革道路。因此,20 世纪末我国的改革,本质上是在城乡隔离制度支配下由城乡分别推进的,生产要素在城乡之间并没有实现充分的自由流动,我国独特的分散的农村工业化和城镇化实际上就是生产要素在城乡之间和乡村社区之间不能充分自由流动的产物。这种高度分散性虽然有利于工业化和城镇化的初始发动,但其长期弊端也是显而易见的,如占用耕地多、集聚效益差、投资效益低、环境污染重、重复建设问题严重等。显然,农村改革和乡镇企业的发展对城乡一体化发展提出了急迫的要求,并在一定程度上动摇了传统的城乡隔离制度,但作为城乡隔离制度核心的户籍制度,直到 20 世纪末才伴随着小城镇发展的急迫要求而取得一些实质性突破。因此,积极推进乡村地区城镇化,有利于转变乃至彻底消除制约生产要素自由流动的城乡隔离制度,为城乡创造一个公平的发展与竞争

---

① 赵燕菁. 制度变迁、小城镇发展、我国城镇化. 城市规划. 2001,25(8):47—57.

环境。

4. 促进国民经济增长的基本推动力量

我国经济在改革开放以来长达 20 多年的高速增长中,农村经济功不可没。但是自 1997 年东亚金融危机以来,由于国际、国内诸多因素的综合作用,国民经济进入了一个以"需求不足"为特征的新增长阶段,如何扩大内需便成为宏观经济政策的核心内容。与此同时,我国的城镇化恰好进入加速发展时期,通过加快城镇化来带动国内需求并转变城乡消费模式,便自然成为学术界和政府部门关注的焦点。由此,在需求紧缩的新增长阶段,推进城镇化便成为打开抑制经济增长障碍的缺口,释放经济高速发展的潜力的关键,城镇化也就自然而然地从国家经济发展战略的配套政策上升为核心政策①。

要通过推进城镇化扩大内需来带动国民经济增长,具有 9 亿人口的广大农村绝不可忽视。1997 年以来的需求紧缩与广大农民的收入增长滞缓密不可分。2000 年,按户籍统计的我国乡村人口达 9.28 亿,占全国总人口的比重高达 73.33% ,但在社会消费品零售额中,县及县以下的比重仅为 38.2% 。正如《中共中央、国务院关于促进小城镇健康发展的若干意见》所指出的:"扩大国内需求,开拓国内市场特别是农村市场,是我国经济发展的基本立足点和长期战略方针。发展小城镇,可以有效带动农村基础设施建设和房地产业的发展,扩大投资需求尤其是吸引民间投资,可以明显提高农民消费的商品化程度,扩大对住宅、农产品、耐用消费品和服务业的需求。这不仅有利于缓解当前国内需求不足和农产品阶段性过剩的状况,而且也为整个工业和服务业的长远发展拓展新的市场空间。"

二、改革开放以来全国县域经济和小城镇的发展实绩

乡村地区城镇化的推进和小城镇的发展根植于县域经济之中。上级政府对下级政府、国家对社会和个人的分权化改革,极大地调动了广大群众和地方政府发展经济的积极性和主动性,但也导致了城乡经济和区域经济的分隔,形成了在城乡分隔和区域分隔体制下以农村工业化和小城镇建设为主要特征的县域经济发展模式。

---

① 参见第 177 页注 1。

1. 县域经济实力显著增长,小城镇数量迅速增加,对国家城镇化水平的贡献较大

农村土地制度改革和农村工业化的推进,促进了县域经济增长和小城镇的发展。到 2000 年,我国全部县域(包括县级市)的国内生产总值已达 5 万多亿元,占全国国内生产总值的比重达到 56.86%,其中第二产业增加值 21300 亿元,占全国第二产业增加值的 46.83%,原来以农业为主的经济结构伴随着工业化的推进已发生显著转变,第一、第二、第三产业增加值之比为 26.63∶41.91∶31.46。与此同时,农村的城镇化进程也明显加快,2000 年在全部 2074 个县级区划中,县级市的数量已达到 400 个,占县级区划数的 1/5;在全国 43735 个乡镇中,设镇建制的个数已达 19692 个,建制镇占乡镇总数的比率已达 45.03%。根据第五次全国人口普查,2000 年全国共有城镇人口 45844 万人,其中县级市人口 6218 万人,镇人口 16614 万人,二者合计占全部城镇人口的比例为 49.80%,这还不包括由于行政区划调整而并入地级市的部分。因此,乡村地区城镇化和都市地区城镇化对国家城镇化水平的贡献已是平分秋色。虽然小城镇的数量膨胀在一定程度上源于我国乡镇区划的调整和 1984 年颁布的建制镇标准较低等因素,但农村工业的异军突起所促成的县域经济特别是乡镇经济实力的快速增长,乃是小城镇数量迅速增加的一个重要动因。

2. 小城镇人口规模较小,占地较多,基础设施水平低,对经济的聚集能力较弱

由于我国的农村工业化的高度社区性和分散性,同时由于行政区划的乡镇规模本身较小,我国小城镇的数量虽然增长迅速,但小城镇的人口规模却严重偏小。根据全国第一次农业普查资料①,1996 年,我国乡镇的平均人口规模仅为 2.1 万人,东部、中部、西部地区分别为 2.71、2.29 和 1.14 万人;在全国 16124 个非县政府驻地镇中,平均每个建制镇的镇区人口仅 4520 人,其中非农业人口 2072 人,其中 3 万人以上规模的镇只有 170 个,占镇总数的 1.05%,而镇区人口不足 5000 人的镇多达 11985 个,占总数的 74.3%。小城镇的人口规模较小,管理粗放,平均占用土地规模较多,1996 年全国非县政府

————————

① 全国农业普查办公室.我国第一次农业普查资料综合提要.北京:中国统计出版社,1998.

驻地镇平均占地面积达 2.42km²,人均占用土地高达 486.88m²。小城镇基础设施水平低,1996 年末,平均每个建制镇的公路里程 44.59 公里,汽车站、火车站和码头共 0.87 个,供水站 0.91 个,邮电所 1.10 个,电话 836.40 部,文化站、图书馆 1.18 个,影剧院 0.60 个,公园 0.08 个,绝大多数镇没有排水系统、污水及垃圾处理系统。由于除县城外绝大多数小城镇人口规模较小,基础设施水平较低,对企业和人口的集聚能力严重弱化,因而难以有效发挥农村经济的增长极作用。

3. 农村和小城镇产业结构不断调整,但第三产业发展仍严重滞后

伴随着农村经济的工业化过程,农村产业结构迅速转变。到 2000 年,在全部乡村劳动力中,农林牧渔业就业人数的份额已从 1978 年的 92.88% 下降到 68.38%,而非农产业就业人数的份额则从 7.12% 迅速提高到 31.62%。但由于小城镇规模较小,乡镇企业在镇区的集聚程度非常低,服务业就业机会严重不足,致使小城镇第三产业发展滞后。据我国农村改革试验区小城镇调查统计资料[1],1999 年被调查的小城镇第一产业的比重由 1990 年的 9.12% 降低到 1997 年的 2.07%,但第三产业的比重上升幅度仅为 1.8%,第二产业比重一直保持在 80% 以上,并且 1990—1997 年的 8 年中,有 4 个年份第三产业的比重是下降的。全国第一次农业普查资料也显示[2],1996 年底,小城镇交通运输、批发贸易、餐饮业和其他产业从业人员所占比重也仅有 15.7%。由于第三产业是劳动力就业吸纳能力较强的部门,第三产业发展滞后,势必制约农村剩余劳动力的转移,延缓我国农村地区人口城镇化进程。

4. 区域差异和规模分化严重,城镇化水平深受行政建制操作进程的影响

无论是总体经济实力还是人均水平,我国县域经济的差异都十分惊人。2000 年,国内生产总值达到 50 亿元以上的县(县级市)为 254 个,而不足 5 亿元的县则有 399 个,前者人均 GDP 已达到 10434 元,而后者只有 2058 元。从地方财政预算内收入来看,2000 年 2 亿元以上的县市已达 174 个,人均达到 428 元,而不足 0.2 亿元的则有 319 个,其人均水平则只有 71 元。以 2000 年人口普查分县数据计算的人均 GDP,更体现出"一个中国,四个世界"的巨大

---

① 张照新.结构转换与发展速度非均衡的我国小城镇——我国农村改革试验区小城镇统计调查数据分析报告.中国农村经济,1999(4):57—63.

② 参见第 179 页注 1。

不平衡性①。按购买力平价(PPP)计算,已有 33 县级单元人均 GDP 高于世界
上中等收入国家平均水平(8320 美元),我们称之为"第一世界",其人口占全
国的 1.81%,GDP 则占 5.37%;处于上中等收入国家水平(人均 GDP 高于
3960 美元,低于 8320 美元)的"第二世界",县域单元数为 271 个,其人口和
GDP 分别占全国的 11.34% 和 17.954%;处于下中等国家水平(人均 GDP 高
于 1790 美元低于 3960 美元)的广大"第三世界",县域单元数为 880 个,其人
口和 GDP 分别占全国的 31.15% 和 23.25%;还有处于低收入国家水平的"第
四世界",县域单元数多达 843 个,人口和 GDP 分别占全国的 26.18% 和
9.12%,其中有 606 个县级单元低于撒哈拉以南非洲的平均水平,而这部分县
域人口多达 2.22 亿人,占全国的 17.55%,而其 GDP 只占全国的 5.19%。

　　表 13-1 列出了各种不同类型县(市)的经济发展状况,可以看出,按地貌
类型分,平原县明显好于丘陵县,丘陵县又明显好于山区县;按社会经济类型
分,老区县、民族县、陆地边境县、牧区半牧区县还远远落后于沿海开放县;按农
业区划分,在九大农区中,地处东部沿海的华南区、长江中下游区的发展水平明
显较高,东北区、黄淮海区、甘新区的发展水平明显次之,而地处西部的内蒙古
及长城沿线区、黄土高原区、西南区、青藏高原区的发展水平明显滞后。

表 13-1　我国县域经济发展的区域差异(2000 年)

区域	县个数（个）	人均 GDP（元）	人均地方财政预算内收入(元)	人均储蓄存款(元)	农业部门份额		非农部门份额	
					产出	就业	产出	就业
按地貌类型分								
丘陵县	532	5424.76	196.10	2694.18	26.65	68.53	73.35	31.47
山区县	901	4194.16	175.08	2188.90	29.20	73.82	70.80	26.18
平原县	646	6333.91	221.70	3603.92	25.23	67.81	74.77	32.19
按社会经济类型分								
老区县	241	4348.29	168.96	1881.12	30.42	67.06	69.58	32.94
民族县	639	3685.29	183.84	1952.93	36.51	80.33	63.49	19.67
陆地边境县	134	4382.55	228.31	3537.78	34.43	85.67	65.57	14.33
牧区半牧区县	264	4006.84	184.26	2043.38	36.38	84.87	63.62	15.13

---

①　胡鞍刚.中国:走向区域协调发展.中经网:50 人论坛,2004 年 5 月 10 日.

区域	县个数(个)	人均GDP(元)	人均地方财政预算内收入(元)	人均储蓄存款(元)	农业部门份额		非农部门份额	
					产出	就业	产出	就业
沿海开放县	200	11019.13	370.83	5986.52	17.87	55.80	82.13	44.20
贫困县	577	2691.38	123.79	1431.24	36.45	76.48	63.55	23.52
按农业区划分								
东北区	153	5838.40	187.10	3505.19	30.51	78.84	69.49	21.16
内蒙古及长城沿线区	119	3981.67	196.39	2562.66	29.07	77.03	70.93	22.97
黄淮海区	318	5823.61	189.73	3099.23	27.23	70.20	72.77	29.80
黄土高原区	212	3513.14	160.39	2556.71	21.16	72.64	78.84	27.36
长江中下游区	449	6540.74	247.22	3089.08	23.43	63.43	76.57	36.57
西南区	386	3309.10	138.28	1741.57	32.48	74.34	67.52	25.66
华南区	172	6775.92	233.17	3858.47	26.11	66.74	73.89	33.26
甘新区	125	5185.88	242.33	3353.03	33.90	83.93	66.10	16.07
青藏高原区	148	3190.71	141.29	1276.30	39.70	89.50	60.30	10.50

资料来源:国家统计局农村社会经济调查总队.《2001中国县(市)社会经济统计年鉴》.中国统计出版社,2001年.

经济发展是城镇化和小城镇建设的基础,县域经济的巨大区域差异必然会造成乡村地区城镇化水平和城镇发展水平的巨大差异(表13-2)。根据人口普查数据,2000年400个县级市平均城镇人口已达15.55万人,而19692个建制镇平均城镇人口才0.84万人。2000年,这400个县级市的分布主要集中在广东、山东、江苏、浙江、湖北、河北、河南、吉林等省,这8省的县级市占据了全国的一半以上。从县改市比率看,超过全国平均水平的省区有11个,其中吉林、江苏、海南、广东4省超过了40%,浙江、辽宁、湖北、山东4省区超过了30%。从乡设镇比率看,全国平均水平已达到45%,上海、广东、江苏均在80%以上,福建、海南、浙江、山东、吉林、安徽、湖北、广西已超过50%,但黑龙江、河南、山西、内蒙古、甘肃、宁夏、青海、新疆、四川、云南、西藏等省区却不足40%。不同地区乡设镇比率的差异,既与农村经济发展的水平密切相关,但也体现出不同省区在乡改设镇操作上的差别,像贵州、海南、吉林、安徽、广西、陕西的农村经济发展水平均低于全国平均水平,但其乡改设镇的比率却很高;许多经济发展水平非常接近的省区,但其乡改设镇的比率却有很大的差异,如河南省和安徽省,前者的乡设镇比率仅为36.53%,而后者则高达51.11%,二者相差14.58个百分点。

表13-2　我国农村地区城镇化水平的省区差异(2000年)

省区	农民人均纯收入(元)	县设市比率(%)	乡设镇比率(%)	镇区人口占全部人口的比重(%)	镇区人口占乡村人口的比重(%)	镇区人口占城镇人口的比重(%)	乡村劳动力的非农化率(%)
北京	4604.55		66.98	7.56	25.19	9.75	57.96
天津	3622.39		47.27	18.03	39.16	25.05	52.59
河北	2478.86	16.67	45.62	9.09	10.98	34.52	38.48
山西	1905.61	12.37	24.32	13.02	16.74	36.99	33.41
内蒙古	2038.21	17.86	23.55	18.38	24.29	43.04	16.98
辽宁	2355.58	38.64	41.15	10.79	19.31	19.65	32.59
吉林	2022.5	48.78	53.15	15.14	23.12	30.48	19.38
黑龙江	2148.22	28.79	37.64	16.40	25.28	31.82	18.52
上海	5596.37		98.04	10.78	47.98	12.21	66.90
江苏	3595.09	48.28	81.11	16.32	22.03	38.63	44.93
浙江	4253.67	38.71	56.36	20.15	28.19	41.39	51.86
安徽	1934.57	8.20	51.11	12.43	14.50	46.50	28.45
福建	3230.49	23.33	61.29	19.01	24.67	45.31	38.21
江西	2135.3	12.50	41.06	14.03	16.25	50.67	36.44
山东	2659.2	33.70	64.61	13.61	18.03	35.66	32.34
河南	1985.82	19.09	36.53	8.31	9.79	35.45	24.48
湖北	2268.59	36.36	64.18	12.61	17.48	31.14	34.94
湖南	2197.16	18.18	44.16	10.91	13.01	39.67	27.47
广东	3654.48	40.26	97.83	20.15	31.24	36.20	43.63
广西	1864.51	12.35	54.78	14.03	16.34	49.83	27.44
海南	2182.26	41.18	66.34	18.41	23.68	45.26	20.89
重庆	1892.44	15.38	44.16	11.46	14.62	34.64	31.87
四川	1903.6	10.00	35.32	12.26	14.40	45.27	30.56
贵州	1374.16	11.54	47.30	11.57	13.21	48.30	23.88

省区	农民人均纯收入(元)	县设市比率(%)	乡设镇比率(%)	镇区人口占全部人口的比重(%)	镇区人口占乡村人口的比重(%)	镇区人口占城镇人口的比重(%)	乡村劳动力的非农化率(%)
云南	1478.6	9.17	29.54	12.39	13.92	53.02	14.09
西藏	1330.81	1.39	21.39	11.11	12.11	57.16	10.61
陕西	1443.86	4.60	43.66	12.62	15.69	39.27	25.39
甘肃	1428.68	11.84	14.28	8.28	9.82	34.58	25.36
青海	1490.49	5.13	9.30	11.66	14.70	36.06	17.27
宁夏	1724.3	11.76	20.71	9.65	12.50	32.56	22.64
新疆	1618.08	20.00	15.62	10.70	13.92	31.62	11.18
全国	2253.42	19.29	45.03	13.37	17.49	36.21	31.62

注:镇区人口占全部人口的比重、镇区人口占乡村人口(包括镇人口和乡人口)的比重和镇区人口占城镇人口的比重均按全国第五次人口普查数据计算。

资料来源:中华人民共和国国家统计局.《中国统计年鉴-2001》.中国统计出版社,2002.

　　由于乡改设镇比率的较大差异,加之镇区人口平均规模的差异,建制镇对各省区城镇化的推动作用显示出较大差异。那些农村经济欠发达而乡改设镇比率又较高的省区,如海南、吉林、安徽、广西、江西等,在一定程度上存在着"假城镇化"现象——许多与一般集镇几乎没有差别的建制镇的设立,直接导致了镇区人口的增加。因此,在解读我国各地区的乡村城镇化水平时,经济发展水平只是比较重要的变量之一,乡改设镇的比率和镇区人口规模也是极为重要的因素。由于在个别省区一定程度上存在着"假城镇化"现象,一些省区之间的城镇化水平存在着某种程度的不可比性。

第二节　乡村地区城镇化动力机制的演变

　　城镇化作为人口和非农产业向城镇集聚的过程,是多元经济行为主体在一定的动力机制作用下选择决策的结果。国内一些学者曾将我国城镇化的动力机制概括为二元理论模式:"自上而下型"和"自下而上型"。前者指以城市地域经济和人口集聚而呈现的扩展型城镇化,其动力主要来源于国家、省一级的直接投入,是由国家发动的;后者指农村地域以乡镇企业为主体的经济与劳动力转化和建立农村城市(小城镇)而呈现的集聚型城镇化,其动力主要来源于农村内部,包括社区和群众的原始投入,是由社区政府和农民自主发动的①。事实上,伴随着计划经济体制向市场经济体制的转型,政府、企业和个人均成为城镇化推进的主体②,我国乡村地区城镇化的动力机制也趋于多元化③④。综观改革开放以来我国乡村地区城镇化的进程,可以发现,这种独特的城镇化既源于农村人地关系紧张而形成的对农民和社区政府的推力,也源于城镇本身因其聚集经济效益和众多社会经济机会而形成的对企业和农民的拉力,但无论是推力还是压力,均离不开特定的制度与政策环境对多元行为主体所提供的激励与约束。改革开放以来,除农村人地关系紧张而产生的推力和城镇本身社会经济发展而产生的拉力外,我国乡村地区城镇化的推进主要源于两个紧密交织的因素:经济体制的市场化改革及其推动下的农村经济发展。因而,伴随着改革的深化和经济结构的转变,乡村城镇化的动力机制也必然发生相应的转变。

一、乡镇企业与县域经济的工业化

乡镇企业发展和县域经济的工业化是乡村地区城镇化的根本动力⑤⑥。改革开放以来,伴随着经济发展战略的转变和经济体制市场化改革的推进,我国迎来了农村经济发展的新时期。一方面,最先启动的农业制度改革极大地解放了农业的生产力,为农村工业化的发动提供了产权相对明晰的市场主体以及前所未有的资金、劳动、土地、物资等生产要素基础;另一方面,宏观制度与政策环境对社队企业的承认和支持,为乡镇企业的发展扫除了制度和政策上的障碍,特别是1984年中央做出《关于经济体制改革的决定》之后,长期以来受到压制否定的联户办、个体和私营企业取得了合法地位,使我国乡镇企业出现了"多业

---

① 崔功豪、马润潮.中国自下而上城镇化的发展及其机制.地理学报,1999,54(2):106—115.

② 宁越敏.新城镇化进程——90年代我国城镇化动力机制和特点探讨.地理学报,1998,53(5):470—477.

③ 胡序威、周一星、顾朝林等.中国沿海城镇密集地区空间集聚与扩散研究.北京:科学出版社,2000:141—174

④ 郑弘毅主编.农村城市化研究.南京:南京大学出版社,1998:22—38.

⑤ 苗长虹.乡村工业化对我国乡村　城市转型的影响.地理科学,1998,18(5):409—417.

⑥ 樊杰.中国农村工业发展在城镇化过程中的作用——对我国七个建制镇的实证研究.地理科学,1998,18(2):99—105.

并举、多轮驱动"的发展格局。同时,中央与地方政府之间的分权化改革以及财税体制相应的变化,也极大地强化了地方政府的利益主体地位,并由此促成了对我国区域经济发展有深远影响的地方政府推动型经济模式的产生和强化①。可以说,20世纪末的20年,我国农村经济是一个以乡镇企业发展与县域经济工业化为主导的时代。1978年,全国乡镇企业产值仅有493.1亿元,从业人员2826.6万人,其中乡镇工业产值仅有385.3亿元,从业人员1734.4万人;而到2000年,全国乡镇企业产值已高达116150.3亿元,从业人员12819.6万人,其中乡镇工业产值高达82456.4亿元,从业人员7466.7万人。

乡镇企业的发展与县域经济的工业化大幅度增强了县域经济的实力,为乡村地区城镇化的推进和小城镇的发展提供了有力的物质基础。以我国乡镇企业比较发达的浙江省为例,2002年全省有24个县(市)进入国家百强县(市),总数居全国第一,其中经济发展水平比较高、经济实力比较强的17个县(市),实现国内生产总值近3000亿元,占全省国内生产总值的比重接近1/3。县域经济既构成了全省经济高速增长的重要支撑,同时也构成了全省城镇化快速推进的重要依托。2001年,全省建制镇数量为838个,占乡镇数量的比重已达59.2%,这838个建制镇实现乡镇企业总产值11829亿元,占全省乡镇企业总产值的76.5%,平均每镇达14.12亿元,其中近1/4的建制镇乡镇企业总产值在20亿元以上,乡镇企业总产值在50亿元以上的有51个,占全部建制镇的6.1%,在100亿元以上也多达6个。在798个非市县政府驻地镇中,当年财政收入在1亿元的有34个,而这34个镇平均每镇的镇区人口为3.05万人,比全省小城镇镇区的平均水平多2.6倍;平均每镇镇区拥有企业944家,比全省小城镇镇区的平均水平多3.8倍;平均每镇从事二、三产业人员1.88万人,比全省小城镇镇区的平均水平多3.3倍。

2. 市场的逐步发育与劳动力流动趋向

在市场经济体制下,城镇化是要素市场逐步发育并实现从农村向城镇自由流动的必然过程。90年代以来,我国城乡商品市场和要素市场的发育进程大大加快,城镇在商品交换和生产要素流动中作为集聚中心的作用开始得到显现和加强,县级市和小城镇的市场体系日趋完善,并成为农村劳动力转移

---

① 苗长虹. 我国农村工业化的若干理论问题. 北京:中国经济出版社,1997:129—140.

的重要吸纳地。据第一次全国农业普查数据①,1996 年末,在全国 16124 个农村镇所辖范围内,由镇直接管理、经工商部门批准、具有固定场所的集贸市场数量为 30850 个,其中综合市场 20917 个,专业市场 9933 个,平均每镇有 1.91 个集贸市场,其中综合市场 1.30 个,专业市场 0.61 个。

　　劳动力作为流动性较强的生产要素,其流动的数量和方向对城镇化的推进有着重要而直接的影响。根据国家统计局农户抽样调查资料(表 13-3),1997—2000 年,调查农户中的农村转移劳动力占农村劳动力的比重由 18.1% 上升到 23.64%,据此推算,1997—2000 年全国农村转移劳动力数由 8315 万人增长到 11340 万人,平均每年增长 1008 万人,平均年增长率达 10.9%②。从转移的地域特征看,本乡内的转移仍是农村劳动力转移的主体,但存在着明显的下降趋势,占所有转移的比例已由 1997 年的 53.2% 下降到 2000 年的 45.9%;在乡外转移中,转向省外的比例显著提高,到 2000 年占全部转移的比重已接近 1/4,县内乡外和省内县外的比重基本接近,但前者呈下降趋势,后者则呈上升趋势。可以看出,我国农村劳动力转移的地域范围在显著扩大,跨省、跨县的转移成为农村劳动力转移的重要方向,体现出在全国范围内劳动力要素流动性的不断提高。

表 13-3　1997—2000 年我国农村劳动力转移状况

类别	1997	1998	1999	2000
农村转移劳动力占农村劳动力的比例(%)	18.10	20.56	21.55	23.64
农村转移劳动力中男性劳动力比例(%)	65.80	67.10	66.90	65.40
农村转移劳动力中受过专业培训的比例(%)	31.90	35.90	35.00	29.00
农村转移劳动力数量(推算数,万人)	8315	9547	10107	11340
在本乡内转移的比例(%)	53.20	48.30	48.50	45.90
在县内乡外转移的比例(%)	15.50	18.00	15.70	14.30
在省内县外转移的比例(%)	13.40	14.10	14.80	14.80
转移到省外的比例(%)	17.80	19.50	20.90	24.90
转移到国外的比例(%)	0.10	0.10	0.10	0.10

资料来源:蔡昉主编.《2002 年我国人口与劳动问题报告》.北京:社会科学文献出版社,2002.

---

① 　参见第 179 页注 1。
② 　蔡昉主编.2002 年中国人口与劳动问题报告.北京:社会科学文献出版社,2002.

从农村转移劳动力对我国城镇化的影响看(表13－4),在全部转移劳动力中,城镇已成为接纳农村劳动力转移的主体,与20世纪80年代和90年代前半期源于乡镇企业高速发展而形成的"离土不离乡、进厂不进城"的就地转移模式不同,90年代后半期以来我国农村劳动力的转移已具有明显的"城镇偏向",并且这种偏向在迅速增强,到2000年,在全部农村转移劳动力中,转向城镇的比重已达到66%,绝对规模已达到7463万人。从不同级别城镇看,建制镇对农村转移劳动力的吸纳能力最强,1997—2000年平均每年吸纳的农村转移劳动力占全部转移劳动力的比重达21.83%,占转向城镇的比重达35.57%,平均每年吸纳的农村转移劳动力人数达2183万人;省会城市、地级城市和县级市对农村转移劳动力的吸纳能力基本接近,平均每年吸纳的农村转移劳动力在1195—1352之间,占全部转移劳动力的比重在12.13%～13.74%之间,占转向城镇的比重在20.12%～22.77%之间;从吸纳农村转移劳动力的近期趋势看,伴随着劳动力流动能力增强和流动范围的扩大,农村转移劳动力转向建制镇、县级市的份额在明显下降,而转向地级市和省会城市的份额在上升,但建制镇作为吸纳农村转移劳动力主渠道的地位短期内不可能改变。

表13－4　农村转移劳动力中往各类城镇转移的比例和数量

类别	年份	省会城市	地级市	县级市	建制镇	合计
绝对数(万人)	1997	1055	1009	1081	1316	4461
	1998	1049	1200	1361	1872	5482
	1999	1179	1312	1431	2761	6683
	2000	1497	1648	1535	2783	7463
	平均	1195	1292	1352	2183	6022
占全部转移数的比重(%)	1997	12.68	12.13	13.00	15.83	53.64
	1998	10.99	12.57	14.26	19.61	57.43
	1999	11.66	12.97	14.16	27.32	66.11
	2000	13.20	14.53	13.54	24.54	65.81
	平均	12.13	13.05	13.74	21.83	60.75

续表

类别	年份	省会城市	地级市	县级市	建制镇	合计
占城镇转移 数的比重 （%）	1997	23.64	22.61	24.24	29.51	100
	1998	19.14	21.89	24.83	34.15	100
	1999	17.64	19.62	21.42	41.33	100
	2000	20.06	22.08	20.57	37.29	100
	平均	20.12	21.55	22.77	35.57	100

资料来源：蔡昉主编.《2002 年我国人口与劳动问题报告》.北京：社会科学文献出版社,2002.

三、市镇建制标准的变动与新设城镇的增加

原有城镇规模的扩大和新设城镇的增加是城镇化的两种基本形式。我国城镇化水平的波动发展，在某种程度上，市镇设置标准的变动是一个非常重要的因素。我国设置市、镇建制的规定是 1955 年由国务院正式颁发的，在 1963 年《关于调整市镇建制、缩小城市郊区的指示》中进一步提高了要求，将所在地聚居人口的标准由 2000 人以上提高到了 3000 人以上，并增加了非农业人口比例指标。1984 年，为适应改革以来农村社会经济发展的新形势，国家这一次又下调了建制镇的设置标准，规定凡乡政府驻地非农业人口超过 2000 人的，可以设镇；凡县级地方国家机关所在地，均应设置镇的建制；而对少数民族地区、人口稀少的边远地区、山区和小型的工矿区、小港区、风景旅游区、边境口岸区，非农业人口虽不足 2000 人，如有必要，也可以设镇。1986 年，全国逐步推行"市带县"体制，并大大放宽了对建市标准中非农业人口比重和人口规模的条件。建镇和设市的标准的放松，直接促进了市镇数量和城镇人口的快速增长，仅 1984 年当年，就新增建制镇 3400 多个。1985—1987 年，我国乡镇数由 91138 个减并为 68296 个，但建制镇的数量却由 7956 个增长到 10280 个。1992 年邓小平南巡谈话发表以后，我国经济进入新一轮的高速增长时期，当年新增加建制镇 2253 个，建制镇占乡镇数量的比重由上一年的 21.39% 提高到 29.30%。1993 年，国家又调整了设市标准，1994 年就新市 53 个。受经济高速增长带动和人口迁移与户籍制度改革的影响，我国新设城市和建制镇的数量显著增加，2000 年与 1992 年相比，我国的地级市由 191 个增加到 259 个，县级市由 323 个增加到 400 个，建制镇由 14135 个增加到 19692 个，地级市净增加 68 个，县级市净增加 77 个，建制镇净增加 5557 个。

新设城镇的增加乃是快速推进城镇化的最直接、最有效的手段,但其前提是设市、设镇的标准要科学,符合现代城镇的本质,同时操作上要规范。若脱离经济发展,仅仅通过下调设市、设镇标准和不规范的操作来增加城镇数量,那只能造成"假城镇化"。

四、相关制度的改革与政策的调整

1. 农村土地家庭承包责任制

这一制度为农民自主配置其生产要素并实现劳动力的流动提供了基础,同时其所带来的农业增长为乡村工业化和城镇化的推进提供了基本物资条件。但在这一制度下,土地成为农民基本的生存与就业保障,我国的农业经营更加细碎化,生计农业功能强化,商品农业功能弱化,这不利于农业产业化和农业规模经营的发展,同时也对农民向城镇的彻底转移起一定的阻碍作用。但在我国人多地少的基本国情下,长期实行这一制度对维持农村社会经济的稳定又是必须的。因此,如何在维持家庭承包责任制的前提下,建立规范的农村土地使用权的流转制度,是今后制度创新的一个带有根本性的领域。

2. 分权化的行政管理体制和相应的财税体制改革

这种分权化改革本着"事权"和"财权"相一致的原则,大幅度提高了地方政府对其所管辖地区社会经济的管理权限,也极大调动了地方政府发展地方经济的积极性和主动性,但也形成并强化了我国区域经济的"行政区经济"性质[①]。乡镇是我国最基本的行政单位,乡镇政府是最低一级人民政府。由于历史上的种种原因,我国的乡镇区划的数量多,但规模过小,财政能力弱。1984 年,我国乡镇区划总数达 91420 个,平均每个乡镇的人口仅 9000 多人。因此,在地方政府推动的行政区经济中,无论是乡村的工业化还是乡村的城镇化均是高度分散的。这种分散的工业化和城镇化一方面造成了我国建制镇数量的快速增长,另一方面也造成了过小的小城镇规模和小城镇低下的要素集聚能力。因此,自 80 年代中期以来,我国拆并乡镇的行政区划调整工作一直在进行,特别是近些年江苏、浙江等经济发达地区,为了促进中心镇增强

---

① 刘君德、舒庆.中国区域经济的新视角——行政区经济.改革与战略,1996(5):1—4.

集聚能力、扩大规模,进行了大规模的拆乡并镇的行政区划调整工作。

3. 就业、户籍与社会保障制度的改革

在传统体制下,城乡隔离是通过就业、户籍、社会保障等一系列制度来维持的,城市非农业人口是"统分统配",农村农业人口则只能实行农业领域的"自然就业"。改革开放以来,伴随着城镇就业方式的多样化和农村经济的发展,农民到城镇务工经商的要求日益强烈,有关就业、户籍和社会保障制度也发生了渐进性的改革。1984年10月国务院发出的《关于农民进入集镇落户问题的通知》和1985年9月全国人大常委会颁布的《中华人民共和国居民身份证条例》,为人口和劳动力的流动创造了基本条件。但由于受单位制和城市既得利益集团的影响,一方面农民到城镇就业仍受到许多限制;另一方面,户籍制度、社会保障制度的改革仍步履维艰,进城务工经商农民由于不能在城镇落户,其许多基本权益无法得到保障。直到90年代末,小城镇户籍制度改革才获得实质性突破,如1998年国务院批转的《公安部关于解决当前户口管理工作中几个突出问题的意见》,就大大放松了农民进入城镇的条件,并默许农民可以在不退还土地承包权的前提下进城落户。目前的问题是,小城镇由于就业机会的稀缺,其户籍的放开对农民并没有太大的吸引力,而特大城市和大城市的就业机会虽然较多,但对农民迁入的控制却极其严格。同时,在乡村地区城镇化推进过程中,由于农村和小城镇现代社会保障制度的缺失,大中城市的社会保障主要覆盖的是城镇职工,对农民工是封闭的,在市场风险迅速增大的社会经济趋势下,农民向城镇迁移的各种风险显著增大,这既严重阻碍着城镇化的持续推进,也更加强化了农民对土地保障和生计农业的依赖。

4. 城镇土地与住房制度改革

在改革开放以来的户籍制度改革中,农民进城落户的必要条件之一就是要在城镇购买商品房或合法自建房,显然满足这一条件的基本前提是城镇存在着土地和住房市场①。自城市经济体制改革以来,我国城镇土地有偿使用和使用权依法转让制度逐步推行,福利分房向货币化买房的改革,有力促进了城镇土地和房屋市场的发育。在城镇建设和发展中,土地不仅是一种高度

---

① 蔡秀玲.论小城镇建设:要素聚集与制度创新.北京:商务印书馆,2002.

稀缺的资源,更是一种非常宝贵的资产。因此,通过深化城镇土地制度改革,积极扶持房地产业的发展,不仅能为农民进城落户创造必不可少的条件,同时更是建设城市的重要资金来源和培育城市吸引力的重要途径。但在城镇化过程中,由于城市规模扩张与耕地保护之间的矛盾异常突出,商品房的高价格对农民进城的阻隔作用还非常严重,因而有关城镇土地管理制度和房地产市场的创新尚亟待加强。

综上所述,虽然我国在城镇化的相关制度与政策改革上已取得了较大突破,但与国民经济和社会发展对城镇化的要求相比,传统制度的束缚和与社会主义市场经济体制相适应的相关制度与政策的缺失,仍是制约我国城镇化健康推进的核心因素,制度创新与政策完善的任务还十分艰巨。

第三节　小城镇发展的不同类型和模式

如前所述,改革开放以来我国区域经济的发展,是以分权化改革为基础充分调动个人、企业和地方政府的积极性来实现的。由于各地自然条件、历史文化和社会经济发展环境的巨大差异,各地区域经济发展的模式也千差万别。由于乡村城镇化和小城镇的发展更多是农民和地方政府因地制宜的创造,因而其类型和模式也更加多样。

一、小城镇的分类

在发生学意义上我国小城镇的发展主要有两种类型:内发型和外发型[①],前者意味着小城镇发展的动力和资金来源主要是农民高度参与并推动下的本地工商业发展,农村工业化、城镇化与当地文化传统有机结合;后者则意味着小城镇的发展主要是由外部力量推动的,如外资推动的工业化或城市工业的迁移。事实上,由于非农产业是城镇得以形成和发展的基础,因此有关小城镇的发展类型也就必须同非农产业的发展有机联系起来。根据农村非农产业特别是农村工业发展的动力来源和资金积累模式[②],并考虑其内发或外发的性质,可以将我国小城镇的发展划分成若干类型(表13-5)。其中,乡镇

---

①　张晓山、胡必亮.小城镇与区域一体化.太原:山西人民出版社,2002:1—24.
②　苗长虹.我国农村工业发展型式研究.地理学报,1998,53(3):270—278.

工业带动型、个体私营工业带动型和外资带动型突显了改革开放以来我国独特的农村工业化的作用,专业市场带动型、边贸带动型、农贸市场带动型突显了农村市场体系发育的效果,资源开发带动型、旅游带动型、交通枢纽带动型强调了地理区位与资源禀赋的影响,而中心城市辐射型和卫星镇则突显了中心城市的辐射和功能重组效应。

表13-5 我国小城镇发展的主要类型

类型	主要推动力	代表地区
乡镇工业带动型	社区政府发动的农村工业化	苏南地区
个体私营工业带动型	民间资本发动的农村工业化	温州地区
外资带动型	外资导引下的农村工业化	珠江三角洲地区
专业市场带动型	专业市场和市场群落的发育	浙江
资源开发带动型	资源开发及相关产业发展	资源富集地区
旅游带动型	特色旅游资源的开发与服务	旅游资源富集地区
边贸带动型	边境口岸贸易	沿边地区
交通枢纽带动型	交通枢纽服务	交通要道
中心城市辐射型	中心城市经济辐射	大中城市郊区
卫星镇	中心城市功能重组与优化	特大型城市郊区
农贸市场带动型	集市贸易与农副产品流通	广大农区

上述类型只是从发生学意义上对小城镇类型所进行的机械划分。一方面,由于小城镇是不断发展演化的,不同发展时期和阶段其主导发展力量在不断变化;另一方面,任何一个小城镇在发展演化过程中其带动力量也不是唯一的,而是多种力量的融合,因此,现实中的小城镇类型,其主导力量不是静止的,主导力量本身的形态和性质处于快速的发展变化之中,同时小城镇的类型也不是唯一的,而是上述不同类型的某种综合。如作为乡镇工业带动型代表的苏南模式,自20世纪90年代后期以来,由于市场条件和宏观经济环境的变化,其地方政府主导、政企不分、产权模糊的集体所有制模式遇到了空前的危机,并由此引发了苏南工业化模式的急剧变革,相应地其小城镇的发展模式也发生了明显的变化,如外向型经济的发展、企业联合与企业集团的大规模组建、产权制度向股份制和股份合作制的改革、工业向工业园区的集

中等,从而造成了老"苏南模式"的终结和"新苏南模式"的兴起①。

二、小城镇发展的宏观区域特征及其动态变化

城镇是区域发展过程中人口和生产要素空间集聚的产物,小城镇的发展深受其宏观区域背景的影响,不同的区域发展条件、不同的区域发展类型、不同的区域发展水平,小城镇发展的特征亦有所不同。

1. 城镇密集区的小城镇

城镇密集区是指在一定地域范围内,以多个大中城市为核心,城市之间和城市与区域之间发生密切联系,城镇化水平较高,城镇连续性分布的密集城镇地域。在我国区域经济发展中,城镇密集区是工业化、城镇化、现代化水平较高,社会经济活动比较活跃,人口和生产要素高度集聚的一类特殊地区,也是我国推进工业化、城镇化和现代化的战略重点地区,如长江三角洲城镇密集区,珠江三角洲城镇密集区、环勃海城镇密集区等。在城镇密集区,由于大中城市较多,交通便捷,人口密集,非农产业发达,城乡联系紧密,小城镇受大中城市的辐射影响比较大,因而农村整体经济发展水平较高,劳动就业结构已高度非农化,小城镇高度密集,城乡一体化趋势非常明显②。由于城镇密集区各城镇已向网络化联结方向发展,人口和生产要素在各城镇之间的流动性较强,因而小城镇在城乡一体化的联接中发挥着不可替代的中介作用。同时,在城镇密集区,由于小城镇众多,不同小城镇受区位条件诸因素的影响呈现出高度动态变化的特征,卫星镇、大中城市边缘区的小城镇和大中城市之间的中介城镇等区位优势明显、规模较大的小城镇会迅速发展成为小城市甚至中等城市,一些距大中城市很近的小城镇则会演化为大中城市的市区,当然也会有一些规模很小、区位条件较差的小城镇因区划调整等原因而趋于衰落。

2. 传统农区的小城镇

传统农区是我国农村区域经济中最基本、分布最广泛的一种类型,这种区域的小城镇大多依赖农副产品交易市场、农副产品加工业、农业服务业等

---

① 洪银兴、陈宝敏."苏南模式"的新发展——兼与"温州模式"比较.宏观经济研究 2001(7):29—34,52.

② 黄文忠,上海卫星城与我国城镇化道路,上海:上海人民出版社,2003.

近农产业而发展,因此,农业和近农产业的发展水平,很大程度上决定了小城镇的性质和潜力。如人口密集的黄淮海平原农业区,由于区域发展的依托基本只有丰富的劳动力以及农业和近农产业,受自然条件和社会文化传统等多方面因素的影响,其农业发展水平和非农化水平还很低,作为农村居民点的传统聚落和集镇的分布虽高度密集,但小城镇的密度和发展水平却不高。由于这类地区"三农"问题较为突出,农业剩余劳动力较多,工业化、城镇化水平较低的现实与社会经济发展的客观需要之间的矛盾异常尖锐,因此,除积极推动人口流迁之外,加快小城镇的发展在区域城镇化进程中具有不可替代的作用。对于这类地区,今后的发展必须将农业产业化、农村工业化与农村城镇化有机结合起来,依托小城镇大力发展近农产业,积极推动农村产业结构调整和农业剩余劳动力的转移,同时要依靠人口和劳动力向大中城市和经济发达地区的迁移,逐步缓解人地关系压力,为农村产业结构调整和农业产业化创造条件。

3. 资源富集地区的小城镇

主要包括矿产资源富集和旅游资源富集地区。由于资源型产业和旅游业均存在着发展的生命周期现象,因此小城镇的发展和兴衰与其资源可持续利用以及产业结构的转换能力息息相关。这类小城镇在发展初期一般有较好的专业化的产业依托,但必须及早制定资源可持续利用和产业结构动态调整战略,注重小城镇功能的综合发展与完善,根据资源条件和产业的需求性质,加强资源深加工产业和接续产业的发展,努力实现小城镇经济的可持续发展。对于那些先天环境条件恶劣的、持续发展成本很高的小城镇,则不宜过多在基础设施和服务设施上进行投资,而应及早规划小城镇的搬迁或产业工人的异地就业安置。同时,资源开发型小城镇由于资源的开发和资源型产业的发展,对生态的破坏和对环境的污染一般都比较严重,资源开采区生态环境的恢复与重建以及环境污染治理的任务异常艰巨;旅游型小城镇由于旅游业的特殊性质,生态环境的状况直接影响着旅游业的发展和持续能力,生态环境保护和旅游业污染治理的工作十分重要。因此,资源富集地区的小城镇还必须优先确立生态可持续发展战略,将生态环境的整治作为小城镇建设和发展的关键环节。

4. 西部开发地区的小城镇

　　加快城镇化进程,是西部大开发的重要内容之一。但西部地区幅员辽阔,地广人稀,大中城市之间的距离一般都比较远,对广大农村地区经济发展的辐射范围有限,因此,在依托主要交通轴线进行点轴开发的过程中,小城镇作为农村社会、经济、文化中心的作用显得极为突出。但由于西部地区小城镇发展所受的限制因素要远较东、中部地区多,特别是交通和生态因素的限制,使小城镇的发展不可能像东、中部地区那样密集布局,因而必须坚持质量提升型战略,选择交通区位优势突出、生态环境良好的重点镇进行重点建设,而不能遍地开花,盲目扩张。在小城镇的职能方面,要依托交通和生态环境条件,努力将小城镇建设成为职能完善,第二、三产业发达的区域增长中心。由于西部地区现有小城镇的规模普遍偏小,基础设施条件差,土地利用粗放,如1999年,西北5省区镇区人口规模小于2000人的就达573个,占50.2%,2000—5000人的有391个,占34.2%;平均每个建制镇镇区人口数比全国平均水平低3.63%,比东部地区低22.8%,比中部地区低9.44%;平均每个建制镇所拥有的集贸市场、汽车站、发电站、供水站、电话装机数量分别为1.5个、0.3个、0.3个、0.72个、432台,均明显比东部和全国平均水平低;镇区平均用地面积为2.56km²,却比全国平均水平高16.36个百分点[①],因而,强化小城镇的集聚效应,努力扩大小城镇的规模,大力加强小城镇基础设施建设,强化小城镇土地管理和土地经营,应作为西部小城镇建设的基础和优先环节。

三、不同等级规模类型的小城镇发展

　　城镇化的推进不仅要依托单个城市的发展,更要依托一定区域范围内不同城镇之间相互作用而形成的城镇体系。在县域层面上,这些不同等级规模的小城镇,由于其职能和规模的差别而在城镇体系中发挥着不尽相同的作用,其发展的方向和重点也有所差别。

　　1. 县级市

　　县级市在我国城镇体系中处于中间地位,它是大、中、小城市之尾,却是小城镇之首。在农村城镇化推进过程中,县级市由于其经济实力强,城市集聚效应显著,基础设施相对较为完善,文化教育相对较为发达,且多分布于城

---

① 李宇、董锁成. 西北农村地区小城镇人口集聚与人居生态环境研究. 自然资源学报,2002,17(5):597—603.

镇密集区,因而对向往城市生活的农民来说,是现阶段不可替代的推进主体和首选重点。因此,伴随着农村地区城镇化的快速推进,许多县级市城区人口规模和用地规模将会得到显著的增长,其中有相当一部分县级市将由目前的小城市发展成为 20—50 万人的中等城市,个别区位条件好、发展潜力大的县级市也可能发展成为 50 万人以上的大城市。

2. 县城(城关镇)

在我国的行政体制中,虽然乡镇是最基层的一级政府,但其行政职能并不完全,而县级政府却是我国职能比较完善的基层政府,其政治中心的职能,赋予了县城在经济、文化、教育、科技、信息、服务等方面在县域社会经济发展中的优势地位。因此,县城一般都是县域内的首位城镇,全县政治、经济、文化中心。在人口规模和经济实力上,县城虽一般不及县级市,但由于我国县的建制有非常久远的历史,县城无论是作为传统工商业中心还是作为现代非农产业的集聚地,在建制镇中其规模和要素的集聚能力均在其他建制镇以上,其综合性和中心性的特征非常突出。伴随着农村工业化和城镇化的推进,我国绝大部分城关镇的人口规模和经济实力将会有显著的提高,在经济发达、建制镇密集的地区,城关镇与周边小城镇也会逐步连在一起,因此应根据设市条件逐步调整区划而将县城改设为市的建制,以有利于其基础设施的完善和集聚能力的增强。从中长期的发展看,与县级市一样,那些人口数量多、经济发展潜力大的城关镇最终会发展成为中等城市,个别的甚至会发展成为大城市,而大部分城关镇则应以小城市为发展目标。

3. 中心镇(重点镇)

我国非县城的建制镇数量众多,2000 年已达 19692 个,占乡镇总数的比率已达 45.03%,许多地区甚至是地处西部的地区,建制镇占乡镇数量的比重超过了 50%。如此众多的建制镇,其发展条件和潜力的差别十分巨大,有的地理区位优越,人口规模较大,非农产业发达,经济实力较强,服务半径较长,伴随着农村工业化与城镇化的推进,这些建制镇会获得较快的发展,因此应作为重点镇进行重点扶植和建设。同时,为促进中心镇的持续发展,国家应该在设市的标准中增加撤镇设市的规定,对那些经济发达、城区人口和用地规模较大的中心镇进行切块设市,并试行"县辖市"的体制。由于我国现有乡镇行政区划的范围和人口规模比较小,因而要对重点镇进行扶植和建设,除了在公共基础设施与社会服务设施建设资金和非农建设用地指标等方面给予政策倾斜外,还应该因地制宜进行乡镇行政区划调整,适度扩大重点镇的管辖范围。

4. 一般建制镇

我国一般建制镇人口规模较小。造成这种状况的原因除乡镇区划规模较小外,1984 年出台的设镇标准较低也是一个非常重要的因素,甚至是最主要、最直接的原因。为规范建制镇的设置,国家即将出台新的建制镇设置标准。新修订的设镇标准将体现从严控制的指导思想,并通过采取按人口密度分类指导、增设总人口指标和定性指标、突出经济发展指标和政府驻地常住人口指标的办法进行调控管理。可以预见,伴随着新设镇标准的出台和实施,我国的一般建制镇将进入一个迅速分化的新阶段,那些经济实力较强、镇区人口规模较大的镇将保留镇的建制,而那些经济实力较弱、镇区人口规模很小的镇或者在区划调整中被撤并的镇将退化为重点集镇甚至是一般集镇。因此,未来我国一般建制镇的数量将有所减少,但建制镇的规模和发展质量则会明显提高。

第四节　小城镇发展面临的主要问题和对策

总体上,我国农村地区的城镇化和小城镇建设尚处于起步阶段,小城镇的规模普遍较小,建设质量普遍不高,对农民和生产要素的集聚能力普遍不强,区域发展很不平衡,制约小城镇发展的一系列制度和政策障碍尚未有效消除,与社会主义市场经济条件下小城镇持续发展相适应的规划、管理和管制模式尚未有效建立。因此,我们必须正视小城镇建设与发展过程中的困难和问题,积极稳妥地深化改革,大胆进行制度创新,不断完善推进我国城镇化的政策体系。除继续深化户籍制度改革以外,以下几个方面对农村地区城镇化的健康推进和小城镇的持续发展至关重要。

一、实现向"城镇密集区"和"重点城镇"战略的转移

经济学的研究表明,体制与政策在很大程度上是内生的,它们服从于外

生的指导思想和发展战略①。城镇化本身并不是目的,而只是实现社会经济发展的手段。现阶段,农村地区城镇化和小城镇建设的主要目的,是通过资本和人口向小城镇的集聚以及小城镇的持续发展,不断调整农村产业结构、就业结构、空间结构和城乡关系,逐步消除工农差别和城乡差别,切实合理地解决"三农"问题,努力减缓农村人地关系紧张的压力,为促进国民经济的可持续发展特别是农业与农村的可持续发展和公民的全面自由发展创造基本条件。因此,农村地区城镇化并非是孤立的,它只是国家现代化战略的有机组成部分,要防止将"小城镇、大战略"片面理解成"小城镇优先发展战略"②,理论上不切实际地赋予小城镇过多的战略功能,实践上不切实际地盲目发展和建设小城镇;同时也要防止将农村地区城镇化与小城镇建设同都市地区的城镇化与大中城市的发展看作对立的,以一种城镇化模式来否定另一种城镇化模式。在社会主义市场经济体制逐步完善的条件下,城镇化和城镇的发展,首先是农民、企业和各类社会组织在市场机制作用下自由选择的结果。政府意志和规划只有顺应市场规律,才能促进城镇化的持续健康发展。由于城镇密集区和重点城镇在市场机制作用下具有良好的增长能力和增长潜力,因而应该作为国家城镇化战略的重点。

二、重视小城镇发展的质量和规模效益

城镇与乡村的本质区别既在于人口和经济的空间集聚,更在于市民社会的发育水平。过去通过较低的设置标准而大规模推进的"行政建制城镇化",本质上并没有促进市民社会的发展,众多小城镇与乡村的一般集镇并无本质区别。因此,必须把提高小城镇发展质量、扩大小城镇规模作为一个重要战略内容。从近年来的实践看,实施包括县城在内的重点城镇战略,积极进行撤并乡镇,扩大中心镇的管辖范围,增强中心镇的政治、经济、文化中心职能,注重重点城镇功能的多元化发展,将农村教育中心、服务中心、技术培训中心与商贸交通中心、产业基地结合起来,将其建设成为功能完善、特色鲜明的现代化城镇,使其真正成为联系城乡、服务农村的纽带。而要确定中心镇或重点镇,除通过设定一系列定性、定量指标进行评价外,科学合理的县域城镇体

---

① 参见第175页注2。
② 赵新平、周一星、曹广忠. 小城镇重点战略的困境与实践误区. 城市规划,2002,26(10):36—40.

系规划是非常必要的。只有强化规划、规划立法和规划管理,明确各个城镇的职能定位、规模等级以及相互之间的层次关系,才能避免小城镇遍地开花、盲目发展的局面,也才能为重点镇或中心镇的规模扩张创造条件。

三、大力发展县域经济,努力提高小城镇对农民和非农产业的吸引力

非农产业是小城镇得以形成和发展的重要基础。近年来,发展县域经济,将农业产业化、工业化同城镇化有机结合,努力提高小城镇对农民和非农产业的吸引力,日益受到学术界和政府有关部门的重视。但问题是,一方面自 1997 年东亚金融危机以来,农村工业高速发展的宏观经济环境条件已不存在,市场需求紧缩和竞争的加剧,使技术水平相对低下的农村工业的发展受到了空前的挑战;另一方面,原先高度分散的农村工业布局已经形成,对这种布局进行调整的成本是非常高昂的,而招商引资也并非每个地区都能成功。因此,要谨防以小城镇建设和产业园区开发为借口,圈占耕地,硬性让企业进行搬迁、入园。现阶段,虽然地方政府仍拥有巨大的资源调控能力,但要提高小城镇对农民和非农产业的吸引力,就必须以遵循市场机制为原则,大力扶持非公有经济特别是民营经济的发展,以加强社会化服务、优化社会经济环境为前提,充分尊重农民和企业自主的选择,努力增加非农就业机会。同时,在小城镇建设中,要合理布局,科学规划,体现特色,注重实效,高度重视特色经济和地方产业集群的发展,努力提高非农产业的市场竞争力和持续发展能力,不断提升小城镇的形象与品位,积极创造方便宜人的生活环境。

四、创新小城镇支持政策与建设管理模式

小城镇建设是一个复杂的系统工程,需要土地、投融资、财政、税收、户籍、社会保障等多种支持政策的配合。为治理小城镇无序发展、遍地开花的局面,应严格实施土地用途管制和农用地转用许可制度,从严控制各个城镇的非农建设占地指标,将有限的指标向重点城镇倾斜;深化小城镇用地制度改革,明晰集体土地所有权主体,逐步实现小城镇用地由“征”向“购”的转变,通过招标拍卖、挂牌出售等形式,提高国有土地的开发利用的透明度和土地使用效益;坚决禁止地方政府以“以地生财”为动机,滥用对集体土地的征用权;积极培育和规范小城镇土地流转市场,加强和完善土地流转制度,允许

集体土地在明晰产权的基础上进行规范的流转;加强对旧镇区开发改造力度,盘活闲置用地;积极探索镇域范围内和乡镇之间土地置换和优化配置的途径,降低农民和企业进镇的用地成本,实施以土地换保障,将土地增值的收益切块管理,一部分用于基础设施建设,一部分用于对失去土地农民的社会保障基金。同时,还要大力加强小城镇地籍管理和土地利用规划管理,强化土地整理和复垦力度,切实保证耕地总量的动态平衡。

在投融资方面,小城镇建设已初步形成了农民、地方财政和社会集资等多元化的投资机制。根据国家统计局等 11 个部委的抽样调查,1996 年,小城镇建设资金 40% 来源于土地收益,30% 来源于进镇农民所带资金和社会集资,20% 来自地方财政及其他方面投入,10% 左右来自信贷资金①。但由于我国农村财政金融制度不健全,在小城镇建设资金高度缺乏的条件下,反而出现通过财政和信贷两个途径资金要素大量外流的现象。因此,必须深化农村财政和金融体制改革,本着镇事镇办,事权与财权相结合的原则,在合理确定小城镇政府事权的基础上,完善分税制的财政体制,以建立小城镇国库为突破口,努力建立科学、规范、稳定的一级独立财政实体,明确划分小城镇财政的收支范围,合理核定收支基数,保证小城镇合理、稳定的增收机制。在规范小城镇政府对小城镇建设投入的同时,通过组建农村股份制银行,加大农村金融创新力度,确保农村股份制银行为农村社会经济发展服务,增加银行对小城镇建设的贷款支持强度。同时,应加强上级财政对重点镇基础设施建设的支持力度,进一步开放小城镇基础设施建设与经营管理市场,利用财政贴息等手段,引导和刺激民间资本的投入。

小城镇的建设与发展,规划是龙头,管理是关键。没有科学、合理、经济上可行的规划,小城镇建设与发展过程中的一系列弊端就无法从根本上加以避免。当前,小城镇规划管理必须树立区域观点、市场观念、法治观念、动态观点和弹性观点,特别要做好县域城镇体系规划,注重行政区划调整与乡镇政府机构改革与职能完善的有机结合,加强重点镇建设的规划和管理,充分发挥地方政府的公共行政职能,努力调动各方面力量参与城镇建设与管理。

---

① 叶裕民.中国城镇化之路.北京:商务印书馆,2002:129—135.

第三篇

城乡关系与农村工业化

第十四章

中国城乡经济一体化的理论问题①

第一节 城乡经济一体化问题的提出

十一届三中全会以前,中国的城乡经济有严格的产业分工。城市孤立发展工业,农村发展农业,尤其是种植业,造成了我国经济的二元结构(相对发达的工业和比较落后的农业并存),以及典型的二元地域结构(发达的城市和落后的农村并存)。城乡经济有界限分明的所有制区别。城市基本上是全民所有制经济,农村基本上集体所有制经济。城乡经济是产品经济,经济成了行政的附庸。城乡经济缺乏横向联系,没有形成合理的分工协作体系。城乡经济在分配领域存在着显著的差别。城乡居民的收入水平一般在农村居民的 2 倍以上。城乡差别得以维持甚至扩大。城乡经济间的矛盾十分尖锐。一方面,农村经济成了城市经济的附庸而丧失了自我积累能力和发展能力;另一方面,城市经济成了行政的附庸,而丧失了自我发展的动力。结果整个国民经济的结构失调,效益低下。

十一届三中全会以后,农村生产责任制的实行,产业结构的调整,农副产品收购价格的提高和商品市场的开放,统购派购制度的改革,有力地推动了农村商品经济的发展②;而市带县体制的实行、城市企业自主权的扩大、企业经营机制的转变、生产要素市场的发育、所有制结构的调整,也有力地推进了

---

① 原载《河南大学学报(自然科学版)》1992 年第 1 期。

② 卢文.我国城乡关系的新发展.中国农村经济,1986(11):29—31.

城市商品经济的发展,打破了原有的城乡产业分工格局和经济所有制界限,促进了城乡经济间的联合和生产要素在城乡间的流动,从而使生产要素的合理配置出现了好的开端,使城乡经济相互融合、一体化的新格局开始出现,揭开了城乡经济一体化发展的帷幕。

但是,应该看到,目前中国城乡隔离、失调发展的状况并未根本改观,城乡经济的矛盾还相当尖锐。农村工业同城市工业争资金、争原料、争能源、争市场、重复建设、结构同化、"以小挤大"的矛盾,城市工业和传统农业的供给短缺,利益调整的矛盾,农村工业和传统农业的资源竞争的矛盾,城市综合功能的发挥与体制转轨落后的矛盾,农村剩余劳动力转移与过低的资本存量、城市特权及低下的素质的矛盾,基础产业落后和经济结构高级化的矛盾,经济增长速度和增长质量的矛盾,等等。这些矛盾的存在,使得我国的体制改革和经济发展深受城乡经济关系的掣肘,若不能很好地处理商品经济条件下的城乡关系、工农关系,那么市场体系的发育、价格改革的进行、管理体制的变革、城乡经济的发展、城乡差别的缩小,产业结构的调整、产业组织的创新,以及上述矛盾的转化和解决,都将深受影响。中国城乡关系、工农关系发展的根本出路就在于实施城乡经济一体化。

第二节　城乡经济一体化的基本内涵

区域层面意义上的城乡经济,是指以中心城市为核心的经济区经济,它是由城市经济系统和乡村经济系统关联而形成的地域经济系统。其中,城市经济系统是区域经济的主体和核心,它具有高度的聚集性和社会性,拥有密集的人口、劳动力、技术、资本、信息、基础设施、需求、享乐和高效的组织与管理,具有组织生产、集散物质、流通商品、科技创新、提供高级生产和高级服务等多种功能,其主体是第二、第三产业。尤其是中心城市经济,它是整个地域经济系统的创新中心、工业中心、贸易中心、金融中心、信息中心、管理中心、交通中心、技术中心、文化中心、服务中心和消费中心。而乡村经济则是区域经济的基础,它具有明显的分散性和自然性,拥有广阔的土地,担负着为地域经济系统的发展提供粮食、油料、副食品、原料、劳动力和工业品市场的任务,其主体是第一产业。

　　城乡经济一体化是市带县新体制下市域经济改革和发展的重大课题,是现阶段推进城乡一体化的核心内容和重要途径。根据地域经济系统理论和我国城乡经济发展过程中的经验与教训,城乡经济一体化的基本内涵至少应包括以下几个方面:(1)发展战略一体化。列宁指出,在社会主义制度下,要"使城乡之间的经济结合带有自觉性,计划性和系统性"①,就是要求把城市经济和乡村经济作为一个系统整体来设计其发展目标、发展方向、发展重点、发展步骤、发展政策等,树立城乡经济系统化的思想。(2)经济管理一体化。即要对城市经济和乡村经济进行统一管理,工农结合,条块结合,城乡兼顾,统筹安排,在战略制定、计划安排、资金投放、政策措施等方面全盘考虑,把城市经济和乡村经济作为一个系统整体来进行组织、协调和控制。(3)商品市场一体化。即要实现城乡互为市场,包括产品市场和要素市场,实行等价交换,实现生产要素和产品在城乡间的合理流动,促进生产要素进行合理配置。(4)经济活动网络化。即在生产和服务方面建立城乡间紧密联系的生产分工协作网络和生产生活服务网络,城乡互相支援,互为补充,实现资源共享,消除城乡间的二元结构,逐步形成以城镇体系为主体、以中心城市为核心、以产业活动为纽带的结构协调、功能完整的网络经济,使城市经济和乡村经济不仅在管理的形式上实现一体化,而且在生产活动的内容上实现一体化。(5)利益分配合理化。即在要素和产品分配、再分配过程中,逐步实现城乡利益分配合理化和城乡居民收入相对均衡化,缩小工农业间的价格剪刀差以及城乡居民在物质生活和精神生活方面的差距,促进城乡之间差别的逐步消灭。因此,城乡经济一体化,就是城乡经济再生产过程中的一体化和系统化,亦即城乡经济在生产、分配、交换、消费活动中的一体化和系统化,也就是根据社会主义的生产目的和生产原则,依照地域经济系统理论,来组织、管理和发展城乡经济,通过生产要素(资源)在市域经济系统中的时、空、量、质优化配置,来实现城乡经济的共同发展和共同繁荣,逐步消灭城乡差别。

　　城乡经济一体化内容的核心是实现生产要素(资源)的优化配置。这种优化配置主要反映在市域经济系统的结构优化和功能优化两个方面,其结构优化突出表现为产业结构的优化、高级化和空间结构的合理化,其功能优化

---

　　① 列宁全集.33 卷.北京:人民出版社,1957:420.

突出表现为城乡经济增长速度的提高和社会主义生产目的的有效实现。因此,要研究城市经济一体化,要实施城乡经济一体化,就必须围绕着生产要素(资源)的优化配置这一核心而进行。

第三节　城乡经济一体化研究的基本思路

我国当今经济活动中有两大主题:改革与发展,发展要求改革,而改革能推动发展。因此,对于城乡经济发展过程中存在的矛盾和问题,必须在改革和发展中求得解决;对于城乡经济一体化的研究,也必须建立在改革和发展的基础上,在改革中寻求城乡经济一体化发展的机会。

我国改革的经验和发展经济学的研究表明①,经济发展中起关键作用的因素有三:经济结构、经济组织和经济政策。从经济系统论和控制论的角度来分析,经济发展只有在合理的结构条件下才能持续有效地进行,系统的功能才能得以充分发挥。经济结构虽然层次很多,但其核心是产业结构和空间结构,它们在地域经济系统的经济结构体系中起着主导和控制的作用。经济组织是经济系统运行的实施者、组织者和调控者,也会是经济系统运行机制的决定者,以何种组织去有效地实现合理的经济结构,是经济系统运行的深层核心;没有高效的合理的经济组织的支持,就不可能形成高效的经济结构。在我国经济发展过程中,最缺乏的就是组织机制的创新与发展,它已构成我国城乡经济发展的主要制约因素。经济组织的内涵虽然非常丰富,但其核心是产业组织和地域组织,它们是经济体制形式的主要体现者。经济政策是实现合理的经济结构和经济组织的制度保证,没有得力的政策措施,任何方案的出台必定要在实践中付之东流,因而政策研究应成为经济研究的核心问题。在体制转轨阶段,政策的完善程度、合理程度和稳定程度,已成为影响和决定经济发展和经济决策的关键因素②。因此,经济结构、经济组织和经济政策是经济系统运行的三个相互依存、相互制约的重要条件。在方案制定和研究过程中,结构是基础,也是核心,组织和政策的设计必须围绕如何实施经济结构而进行;而在方案实施的过程中,政策是核心,组织是基础,只有得力的

---

① 张培刚.农业与工业化(上卷).武汉:华中工学院出版社,1984.
② 张晓明.产业结构转换与计划、市场的全覆盖.经济学动态,1988(9).

政策、高效的组织才能使方案付诸实施,才能取得较好的实施效果。

经济发展的核心问题就是实现生产要素的合理配置,体制改革、经济政策、发展战略的研究归根到底都是围绕这一核心进行的,城乡经济一体化问题的研究也应该围绕这一核心而进行。而生产要素的合理配置,反映到要素结合的质和量的关系上,有一个结构性的问题;反映到如何实施生产要素的合理流动和采取何种结合方式上,有一个组织性的问题;反映到如何保证生产要素得以合理配置的途径上,有一个政策性的问题。因而,经济结构、经济组织和经济政策研究有一个共同的核心,那就是实现生产要素的合理配置。

因此,对城乡经济一体化问题的研究,其基本思路是:在马克思主义经济理论的指导下,以改革和发展为契机,以实现市域经济系统中生产要素(资源)在数量、质量、时间、空间上的合理配置为核心,做到经济结构、经济组织和经济政策三项研究三位一体,相互配合,努力设计出最优的经济结构,高效的经济组织和完备的经济政策,探索出市域经济系统最优控制的形势和途径,从而为城乡经济一体化的实施提供行之有效的战略方案和战术措施。

第四节　城乡经济一体化实施的基本途径

实施城乡经济一体化,不仅是地域经济系统理论对城乡经济发展的客观需要,而且也是我国城乡经济改革和发展实践的必然要求。既然经济结构、经济组织和经济政策是城乡经济一体化研究的三个重要方面,那么要实现城乡经济的共同发展,推进城乡经济一体化,就必须从这三个方面进行统筹设计,而且要以设计的最优经济结构为调控目标,以创建的高效经济组织为调控主体,以制定的完备经济政策为调控手段,通过对市域经济系统的最优控制和反馈来促进系统运营的最优化。

城乡经济一体化过程中经济结构设计的重点是产业结构和其地域表现形式——空间结构,其核心是塑造具有比较利益优势的主导产业(增长极)和具有强大带动作用的城市体系(增长中心系统),其目的是形成产业发展、城乡发展、城镇发展的协调机制,增强经济结构的转换能力,实现产业结构的优化、高级化和空间结构的合理化。为此,(1)要依工业化阶段基准、发展战略基准、生产率上升率基准、收入弹性基准、产业关联基准、比较利益基准等准则,科学地选择出能充分发挥整体优势、有力带动区域经济发展的主导产业,以推进区域产业结构的高级化。(2)要依地域生产综合体中的结构平衡理论和生产循环(单向联结循环和多项联结循环)的性质,正确处理主导产业和被推进型产业之间的发展关系,尤其是工业与农业的发展关系,加强农业和基础结构等基础产业的基础地位,逐步消除基础产业落后的"瓶颈"影响,以实现工农业关系和区域产业结构的协调发展。(3)要因地制宜地发展乡村工业,努力调整乡村产业结构和农业部门结构,根据乡村的资源特点和市场的需要,确定乡村工业的发展方向、速度和规模,做到工农结合、以工补农、以农促工,城乡结合、以城支乡、以乡补城,实现乡村工农业之间和城乡工业之间的协调发展。(4)要依地域经济系统中的中心城市理论,充分发挥现有增长中心系统的网络扩散作用,尤其要发挥中心城市的经济辐射作用,并以其为依托,形成各类经济中心,把中心城市的经济活动伸展到小城市和广大农村,以形成灵活的网络式的经济结构。(5)要依地域经济系统中的城市体系理论和比较利益理论,科学确定各市镇的职能分工与协作联系。在小城镇,要充分发挥其农副产品和劳动力资源优势,大力发展农副产品加工业、农机修理业以及和城市工业配套协作的零部件、配件和原材料、粗加工等工业;在中心城市,要充分发挥其资金、技术、市场、信息、熟练劳动力、基础设施等方面的优势,大力发展农副产品深加工部门、以非农产品为原料的部门和主件、主机、组装等生产部门,注重技术开发和新产品开发。(6)要依据各地域农业生态系统和农业经济系统的特点,有计划有步骤地建立农业商品生产基地,以促进农业生产的专业化、社会化、商品化和现代化,加快农工商一体化经营的步伐。(7)要依地域经济系统中的增长极与增长中心理论,有计划、有步骤地建立不同规模等级的增长中心,兼顾"极化效应"和"扩散效应",做到既有利于中心城市多功能中心作用的形成与发展,又有利于高效的城镇网络扩散作用的形成与发挥,形成合理的城市体系结构。

城乡经济一体化过程中经济组织创建的重点是产业组织和其地域表现形式——经济网络,其核心是深化企业体制改革和大力发展经济联合,其目的是形成产业组织的协同机制和经济活动的网络化、一体化和系统化。为此,(1)要逐步推进企业体制改革,明确企业产权关系,采取合同、承包、租赁、股份、兼并、合并等多种形式,因地制宜地进行生产要素的优化组合,以形成产权约束下的自主经营的企业经营机制,从而为企业组织的创新提供制度基础。(2)要大力发展各种形式的经济联合(包括垂直联合和水平联合),积极组建具有地方特色和区位优势的企业集团和企业群体,使不同地区、部门、企业现有的、潜在的、单方面的优势转变成新的、现实的、综合的优势,以减少商品经济中企业经营的风险和资产、资源的浪费和闲置①②。其中城乡工业企业间的联合、工农业企业间的联合对推进城乡经济一体化意义更为重大,必须有计划地重点给予发展。(3)要以中心城市为依托、以各级城镇为节点,以城市体系网络发育为主体,组建联系地区、部门和城乡经济活动的高效能开放式的城乡经济网络,它包括城乡生产分工与协作网络和城乡生产生活服务网络。对于工业企业,要逐步实现其规模经营、专业化分工与协作生产、联合化、多样化,积极进行产品结构的调整,合理开展大、中、小企业间的竞争与联合,增强企业对市场的适应能力,更好地发挥行业优势和主体企业优势,提高城市企业的自我发展能力和乡村企业的生存能力。对于农业生产,要逐步实现农业生产的集约化、专业化和农工商一体化,积极建立农业生产基地和农工商联合企业,加强地区合作组织和专业化服务组织的建设,因地制宜地开展适度规模经营,消除土地经营平均化、兼业化的小生产格局,提高劳动生产率和土地生产力,增强农业自我发展能力。对于流通领域,要以国营商业为主导,积极发展集体、合作、个体商业和新型商业。大力发展流通领域的横向经济联合,积极发育企业集团,发挥市场群体优势,拓宽和疏通各种商业渠道,建立以中心城市的各种市场中心和服务中心为依托的开放式、多渠道、多形式、少环节的流通网络体系。对于城乡市场,要有计划、有步骤地开放生产要素市场,逐步完善生活资料市场,建立跨地区、跨部门、跨行业、跨所有制形式的一体化的开放市场,完善市场管理体制,利用政策、法律、经济、行政等多种手段加强对各类市场的管理,以中心城市为依托、以城市体系为主体、以小城镇为纽带、以乡村为基础,促进各级各类市场的协调发展,以形成开放式、多功能、多层次的市场网络体系。对于基础结构,政府要积极给予投资,同时要广辟财源,实行国家、集体、个人一起上。要加强现有的基础结构的改造与完善,努力提高其服务能力、服务范围和服务水平,大力开展多种形式的纵

---

① 洪小原.企业集团的成长与市场机制的发育.经济研究,1988(1).
② 黄先等.经济联合与经济改革.北京:经济科学出版社,1987.

向、横向联合,以形成纵横交织的城乡基础结构网络体系。对于经济管理与行政管理,要实现党政分开、政企分开,加速管理体制改革,要由单纯控制转向控制、调节、服务相结合,实行行业管理和归口管理,使计划管理与市场调节相结合,使管理网络纵横交织地覆盖城乡,以统一组织城乡经济活动。

城乡经济一体化过程中经济政策设计的目的是保证实践中经济结构和经济组织演进的合理方向。为此,(1)要有计划、有步骤地推进经济体制改革,完善市带县管理体制,转变政府经济管理职能,充分发挥政府在城乡经济一体化过程中的规划、计划、组织、指导、控制、协调、服务、监督等作用①②。(2)产业结构政策的制定要以提高产业结构的转换能力为核心,以实现产业结构优化和高级化为目标③④。要采取差别的产业发展政策,充分发挥经济杠杆的调控作用,加快主导产业的形成和基础结构的改善,使产业结构向着协调、优化、高级化的方向发展;农村产业发展政策的重点在于加速传统农业的现代化改造和非农产业的发展,促进农村产业结构的调整和产业发展水平的提高。(3)区域城市化政策的制定要以农村剩余劳动力的转移问题为核心。由于城乡剩余劳动力的基数均比较大,而城乡资本存量和增量又均比较少,加上城市现有基础设施欠账多,农村剩余劳动力素质差,城乡劳务市场发展滞后,并且还有现行城乡体制和城市特权的制约,使得农村剩余劳动力的转移困难重重。中近期内,城市产业扩张对农村劳动力的吸引作用非常有限,若大量的农村劳动力拥向城市,不仅会造成一系列城市问题,而且会加重本已很少的农业人力资本流失,从而影响城乡经济的协调发展。因此,中近期内农村剩余劳动力转移以向小城市、县城、建制镇和重点发展集镇集中为宜。要在户口管理、口粮管理、产业布局、土地经营机制、就业保险制度、劳务市场和中介组织发育、基础设施建设等方面,制定出适宜的政策。(4)产业组织政策的制定要以形成企业间组织关系的协同机制为着眼点。为此,要积极推进企业制度的改革,大力发展横向经济联合,因地制宜地组织企业群体和企业集团,加速宏观管理体制改革,推行行业管理,加强对中小企业的管理,

---

① 国家体改委等. 进一步改善市领导县的体制. 调查与研究,1987(2).

② 中共成都市委等. 关于进一步完善市领导县体制,推进城乡经济一体化的意见. 经济研究参考资料,1987(35).

③ 宋家泰等. 城镇体系规划的理论与方法初探. 地理学报,1988,43(2):97—107.

④ 朱家鸣. 协调:我国产业结构成长的关键. 经济研究,1988(3).

改革资产管理体制、投资体制、物资分配体制和计划体制,为企业组织创新和企业集团发育创造条件。(5)城乡经济网络发育政策的制定要以城乡配套改革为基础,以城乡经济联合和城市体系发育为媒介,积极发育各类市场,完善城乡统一的市场体系,加快城乡基础设施建设和农村商品生产基地建设,合理组织城镇间、城乡间的分工与协作,加速横向经济联合化和农工商一体化的进程,促使城乡经济的生产协作网络、商品流通网络、技术开发网络、经济信息网络、运输邮电网络、资金融通网络等网络子系统的协调发展。

第十五章

发展中社会的城乡工业化关系[①]

　　二元结构转化是发展中社会经济发展的基本任务之一,建立与发展农村工业,积极推进农村工业化,被许多发展中社会视作实现二元结构转化的一条重要途径。而随着农村工业化的推进,城市工业化与农村工业化之间的矛盾日益加剧,协调发展问题日益突出,并成为整体经济工业化进程中的一个重大战略问题。分析城市工业化与农村工业化之间的矛盾与摩擦、协同与制约,对发展中社会推进工业化进程,合理调控城乡工业发展,具有十分重要的指导意义。

第一节　农村工业化战略的提出与工业化内涵的拓展

　　长期以来,人们往往采用比较狭隘的观点来解释工业化,以为实行工业化就是单纯地在城市发展工业,而不顾及或不重视农村工业和农业的发展。如刘易斯(W. A. Lewise)著名的二元经济理论认为,只要资本主义的、工业的、以盈利为目的的现代经济部门能够支付一个高于农业的实际工资,只要两者工资差额能够补偿城市的较高生活费用和离乡背井的心理成本,农村剩余劳动力就会源源不断地流入城市现代工业部门[②]。因此,传统的工业化理论从实质上讲是"唯城市工业化"理论,它认为工业化、城市化能和谐地统一在同一过程中。然而许多发展中国家的实践表明,工业化和城市化不仅没有

---

① 原载《南京大学学报(哲学社会科学版)》1995 年第 1 期。
② 阿瑟·刘易斯. 二元经济论. 北京:北京经济学院出版社,1988.

同步进行,而且随着城市工业化的推进,反倒造成了农村发展的停滞和农业的严重萎缩。部分国家,工业化严重滞后于城市化,形成了所谓的"过度城市化",也有部分国家特别是我国,城市化则严重滞后于工业化,形成了城市工业化对农村剩余劳动力转移的严重排斥。

自70年代以来,随着大多数发展中国家对传统经济增长战略的否定和以满足人类基本需求为核心的变通经济发展战略的确定,农村和农业发展日益受到重视。新型战略强调,如果要公平地发展,从上(城市)向下(农村)发展与从下向上发展结合起来,要依靠每个地区自然、人文、制度资源的最大移动,要以农村为中心,小规模和应用"适用技术"为基础,通过改变整体资源利用中资源从农村到城市的不平等流动,实现农村地区的自我发展[1]。在新的发展理论和发展战略的推动下,以分散发展为特征的农村工业化便应运而生。该战略认为,农村发展要依靠农村工业化和农村现代化来推动,农村剩余劳动力的转移,农业现代化的实现,工农业的协调发展,农民收入的增加及社会政治地位的提高,不仅要依赖于城市工业化的推进,同时也依赖于农村工业化的带动。同时,70年代以来一些国家城市的过度拥挤而导致的分散工业化政策,也使工业化在广大的农村地区得以兴起。这样,以往"唯城市工业化"的狭隘观点逐渐被大多数人所抛弃,而代之以更为广泛的工业化概念。此概念不仅包含城市工业化,而且还包含农村工业化;不仅包括工业本身的机械化和现代化,而且包括农业的机械化和现代化;不仅包括工业活动在国民经济活动中占据优势,而且包括用工业的技术改造整个国民经济面貌和改变人们的社会活动方式,持续实现人口的城市化。

第二节　工业区位:城市和农村

一般而言,工业企业定位时需要考虑以下因素:(1)劳动力的素质、成本与可获得性;(2)投入物质与制成品的运输成本;(3)能源的可获得性及其成本;(4)该地区对关键工人与管理人才的吸引力;(5)地方与区域是否有产品销售市场;(6)与其他工厂或企业的联系状况;(7)是否具备适当的设施与位

---

[1]　Potter,R. B. Etal(de.). The Geography of Urban-rural Interaction in Developing Countries. Routiedgc, 1989:11—32.

置;(8)地方行政机构是否合作,例如关键工人的居住条件能否满足;能否得到地方政府的贷款与支持等①。对于上述区位因素而言,城市和农村各有自己的优势和劣势。如城市工业的集中布局可使企业获得聚集经济和外部经济,大大减少其交易费用,城市劳动力的素质较高,而且众多发展机会对优秀劳动力具有很强吸引力;城市区位的交通、信息通达性较好,靠近技术创新中心;但城市区位地价昂贵,污染严重,劳动力的成本较高;而农村工业的分散布局,则往往要增加企业的基建投资和交易费用,其劳动力的素质较低,优秀管理人才和熟练劳动力缺乏,但农村区位土地宽阔,地价便宜,劳动力资源和自然资源丰富,成本低廉,同时还有宜人的自然环境。根据一些学者对我国农区工业企业的调查和统计分析,比较适合在农村地区布局的部门主要是建材、金属制品、家具与工艺制品、塑料制品、木材加工、皮革缝纫、文教、纺织、机械、电力机械、食品制造等②③,它们大多是技术简单、对劳动力要求不高、资本集约程度较低,对建筑或其他设施无特殊要求,原料大部分可以就地解决的部门。

就企业规模而论,小规模企业由于其创建的技术门槛和资金门槛比较低,提供的就业机会比较多,因而倾向于在农村地区布局。联合国工业发展组织把制造业部门分为三类:第一类包括食品、饮料、木材、家具、印刷与出版、非金属矿产品等部门;第二类包括纺织、服装、皮革等部门;第三类包括造纸、橡胶、化学品、石油、贱金属、已制作的金属、非电气机械、电气机械和运输设备等部门。研究表明,第一类和第二类的劳动生产率较低,包含劳动量较多,适合于小规模分散生产。在发展中国家雇佣不到50人的小企业生产了第一类产值的37.2%,第二类产值的38.8%,第三类产值的22%,相应地,雇佣不到50人的小企业容纳了第一类工业劳动力的53.1%,第二类工业劳动力的45.7%,第三类工业劳动力的36.6%④。但小规模企业在经营中的市场风险较大,易于关闭,而且农村地区可替代的其他非农就业机会比较稀缺,因而要促进和维持农业剩余劳动力的持续转移,必须要不断地增设新企业。同

---

① Pacione,M. Rural Geography. London: Harper and Row pub, 1984.
② 中国农村发展问题研究组.国民经济新增长阶段与农村发展.杭州:浙江人民出版社,1987.
③ 韩俊.论我国农村工业发展面临的选择.中国工业经济研究,1989(6).
④ 联合国工发组织.世界各国工业化概况和趋向.北京:中国对外翻译出版公司,1980:346—368.

时,还要大力发展农村第三产业。这样,农村工业一般应拥有较高的企业创建速度。

随着工业化的推进,农村工业将步入起飞和持续发展时期,其技术水平、企业规模、大中型企业比重以及对国民经济现代化产业和新兴产业的参与能力都会逐步提高。同时,为降低因分散布局而形成的过高交易费用,农村工业企业也倾向于集聚布局,如韩国的"工业团地"和我国"农村工业小区"建设等。这样,在很大程度上增加了农村区位对工业的吸引力,而且也加快了农村小城镇的建设和人口城市化步伐。不过随着科学技术进步和产业结构的升级,一些新兴产业对技术、信息、资金的依赖性趋于增强,企业布局的城市倾向比较突出。因此要提高农村工业对国民经济新兴产业的参与能力和竞争能力,需要实施特殊发展政策,如在区位较优的农村,建立科技工业园区,加强与城市企业的联合协作等。

第三节　城市工业化与农村工业化的分工协作

城市工业化与农村工业化在国民经济发展中具有不可分割的密切联系。如二者相互提供机械设备,共同负担吸收农业剩余劳动力的重任,均对农业现代化提供物质、技术和财力的投入,均为农业、建筑业和第三产业发展具有带动作用,在生产经营活动中彼此间通过物质、技术、人员、资金、市场、信息、组织联系而相互依存等。其中分工协作是二者间最为密切的联系方式之一。分工有两种基本类型:横向分工(水平分工或部门——空间分工)与纵向分工(垂直分工或等级——空间分工)。横向分工是指城乡工业根据各自的技术经济实力和要素禀赋状况,在比较利益的推动下,选择自己具有比较优势的部门和产品进行生产而形成的分工。在许多发展中国家,农村要素禀赋的特征是:剩余劳动力近于无限供给,而资本和适宜技术极其稀缺,地价低,农副产品资源和自然资源相对比较丰富。这种特征促成了劳动密集型产业和资源型产业在农村的形成。表15－1列举了尼日利亚、塞拉利昂、印度、韩国和马来西亚等五个国家和地区的农村工业部门构成资料,它表明农村工业就业人口绝大多数从事的是食品、纺织、家具及金属加工等劳动密集型行业,其劳动力占农村制造业劳动力份额分别高达 90.1% ,97.2% ,93.1% ,80.7% 和 81.1%①。而城市要素禀赋的特征是:劳动力价格和地价高,资金相对丰富,技术力量强,信息传输快。这种特征有利于资金密集型和技术密集型产业的形成。从国内外城市传统工业逐渐向农村地区扩散转移的实践,也可以看出,城市工业只有发展资金密集程度和技术密集程度相对较高的产业,才能在分工中获取比较利益,城市的经济才能有生命力。

表 15 – 1   农村工业就业的部门构成(占制造业的比重)

国家(地区)	年份	食品、饮料和烟草	纺织品和服装	木材和家具	金属加工品和设备	其他
尼日利亚	1966	75.9	6.9	2.4	4.9	9.9
塞拉利昂	1974	4.4	52.9	19.2	20.7	2.6
印度	1971	20.3	393.3	16.0	17.5	6.9
韩国	1970	20.2	40.9	4.7	5.9	28.3
西马来西亚	1970	22.2	13.7	31.4	13.8	18.9

资料来源:联合国工发组织,世界各国工业化概况和趋向.北京:中国对外翻译出版公司,1980:359.

纵向分工是指城乡工业按产品的不同工艺过程和生产阶段所进行的分工,它是一种更高级的分工形式。由于许多工业产品的生产,大都具有技术上、空间上的高度可分性特点,从而使产品生产过程的专业化成为可能,而科学技术进步所创造的专业设备、专门工艺则使这种专业化生产成为现实。从城乡各自的特点来看,城市工业的企业规模一般比较大,技术力量强,国民经济中的大中型企业往往高度集中于城市之中,因而城市工业在纵向分工中一般占有支配控制地位,它应主要发展主机、主件和拳头产品,把主要科研力量用于新产品设计和技术创新方面;而农村工业企业规模一般均比较小,尤其是那些标准化程度高,技术简单而又成熟的产品,如我国著名的"二汽"集团,除 148 家联营厂之外,还包括一千余家与这 148 家工厂进行协作的农村工业企业,而这些企业大部分就是专门为汽车生产一种垫片,一个螺母或某种零部件等标准化产品。陕西"标准牌"缝纫机集团和北京"白兰牌"洗衣机集

① 参见第 216 页注 4。

团,也都奉行与农村工业分工协作的原则,利用农村工业企业规模小,分布广和劳动成本低等优点,积极提高专业化分工协作水平,既有力促进了集团的经济实力,也为农村工业更多地开拓生产空间提供了有利条件。

随着工业化的不断推进,城乡工业的分工协作有一个从低级到高级发展的过程。由于发展中社会农村工业发展大多是在城市工业化已经启动的背景下起步的,因而在其发展初期,农村工业大都集中在基于传统工艺技术和当地自然资源之上的传统部门和资源部门,如农机修造、食品加工、建材、纺织、采矿及原材料生产等。城乡工业缺乏分工协作,除受中心城市辐射影响较大的部分郊区型农村地区存在同城市工业的初级纵向分工之外,绝大部分农村地区仅在一些传统部门和资源部门存在着同城市工业的低水平横向分工。随着农村工业的不断发展和起飞时期的到来,其资本积累能力和自我改造能力逐步增强,农村工业开始向机器大生产方向过渡。虽然其采用的技术大多还比较落后,但随着机器大生产的引入,农村工业对国民经济的参与能力大大增强,同城市工业的分工协作也开始发展。这一时期,城市大工业的轻型化大多得到了比较充分的发展,劳动密集型部门和资源密集型部门成为农村工业发展的主体,城乡工业间的横向分工得到较大提高,纵向分工在郊区型农村地区也得到进一步发展,农村工业在国民经济中的地位大大增强,它已不再是国民经济工业化的一个补充,而成为整体工业化进程中的一个不可缺少的重要组成部分。当工业化进入重化工阶段之后,城市工业结构升级速度加快,传统产业不断向农村地区剥离。此时机器大工业在农村工业中也已占据主导地位,其发展开始转入持续发展时期,技术落后成为发展的最大障碍。与城市工业结构高级化过程相协调,农村工业也开始新的升级换代,"适宜技术"、现代先进技术乃至当代高科技开始广泛采用,劳动密集型和技术密集型部门成为农村工业发展的主体,同城市工业的横向分工稳步发展,并形成显著的分工比较优势;纵向分工则迅猛发展,并逐步向纵向一体化、城市融合迈进;横向分工、纵向分工以及一体化经营彼此交织,构成了较为发达的经济网络体系。与此同时,农村剩余劳动力也逐渐被城乡非农产业所吸收,农业现代化和人口城市化水平大大提高,农村工业对国民经济的参与能力大大增强,企业的集团化、综合化和跨国经营广泛发展,在组织上已与国民经济体系融为一体,城乡工业的差异已大大缩小。当农村工业持续发展达到较高的水平之后,城乡经济将彼此融合,城乡差别、工农差别越来越小,城乡工业间的联系更为密切,分工协作高度发达。此时,发展中社会的二元经济将完全转化,农业现代化、经济工业化、人口城市化的目标基本实现,整个社会便步入现代化社会之列。

第四节　城市工业化与农村工业化的竞争与摩擦

在城乡差别彻底消除之前,城市与农村毕竟是不同的地域,二者各有其自身的利益主体。虽然城乡工业间的分工协作使二者的利益有统一性的一面,但出于对自身利益的追求,城乡工业间的竞争和摩擦也是不可避免的。自70年代以来,在二元结构背景下发展起来的农村工业,虽然受到了各国政府的支持与保护,但其与城市工业发展矛盾日趋严重,城乡工业间的竞争与摩擦也日益剧烈。这些矛盾与摩擦来源于以下几个方面:(1)要素流动。在资金、技术和熟练劳动力均稀缺的情况下,生产要素的竞争不可避免。正如J.弗里德曼(J. Friedmann)核心—边缘理论所指出的那样,出于核心区(城市)自身的利益,会使边缘区(农村)的劳动力、资金等流入核心区,从而剥夺农村地区的发展机会[1],在发展中社会工业化进程中,城市工业因受其区位优势和城市特权的影响,稀缺生产要素的获得比农村工业具有较大的优势,整个生产要素的流动有利于城市工业的发展。大量的研究表明,企业家精神和管理技能的缺乏、财政信贷资金和适宜技术的稀缺、基础设施和关键原料的不足,以及信息和外部服务的缺乏,构成了发展中社会农村工业发展的重要障碍[2]。(2)市场占领。发展中社会的收入水平很低,其市场需求往往非常有限,占领与扩大外部市场又往往非常激烈,尤其在农村工业发展早期,城乡联系缺乏而城乡结构又十分相似,二者低水平的过度竞争往往会加剧整个国民经济的结构性矛盾。(3)垄断与控制。在大多数情况下,由于城市是决策中心、创新中心、需求中心、管理中心,城市工业往往会对技术、市场、重要原材料等实行垄断和控制,从而使农村工业处于被动的地位。在城乡分离发展

---

[1]　Friedmann, J. Regional Development Policy: A Case Study of Vencauela. Mass: MIT Press,1966.

[2]　Misra, R. B(ed.). Rural Industrialization in Third World Countries. New Delhi, 1985:9—12. 苗长虹,中国城乡经济一体化理论问题初探,河南大学学报(自然科学版),1992,22(1):107—112.

的情况下,农村工业往往被排斥在城市大工业的组织体系外,其发展的空间不仅狭小,而且稀缺要素的来源也无保证。即使在城乡一体化发展的情况下,虽然城乡分工已由传统的部门—空间分工为主转向等级—空间分工为主,但由于城市因其信息丰富而集中了企业的控制与管理部门,而农村则因其劳动力和自然资源丰富而集中了企业的生产单位,从而农村工业仍处于被控制、被支配的地位,其持续发展的要素来源仍没有保证。(4)结构升级与吸纳就业。在发展中社会工业化进程中,工业作为吸收剩余劳动力的主要载体,其结构升级与容纳就业的目标往往相互抵触,一方面,城市工业的结构升级大大降低了对劳动就业的弹性,从而排斥了农业剩余劳动力的大量转移;另一方面,农村工业为在市场竞争中取得比较优势,也纷纷提高产品的资金和技术含量,不断进行结构调整与结构升级,从而也大大消弱了对农业剩余劳动力的吸收能力。由于增加就业,不断促使农业剩余劳动力向非农产业转移,是实现农业现代化、人口城市化的关键,这就使得城乡工业的结构升级与分担就业的社会责任彼此抵触,进而使城乡工业间的矛盾与摩擦加剧。

第五节　城市工业化与农村工业化的协调发展

发展中社会城市工业化与农村工业化的协调发展,面临着许多障碍:(1)城市特权与城市偏向。由于城市在社会经济发展中居领导支配地位,因而在利益分配、社会福利、政策支持诸方面,均处于有利地位,农业和农村的发展往往受不到重视,而且还要为城市工业化积累资金,输送人力资本。虽然由于社会公平和政治平等的压力,农业和农村会享受一些政策优惠,但这种优惠很难持久。这样,农村工业和城市工业相比,发展障碍就比较大,难以同城市工业进行公平竞争。(2)市场发育水平低。由于缺乏完备的交通运输网络,发展中社会的市场往往处于地区分割、城乡分割的低级阶段。从生产要素的投入而言,城市工业的行政性垄断和农村工业不规范市场竞争行为,无疑会加剧城乡工业发展的摩擦,严重损害整个社会的资源配置效率;从生产的产出品而言,农村工业的产出品市场比较狭小,许多是过度竞争性的,而城市工业企业由于存在着国家定购,其市场竞争则是不充分的。这样,城乡工业面对的投入品与产出品市场均不完备。这种不完备的市场,再加上市场信息的扭曲、信息传播渠道和层次性的缺乏,城乡工业发展不协调的一系列结构矛盾便滋生出来。我们对江苏、河南农村工业企业的调查表明,许多农村工业企业都感到市场竞争过于激烈,加上原材料、能源缺乏以及价格的持续大幅度上涨,生产的利润很低,企业发展难度很大。(3)城乡分割发展。农村工业发展虽然打破了传统的农村农业、城市工业的单一循环,增强了农村的自我发展能力,但鉴于农村工业的分散布局及其与农业、农民的天然联系,在发展战略与规划管理上,发展中社会往往仍将其同城市工业分割开来。这固然有利于农村工业与农业的协调发展,但却为城市工业与农村工业、城市工业与农业的协调发展设置了障碍,它不利于城乡工业的分工协作,也不利于城市工业对剩余劳动力的吸收和对传统农业、农村工业现代化技术改造。(4)城市工业创新能力弱,结构升级缓慢。发展中社会城市工业的发展往往是靠引进技术实现的,与国内产业的关联度较小,带动能力弱。随着消费需求的升级,城市工业往往不能适应市场需求,结构的自我调整能力差,传统产业向农村转移的速度慢。这不仅加剧了城乡工业的竞争,减少了农村工业进一步发展的产业空间,而且会延缓整体工业化进程,降低经济发展速度。

发展中社会要实现工业化的快速推进,就必须要努力保持城乡工业化的协调发展,增强二者的联系协同效应,减少二者的矛盾与摩擦。为此,应对城乡工业发展进行合理的调控,其工业化战略与政策应将以下内容包括在内:

1. 确立"城乡经济一体化"发展战略

该战略的基本内容包括以下几个方面[①]:(1)发展战略一体化:即把城市经济和乡村经济作为一个系统整体来设计其发展目标、发展方向、发展重点、发展步骤、发展政策等;(2)经济管理一体化:即对城市经济和乡村经济进行统一管理,工农结合、条块结合、城乡兼顾、统筹安排,在战略制定、计划安排、资金投放、政策措施等方面全盘考虑;(3)商品市场一体化:即要实现城乡互为市场(包括产品市场和要素市场),实行等价交换和统一的市场调节,实现生产要素和产品在城乡间的合理流动,促进生产要素进行合理配置;(4)经济活动网络化:即在生产和服务方面建立城乡间紧密联系的生产分工协作网络和生产生活服务网络,城乡互相支援、互为补充,实现资源共享,消除城乡间

---

① 苗长虹.中国城乡经济一体化理论问题初探.河南大学学报(自然科学版),1992,22(1):107—112.

的二元结构,逐步形成以城镇体系为主体、以中心城市为核心、以产业活动为纽带的结构协调、功能完整的网络经济;(5)利益分配合理化:即在要素和产品分配、再分配过程中,逐步实现城乡利益分配合理化和城乡居民收入相对均衡化,缩小工农业间的价格剪刀差以及城乡居民在物质生活和精神生活方面的差距。因此,城乡经济一体化,就是根据发展中社会的经济发展目的,依照空间经济系统理论,来组织、管理和发展城乡经济,通过生产要素(资源)在经济系统中的时、空优化配置,来实现城乡经济的共同发展和共同繁荣,逐步消灭城乡差别。根据城乡经济一体化发展战略的要求,发展中社会的城市工业化、农村工业化、农业现代化以及人口城市化应综合考虑,系统规划,全面发展,将其纳入统一的经济体系和政策体系,破除城乡间的经济障碍和社会壁垒,充分发挥城乡各自的比较优势,不断增进城乡经济联系。

2. 坚持与发展农村工业化

农村工业化战略虽然在一些发展中社会取得了较大的成就,但由于传统工业化战略的影响和农村工业发展初期的巨大发展障碍,在许多发展中社会,农村工业的发展仍得不到实际的重视,农村工业对增加就业、推进农业现代化、提高农民收入及其社会政治地位、缩小社会经济发展中空间不平等、加速人口城市化步伐的巨大作用,仍没有得到充分认识。因此,发展中社会应通过各种途径,大力宣传农村工业化的重大深远意义和现代工商业文化价值观念,促使人们解放思想,引导各级执政者和农民转变小农意识。同时应将农村工业化作为工业化战略与政策的一个重要组成部分,在农村工业起步和起飞时期,给农村工业以更多的政策优惠。农村工业发展的经验表明,政策、经济能人(企业家)和资金投入是农村工业起步和起飞的关键因素,要促进农村工业的快速发展,一方面要给农村工业企业以灵活发展政策,另一方面建立有利于人力资本开发的体制,大胆选拔和放手使用各类经济能人,使他们成为农村工业发展的主要发动者;同时积极推进股份合作制,通过鼓励农民集资入股办企业,以克服企业创办与规模扩大的资金障碍。此外,政府还应设立农村工业专项发展基金,筹建地方投资公司,积极鼓励农村企业与城市企业开展联合协作。

3. 促进部门—空间分工向等级—空间分工转换

部门—空间分工是城乡工业分工的低级形态。当农村工业发展实现起飞之后,为消除城乡工业的过度竞争与摩擦,就应积极促使其向等级—空间分工转换,以加速城乡一体化步伐。为此,应积极开展城乡联合,加速纵向一体化的企业集团的发育,在政策上既要积极激发城市企业的经营活力,又要稳步提高农村企业素质;对城乡联合企业应给以政策优惠,促使企业出于自身利益的需要主动进行联合、兼并、控股。在组织形态上,可能吸取工业化国家"分包制"的经验,将众多的农村小规模企业围绕着个别核心大规模企业组织在一起,以提高产业组织效率,改善市场效果。

4. 不断完善市场体系和市场机制

市场体系是深化联系的基础,市场机制是拓展城乡联系的关键。发展中社会应通过体制改革,努力打破城乡分割的低效格局,建立城乡统一的生产要素市场和产成品市场,加快市场体系和市场制度的建设。为加快城乡一体化的市场网络的形成,应大力加强城乡基础设施网络的建设,努力改善农村社区的投资环境,促使生产要素向农村地区流动。

5. 积极进行经济结构的综合调整

发展中社会的城乡差别是巨大的。在相当长的一段时期内,农村工业在资金、技术、人才、设备及经济和基础设施环境方面,与城市工业还有一定的差距。因此在农村工业化的初级阶段,资源型产业、劳动密集型产业和传统手工艺产业应作为农村工业发展的主要方向。以此为基础,在投资环境较优的区位,应积极发展一些新兴产业和技术密集型产业,逐步提高劳动密集型和技术密集型产业的比重。在结构高级化的同时,布局结构上应适当集中,积极发展农村工业区,并将其和小城镇建设结合起来;技术结构上应广泛采用劳动密集的适宜技术,淘汰那些污染重、不安全、不可靠、低效益的技术;组织结构上应有重点地扶植一些大中型企业的发展并通过股份制和企业集团的发育,带动众多农村小规模企业的发展。由于城市工业在城乡分工中具有明显的区位优势,因而应将以适宜技术为基础的资金密集型产业、以当代高科技为基础的技术密集型产业作为发展主体,并通过城乡联系,加强对农村工业的带动,从而实现城乡工业结构的协同调整。

第十六章

我国城乡工业联系及协调发展①

第一节 引 言

改革开放以来,农村工业的快速增长,使国民经济走上了城乡二元工业化的独特道路。根据第三次工业普查资料,1995 年,我国农村工业产值达到38933.3 亿元②,从业人员达到 7300.5 万人,占全部工业产值的比重由 1980年的 9.88% 提高到 49.5% 。但由于我国城乡工业具有不同的体制特征和发展条件,使得工业化进程中二者间的矛盾和摩擦不断加剧,协调发展问题日益突出,并已成为决定和制约国民经济持续快速健康发展的一个重大问题。本章拟以联系理论作为分析工具对此问题进行初步探讨。

第二节 研究的理论与方法

城乡联系是工业化和区域发展研究的一个重点领域。古尔德认为,城乡相互作用的实质是"人、商品、技术、资金、信息和思想在城乡间的双向流动"③。罗德耐里将一个区域系统内的城乡联系分为物质、经济、人口移动、技

---

① 原载《地理研究》1997 年第 2 期。
② Gould W TS. Rural-Urban Interaction in the Third World. Area 14,1982:334.
③ 参见本页注 2.

术、社会作用、服务和政治行政组织等七种①。昂温将城乡流转中的各种要素
分为联系、流和相互作用三个层次,其中"联系"可用"流"来测度,而"流"又
与不同人群、地方和事物的"相互作用"密切相关②。

基于城乡联系,一些学者提出了不同的工业化战略。如刘易斯的"二元
结构"理论,实际就是"城市工业化"导向战略。利普顿对这种自上而下发展
政策提出了尖锐批评,并将其称作"城市偏向"③。与刘易斯相反,斯多尔和
泰勒提出,为使发展更公平,自上而下发展应与自下而上的方法结合起来,应
以农村为中心,以小规模和适宜技术为基础④。费孝通教授认为,大力发展农
村非农产业和农村小城镇,形成以大城市为中心、以农村乡镇企业和小城镇
为主体的城乡一体化发展网络,是实现城乡协调发展的必由之路⑤。

我国城乡联系在改革前后具有不同的性质。改革开放以前,我国实行城
乡隔离制度,各种政策严重向城市和工业倾斜,城乡联系主要表现为集中的
计划经济体制下农业与城市工业的联系。改革开放以来,农村工业化的兴
起,市场机制的逐步引入,城乡经济体制改革的推进,极大地改变了城乡联
系。从联系的内容上看,在原来农业与城市工业联系的基础上,又增加了农
村工业与城市工业的联系;从联系的方式看,在原来计划联系的基础上,又增
加了市场联系。

由于城乡工业联系、市场联系具有与工农联系、计划联系不同的性质,它
们更加直接、紧密而又富于竞争性,因而大大增强了城乡联系的频率、强度和
复杂性。由于城乡工业之间存在多种物资和信息"流",并通过劳动力与资
本、销售、采购和服务等途径而相互作用,因此对城乡工业联系的研究,可以
从"流"的分析和"相互作用"的分析两个层次进行。前者适用于产业层次,
可考察城乡工业投入产出联系的流量和产业分布特征;后者适用于企业层

① Rondine lli DA. Secondary Cities in Developing Countries: Policies for Diffusing Urbanization. Sage: Beverly Hills,1983.

② Unwin T. Rural – Urban Interaction in Developing Countries: A Theoretical Perspective, in: Potter, R. B. (eds.). The Geography of Rural – Urban Interaction in Developing Countries, Routiedge, 1989:11—32.

③ Lipton M. Why Poor People Stay Poor: Urban Bias in World Development. London: Maurice Temple Smith. 1977.

④ Stohr WB. and Tylor DRF. (eds.) Development from Above or Below? The Dialectics of Regional Planning in Developing Countries, Chichester: Wiley, 1981.

⑤ 费孝通. 中国城乡经济发展的道路. 中国社会科学,1993(1):3—13.

次,可考察城乡工业企业相互作用的类型和方式。在研究方法上,前者可依据城乡经济投入产出分析;后者则主要借助企业和区域的问卷调查与访问。

第三节　城乡工业联系的投入产出分析

一、城乡工业投入产出联系的流量分析

投入产出联系是城乡工业间各种"流"的综合体现。本章计算的基础是陈锡康等编制的中国城乡经济投入产出 1987 年表①。表 16–1 是根据 1987 和 1992 两年份我国城乡经济投入产出联系的流量值,计算的城乡工业投入联系和产出联系的流量份额情况。由表可见:

(1)农村工业对城市工业投入联系和产出联系的依赖性较强,对其自身循环的依赖性较弱;城市工业则对农村工业的依赖性较弱,对自身循环的依赖性较强。但城市工业提供的投入份额和产出份额对城乡工业均占绝对优势。

表 16–1　我国城乡工业投入联系和产出联系的流量份额

部门投入	农村工业				农村合计				城市工业				城市合计			
	1987		1992		1987		1992		1987		1992		1987		1992	
来　源	i	o	i	o	i	o	i	o	i	o	i	o	i	o	i	o
农村工业(%)	11.0	11.0	16.8	16.8	7.6	7.0	11.7	10.2	9.6	12.1	14.7	18.7	10.7	10.3	16.5	17.7
农村合计(%)	20.8	22.6	20.8	23.9	20.8	20.8	20.7	20.7	22.5	20.9	22.5	22.3	21.6	18.1	21.6	21.6
城市工业(%)	38.7	30.7	35.8	28.1	22.6	24.4	20.9	21.1	36.7	36.7	34.0	34.0	35.6	31.9	32.9	32.8
城市合计(%)	42.4	44.3	42.4	39.4	25.2	30.1	25.3	25.3	41.0	45.9	41.0	41.2	42.7	42.7	42.7	42.7
农村消费(%)		8.4				31.9				9.9				9.0		
城市消费(%)		7.9				8.3				9.7				8.4		
总投入产出(%)	100	100	100	100	100	100	100	100	100	100	100	100	100	100		100

注:(1)1987 年数据根据《中国城乡经济投入占用产出分析》第 306—307 页计算,本表仅计入了物质生产部门,投入流量份额系部门投入流量占总投入流量的比重。产出流量份额为被一部门消费的流量占总产出流量的比重。(2)1992 年数据根据 RAS 法推算,计算时中间产品列向量和中间投入行向量是根据 1987 年的相应比例推算的。(3)i 代表投入联系,o 代表产出联系。

---

①　陈锡康等.中国城乡经济投入占用产出分析.北京:科学出版社,1992.

（2）城乡工业联系在城乡经济联系中占据重要地位。城乡工业投入产出联系的流量占城乡经济总联系流量的比重,1992 年达到 61.86%。说明伴随城乡工业化的推进,城乡工业投入产出联系已成为城乡经济联系的主体和核心。

（3）随着农村工业的发展壮大,它对其自身循环的依赖性趋于增强,对城市工业投入产出联系的依赖性趋于下降,城市工业则呈相反方向变化。在产出和市场分布方面,农村工业所提供的份额扩大,城市工业所提供的份额缩小。

（4）上述特征说明,城市工业和城市经济是 80 年代中国农村工业高速增长的主体投入来源与市场来源;而伴随着农村工业的快速增长,城乡工业投入产出联系的总体规模和强度不断增加,农村工业在城乡工业联系中的作用迅速提高,而城市工业和经济对农村工业和农村经济的依赖性日益增强,其结果导致了我国工业化进程由城市主导型向城乡综合型转变。

二、城乡工业投入产出联系的产业特点

由于各个部门的技术性质和在产业结构中的作用各异,城乡工业投入产出联系表现在各个部门上会呈现出不同的特点。兹将 i 部门对 j 部门的投入联系视作生产联系（PL_{ij}）,将 i 部门对 j 部门产出的消费联系视作市场联系（ML_{ij}）,同时考虑生产联系中直接联系（PL_{aij}）和完全联系（PL_{bij}）两方面影响,分别计算城市不同工业部门对农村工业的联系影响和农村工业对城市不同工业部门的联系影响（表 16-2）可以看出:

表 16-2　城乡工业投入产出联系的产业分布（1987）

城市工业部门	城市工业对农村工业的联系			农村工业对城市工业的联系			城市工业结构（%）	农村工业结构（%）
	PLair	PLbir	MLir	PLarj	PLbrj	MLrj		
煤炭采选	0.0127	0.0348	0.0047	0.0789	0.2845	0.212	1.87	2.36
石油开采	0.0028	0.0291	0.0037	0.0453	0.1661	0.0346	2.52	—
金属矿采选	0.0041	0.0161	0.0018	0.0910	0.2676	0.2109	0.60	0.82
非金属矿采选	0.0074	0.0141	0.0024	0.0713	0.2250	0.2188	0.10	2.81
食品制选	0.0155	0.0383	0.157	0.0331	0.1341	0.0327	14.80	8.89
纺织工业	0.0495	0.1183	0.0440	0.1167	0.2976	0.1311	11.78	12.91

城市工业部门	城市工业对农村工业的联系			农村工业对城市工业的联系			城市工业结构（%）	农村工业结构（%）
	PLair	PLbir	MLir	PLarj	PLbrj	MLrj		
缝纫皮革	0.0063	0.0119	0.0118	0.1325	0.3029	0.0710	2.78	5.13
木材加工家具	0.0045	0.0113	0.0063	0.1542	0.3388	0.1106	1.27	2.53
造纸文教用品	0.0223	0.0471	0.0166	0.1192	0.2901	0.1600	4.35	6.26
电力蒸汽	0.0316	0.0676	0.0087	0.0741	0.2680	0.2693	3.65	0.29
石油加工	0.0106	0.0399	0.0007	0.0067	0.1187	0.0970	3.40	0.22
炼焦煤气	0.0044	0.0102	0.224	0.1496	0.3744	0.2705	0.51	0.23
化学工业	0.0726	0.1882	0.0432	0.0938	0.2686	0.1574	14.38	9.29
建材制品	0.0052	0.188	0.0142	0.1678	0.3592	0.0618	2.64	16.36
金属冶压	0.0811	0.1897	0.0328	0.1114	0.3368	0.2751	9.19	3.44
金属制品	0.0074	0.0240	0.0111	0.1325	0.3372	0.0878	2.26	6.90
机械工业	0.0198	0.0824	0.0098	0.1267	0.3442	0.0623	9.91	10.82
交通设备	0.0099	0.327	0.0116	0.1061	0.3466	0.0907	3.41	1.44
电气机械	0.115	0.518	0.186	0.1263	0.3411	0.0780	4.59	3.71
电子设备	0.0046	0.0229	0.0101	0.0949	0.3206	0.0433	3.33	1.10
仪器仪表	0.0021	0.0082	0.0020	0.0977	0.2797	0.1022	0.63	0.37
机械修理	0.0003	0.0010	0.0019	0.1419	0.3709	0.0210	0.41	—

注:(1)本表根据《中国城乡经济投入占用产出分析》第305—542页计算。PL_a为直接消耗系数,PL_b为完全消耗系数,ML为分配系数,r代表农村工业,i、j代表城市工业部门。(2)农村工业结构比重为乡村两级,资料来源于《中国统计年鉴1988》。

（1）金属冶压、化学工业、纺织工业、电力蒸汽、造纸文教用品、机械工业、食品制造、煤炭采选、电气机械和石油加工等城市工业部门对农村工业的生产投入联系影响较为突出,是农村工业的生产依附型部门。这10个部门合计的中间产品占农村工业总投入的84.43%,生产单位农村工业最终产品,要求这些部门的完全投入额均在0.03单位以上。

（2）纺织工业、化学工业、金属冶压、电气机械、造纸文教用品、食品制造、建材制品、缝纫皮革、交通设备、金属制品、电子设备、煤炭采选、电气机械等城市工业部门对农村工业的产出市场联系影响较为突出,是农村工业的市场依附型部门。这11个部门合计对农村工业总产出的市场贡献占22.98%,占全部城市工业总贡献的75.95%。

（3）建材制品、木材加工家具、炼焦煤气、机械修理、缝纫皮革、金属制品、机械工业、电气机械、造纸文教用品、纺织工业、金属冶压、交通设备、电子设备等城市工业部门，受农村工业生产联系影响较为突出，除电子设备外，这些部门总投入中农村工业中间产品均占10%以上，除造纸文教用品、纺织工业外，这些部门形成单位最终产品所需要的农村工业完全投入额均在0.3单位以上。这些部门可称为受农村工业生产影响型部门。

（4）金属冶压、炼焦煤气、电力蒸汽、非金属矿采选、煤炭采选、金属矿采选、造纸文教用品、化学工业、纺织工业、木材加工家具、仪器仪表等城市工业部门，受农村工业的市场联系影响较为突出，这些部门中农村工业消费的市场贡献份额均在10%以上，我们将这些部门称为受农村工业市场影响型部门。

（5）综合以上四方面联系影响，结合城乡工业结构特征，可以将城乡工业投入产出联系的产业特点概括为以下几点：①较强的不平衡性。除金属冶压、纺织工业、造纸文教用品三部门城乡工业彼此间生产和市场双向联系影响较强之外，其余部门的联系影响在城乡间均存在不同程度的不平衡性。②城市工业对农村工业生产和市场双向联系影响较大的部门较多，且主要集中于技术较为成熟的传统支柱加工工业和原材料工业部门，如冶压、化学、纺织、造纸、食品、电气机械、交通设备等。③城市工业对农村工业生产或市场单向联系影响较强的部门中，能源工业和机械工业主要表现为生产联系影响，一些制成品工业，如建材、缝纫、金属制品则主要表现为市场联系影响。④除煤炭采选外，资源型采掘工业以及木材加工家具、炼焦煤气、仪器仪表、机械修理等城市工业部门对农村工业的生产联系和市场联系影响均较弱。⑤除石油工业、食品工业外，其余城市工业部门均受农村工业较强联系影响，其中炼焦、冶金、木材加工、造纸、纺织等部门受农村工业生产和市场双向联系影响较强。⑥受农村工业生产或市场单向影响的城市工业部门较多，其中以建材、金属制品和机械类工业为主的重型加工部门受单向生产联系影响较强；而以能源、采掘工业为主的重型采掘与原材料工业则受单向市场联系影响较强。

（6）上述特征表明，农村工业既对城市工业尤其城市传统支柱工业部门具有较强的依赖性，同时又具有较强的中间产品制造业倾向，它既是城市采掘与原材料工业和资本货物的重要消费者，也是城市加工部门重要的投入

者。根据最新工业普查资料,1995 年农村工业产值中,非金属矿物制品业占
8.2%,纺织业占 6.0%,食品加工业占 4.2%,金属制品业占 4.2%,普通机械
制造业占 3.8%,化学原料与化学制品制造业占 3.5%,电气机械及器材制造
业占 3.2%,服装及其他纤维制品制造业占 2.9%。与 1987 年相比,农村工业
结构虽更为均衡,但以轻纺和一般加工工业为主的特征并没有改变。因此,
基于城市工业的中间需求和资源供给而兴起的农村工业,一方面为城市工业
结构高级化提供了重要的中间—投入基础,另一方面也加剧了我国本已十分
严重的能源、资源、原材料等基础产业供给的短缺。

第四节　城乡工业联系的企业分析

一、联系型式

城乡工业企业联系及其对中国农村工业发展的影响已受到一些学者的
重视[1][2]。根据我们对河南省 178 家农村工业企业的调查[3],参考已有的研
究[4][5][6],可以将城乡工业企业联系按紧密程度和组织方式分为三种型式:市
场型、网络型和一体化型。

市场型联系指城乡企业间的运营接触以市场交易为特征。如城乡企业
间的中间产品和最终产品购买、技术转让等。一体化型联系是将市场交易完
全内部化而代之以行政等级管理,是企业联系的最紧密形式。如城乡企业间
的兼并、收购与合并等。网络型联系则是既非市场交易、又非行政管理而介
于市场型与一体化型联系之间的一种联系形式,它通常指企业间的合作和互
利关系[7]。如覆盖城乡的企业集团、企业群体,城乡企业合作建厂、合股经营,

[1]　Pang Xiaomin. An Analysis of the Role of Cooperations Between Urban and Rural Industries in the Development of Rural Industry in China. The Journal of Chinese Geography. Vol. 3,No. 1,1992:1—16.

[2]　李小建. 产业联系与农村工业化的企业分析. 经济地理,1993,13(20):35—40.

[3]　苗长虹. 中国欠发达地区农村工业发展的因素与区域型式. 地理研究,1994,13(3):30—40.

[4]　参见本页注2。

[5]　参见本页注3。

[6]　Byrd WA and Lin Q S (eds.). China's Rural Industry:Structure,Development and Reform,Oxford:Oxford University Press,1990.

[7]　Cooke P and Morgan K. The Network Paradigm:New Departures in Corporate and Regional Development. Enviornment and Planning D:Society and Space,1993(11):543—564.

城乡企业间的研究与技术开发协作、生产和营销协作、"分包生产"等。

上述三种联系理论上均能对经济发展和产业分工起协调作用,但其发挥作用的市场条件却有所不同。在完全竞争下,市场型联系的协调作用最有效率;在市场不完善或不完全竞争下,一体化型和网络型联系的协调作用则能弥补市场型联系中的许多"无效竞争"。在我国城乡工业企业联系中,市场型联系占绝对优势。但由于城乡要素市场分割、市场机制很不完善,城乡工业的分工协调需要大力发展网络型和一体化型联系来弥补。研究表明,城乡企业间的非市场联系在城乡经济一体化程度较高的东部都市连绵区已有一定发展[1]。但就全国总体而言,企业的市场型联系还很不稳定、信息成本很高,而较为紧密的一体化型和网络型联系非常薄弱。据统计,1992 年全国乡村两级以各种方式联营的企业仅有 43688 家,就业人数 418. 64 万人,产值 1446. 63 亿元,占乡村两级相应总量的比重分别仅有 2.86%、8.09% 和 12.28% 。这表明,现阶段中国城乡工业的分离发展还十分严重,协调程度还很低。

二、企业联系对城乡工业协调发展的效应

在现代市场经济中,市场型联系是通过竞争分工发挥协调作用的,一体化型是通过行政等级管理发挥协调作用的,而网络型是通过资源共享和优势互补发挥协调作用的。在体制转轨时期,增强企业间的这三种联系,可以对城乡工业的协调发展产生三方面效应:

1. 扩散乘数效应

企业联系可以显著增加交易机会,扩大交易规模,节约交易的信息成本和时间成本,因而对资源配置具有显著的扩散乘数效应。对于农村工业,与城市的联系不仅能够改善其生产要素的来源和质量,而且有助于利用聚集经济效益实现其循环累积增长。对城市工业,联系扩散乘数效应可促进企业的横向联合、纵向联合和多样化经营,扩大企业的联系空间和生产规模,有助于确定和增强企业的竞争优势和在产业中的战略地位。

2. 整合协调效应

通过企业购销关系、承包合同、外围协作等形式,一方面可以纠正扭曲的

---

① 参见第 231 页注 1。

市场信号,改善市场竞争秩序,减少城乡工业的对抗性竞争,促进市场更有效地配置资源;另一方面,可以改善产业组织环境,促进规模经济和学习效应的利用,减少不确定性和经营风险,增强农村工业对国民经济工业化的参与能力;同时也有助于城乡工业的专业化分工、横向联合与纵向联合,克服企业关系组织松散的弊端,提高大企业的组织协调能力和城乡工业的组织效率,为城市工业结构高级化、农村工业结构合理化提供组织依托。

3. 优势合成效应

联系使系统具有整体性功能,城乡工业联系形成的优势互补、互惠互利,可通过系统整体性功能将资源优势、潜在优势、局部优势合成转化为经济优势、现实优势和整体优势。企业调查表明,通过企业对技术、采购和销售渠道的共同利用,管理技术和专门知识的转让等有形和无形联系,城乡工业均可以提高其企业素质,增强企业整体实力,降低企业成本或者促进产品的别具一格,从而增进企业竞争优势。联系既可加快人力资源和新技术、新产品、新原料、新市场的开发,促进企业技术和产品质量的提高以及生产规模和市场规模的扩大,又可以改善企业的组织管理,推动企业组织创新和内涵式发展。

第五节　联系因素与协调发展策略

从以上的分析表明,现阶段我国工业化过程中存在着日益增加的城乡工业投入产出联系和落后的城乡企业组织联系的尖锐矛盾。一方面,工业化由城市主导型向城乡综合型的转变,客观上增加了城乡工业在投入产出联系方面的相互依存性,它要求城乡工业应在竞争与合作的高效率水平上实现协调与配合;另一方面,落后的城乡工业企业组织联系却导致了城乡工业的低效率竞争和资源的大量浪费。因此,如何解决这一矛盾,是我国改革与发展需要认真研究的一个重要课题。

一、经济体制

企业联系在不同的体制环境下具有不同的联系行为[①]。在计划经济占主

---

① 费洪平.我国企业组织空间联系模式研究.地理科学,1996,16(1):18—25.

导的过渡体制下,由于国有大中型企业在很大程度上仍受行政计划的控制,农村工业又处于起步发展阶段,因而城乡工业企业间的联系存在着严重的不对称性,城市工业寻求与农村工业联系的利润增加和企业成长的动因较弱,从城市工业方向所发生的联系是被动的,行政压力和大量的非正式因素(如个人关系)是其形成的主要原因①。与城市工业相对照,农村工业因受市场机制的支配,其寻求城市资源和市场的愿望则非常强烈,但受组织能力和信息的限制以及城乡分割和社区分割的限制,它与城市工业很难开展有机的分工协作。结果,城乡工业产业联系和企业组织联系很不协调。90年代初期以来,市场化改革进程的加快,使市场机制的调节范围和程度迅速扩大,市场日益成为企业联系变化的主动力。利润增加、企业成长和提高市场份额开始成为城乡企业共同追求的目标。在此体制下,城市企业才逐步真正获得了扩展外部联系、并将一些重要外部联系内部化的激励,城乡企业联系效应才得以有效发挥。东部经济发达地区城乡工业联系之所以较为紧密,市场型联系相对较为稳定,一体化型和网络型联系比较发达,与经济体制改革和市场经济自东部向中西部的区域化推进有很大关系。因此,加快中西部地区的经济体制改革,全面推进市场经济,努力消除要素和市场的城乡分割、地区分割,充分发挥市场竞争的自然分工协调作用,是我国城乡工业协调发展的根本条件。

二、地方政府的政策和战略

在体制转轨时期,由于地方政府具有对不完全的计划和不完全的市场进行衔接、对中央宏观调控进行市场化调整以及在市场经济制度建设中进行制度创新等特殊功能②,地方政府的经济政策和战略会对区域城乡工业的协调发展造成重要影响。其中,"城乡经济一体化"战略的影响非常突出。以巩义市为例,早在80年代中期,该县就积极推进农村工业化,并针对企业技术水平低、产品质量差的状况,积极与城市建立长期稳定的经济联系。通过寻找合作对象,建立协作关系,开展横向联合,既成功地引入了大量技术、人才和资金、项目,还与城市联合兴办了许多技术水平较先进的企业,从而有力促进

---

① 参见第231页注1。
② 洪银兴等. 经济体制转轨时期的地方政府功能. 经济研究,1996(5):22—28.

了城乡工业联系的深化和农村工业的发展。因此,确立"城乡经济一体化"战略①,将农村工业纳入整个国民经济体系,尤其是纳入整个工业经济体系,综合规划二者的结构,实施一体化发展管理,加速二者的横向分工与纵向一体化,应作为国民经济工业化发展战略与政策的一个重要内容。

三、企业素质与活力

互补互利是企业分工、协作、联合的重要源泉。而互补互利的实现依赖于企业的素质和经营活力。就企业活力而论,由于城乡企业产权与经营机制的差异,农村工业企业的活力相对较强,对联系的要求较为突出。而城市国有大中型工业企业的经营行为虽已逐步为市场机制所主导,但由于受企业产权制度的约束,其经营活力目前尚不充分,对待城乡工业联系的积极性、主动性不如农村工业。就企业素质而论,农村工业发展水平较高的地区,企业素质好,与城市的联系比较广泛紧密;而农村工业发展水平较低地区,企业素质较差,与城市联系就比较稀少。因此,要增进城乡工业联系,一方面要通过产权改革,建立现代企业制度,增强城市企业活力,提高产业组织能力;另一方面要通过经营机制的完善,人力资本的开发,技术水平和企业规模的提高,优化企业市场行为,增强农村工业素质。

四、城市影响力、结构高级化水平和农村工业区位

城乡企业联系也深受城市影响力、城市工业结构和农村工业区位的影响。城市的综合影响能力越大,结构高级化水平比较高,其周围地区的农村工业就愈能从城乡联系中获取发展机会,这些地区的农村工业发展水平就越高,城乡工业就易于协调发展。因此,对于城市工业,应积极提高结构高级化水平,扩大企业经营规模,不断增强企业的市场竞争力和国际竞争力,以提高其产业组织能力和联系协调能力;对于受城市经济影响大、地理区位较优的农村地区,应充分利用城市经济优势,加强与城市经济的联系,大力发展与城市的纵向与横向分工。对于受城市经济影响小的边缘农村地区,也应加强与城市经济的联系,积极提高农村工业素质,努力占领与扩大外部市场,促使其纳入整个工业经济体系。

---

① 苗长虹.发展中社会乡城工业化关系的理论研究.南京大学学报(哲社版),1995(1):50—57.

第十七章

中国农村工业发展的综合区位分析[①]

第一节 问题与分析框架

在世界工业化历史上,中国的农村工业化无疑是极其独特的。90 年代以来,一些地理学者已对此给予高度关注,并运用实证分析、行为主义、公司地理等现代区位分析方法进行了较为深入的研究[②③④⑤]。但已有的研究并未能对中国农村工业化的发生与发展、宏观分布与微观布局等给出一个全面系统而又逻辑一贯的理论解释。农村工业化为何能在中国广大乡村大规模快速推进? 其推进过程中为何存在巨大的区域不平衡性? 其企业布局为何高度分散? 在新世纪发展中,其可持续性如何? 本章试图根据国际经济与工业地理学关于区位分析方法的最新进展,结合中国经济发展与制度变迁的历史进程,以"经济人"假说为基础,提出一个综合区位分析框架,并运用这一框架,对这些问题依次作出解答。

---

① 原载《地理研究》2002 年第 1 期。与樊杰、张文忠合作完成。

② Pang Xiaomin. An Analysis of the Role of Cooperations Between Urban and Rural Industries in the Development of Rural Industry in China . The Journal of Chinese Geography. 1992,3(1):1—16.

③ 李小建. 产业联系与农村工业化的企业分析. 经济地理,1993,13(20):35—40.

④ 苗长虹. 中国欠发达地区农村工业发展的因素与区域型式,地理研究,1994,13(3):30—40.

⑤ 樊杰,W. 陶普曼. 中国农村工业化的经济分析及省际发展水平差异. 地理学报,1996,51(5):398—407.

　　自韦勃(A. Weber)于 20 世纪初创立"工业区位理论"以来,以空间集聚现象为主题的区位分析一直是西方经济与工业地理学研究的中心。尤其是80 年代中期以来,随着经济地理学对"后福特主义"的争论以及对"新产业空间"的研究,随着经济学对制度和演化问题的日益关注,基于对生产集聚的微观与中观分析而进行的对特定区位产业空间组织的研究开始成为区位分析的主流[1]。斯科特(A. J. Scott)和斯托波(M. Storper)认为,要对资本主义工业化和区域发展的道路给出有说服力的解释,需要将其必要的制度环境、发展演化的动力、地理基础和地域特征三方面有机结合[2]。因此,现代经济地理学一个最引人注目的发展,就是将经济活动放入区域特定的社会、文化与制度环境中进行考察和分析。

　　将制度引入经济地理学的区位分析框架,是一个很有价值的研究方向[3][4]。现代经济学认为,经济人的决策要受到资源、制度和技术等外部限制条件和个人知识结构与知识传统的约束;人的理性不是无限的,而是有限的;经济人不仅追求自身物质效用的最大化,同时也追求自身精神效用的最大化。经济发展本质上就是制度和技术变迁的过程,而制度和技术的变迁是组织和它们的企业家追求潜在财富最大化的结果[5]。因此,有必要将制度、技术整合到区位分析框架,并在经济现代化(尤其是工业化)、市场化、全球化背景下以演化的观点分析其对区位的影响。同时,由于"市场"在解释现代企业和工业增长及其空间组织中的重要作用和"区位资源禀赋"的初始作用以及它们对制度和技术变迁的影响,因而在区位分析框架中,应将"市场"和"区位资源禀赋"作为与制度、技术并列的另外两大区位因子。这样,本章提出的区位分析框架实际上是现代经济地理学、新制度主义与演化经济学以及规范性区位分析三方面理论工具的一个整合(图 17 - 1)。其核心是:经济人为追求效用最大化,必然要在变化着的制度、技术、市场、区位资源禀赋的激励和约束

　　① Malmberg, A. Industrial Geography: Agglomeration and Local Milieu, Progress of Human Geography. 1996, 20(3):392—403.

　　② Scott, A. and Storper, M. Industrialization and Regional Development[A]. In Storper, M. and Scott, A., editors, Pathways to Industrialization and Regional Development[C]. London: Routledge, 1992:3—17.

　　③ Sunley, P. Context in Economic Geography: the Relevance of Pragmatism. Progress in Human Geography, 1996, 23(3):338—355.

　　④ Scott, A. New Industrial Spaces. London: Pion, 1988.

　　⑤ 诺斯,刘守英译. 制度、制度变迁与经济绩效. 上海:上海三联书店,1994.

下寻求交易成本和生产成本最低的经济活动及其地理区位,从而内生决定了工业的发展和其区位布局的集聚与分散形式。由于交易成本在现代分工经济中已占有较大比重,制度的重要功能就在于能够减少环境中的不确定性,促进人与人之间的合作,降低生产活动的交易成本,因而将制度引入区位分析框架,从本质上克服了传统区位分析对法律、法规、产权、文化等影响缺乏有效分析工具的缺陷,从而使包括交易成本和生产成本的综合成本区位分析成为可能。

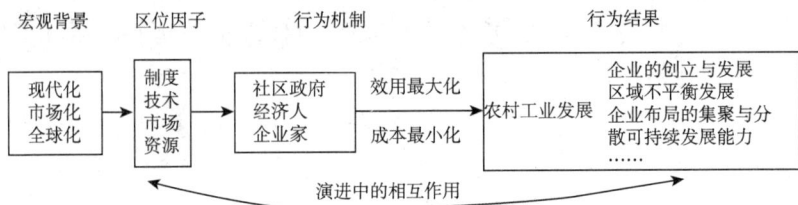

图 17 – 1   中国农村工业发展的一个综合区位分析框架

第二节   制度及其变迁与中国农村工业的发展和区位

一、制度变迁与中国农村工业的产生和发展

"今天和明天的选择是由过去决定的,过去只有在被视为一个制度演进的历史时才可以理解。"[1]中国是一文明古国,手工业有着丰富而悠久的历史传统。新中国成立后,伴随着农业合作化制度的形成,农村手工业也获得恢复和发展。在"追赶型"现代化(工业化)战略支配下,1958 年发起的"大跃进"和"人民公社化"运动,则以传统手工业为基础首次掀起农村工业化浪潮。这种利用人民公社政社合一权力,以行政命令和刮"共产风"方式而兴办的公社工业,由于它是无偿侵占合作社和社员财产的产物,致使这种制度安排下个人和企业的产权受到严重侵害,资源无法通过自愿的产权交易进行配置,从而使经济活动丧失了正常的产权激励。公社工业化失败后,中国基于重工业优先发展战略和资本高度稀缺的资源禀赋,进一步将高度集中的计划经济

---

①   参见第 237 页注 5。

体制制度化,并形成了与之相适应的农村人民公社制度和城乡隔离制度。社队企业和家庭副业由于没有纳入正式制度安排,其发展一直受到正规制约的排斥和抑制。但基于悠久的手工业传统、对"农业现代化"的追求、"公社工业化"的经验、人民公社制度下社队企业与农业相比更高的比较利益和在产权安排上更为有利的控制权、享益权,乡村社区在人口压力和产权激励动力的共同作用下,仍有发展社队企业的强烈冲动。而这一时期,"文化大革命"对城市工业的破坏、人民公社制度下农业生产的低效率、重工业化战略引致的农村人地关系矛盾激化,又迫使政府不得不对社队企业的发展持容忍或默许态度,尤其是 70 年代农村自力更生推进农业机械化、积极发展"五小"工业的政策,有力推动了社队工业的恢复和发展。因此,人民公社制度下社队工业的发展,是农村在人口压力下向城市特权挑战并与其交易的产物,即城市默许农民办工业的一些权利,农民继续承担低价农产品的义务,以补偿他们在土地所有权和农业生产利益上的损失①。显然,这一时期农村工业的发展,还未在制度上取得合法地位,虽已具有现代工业含义,但还是基本独立于城市现代工业体系之外的相对封闭的工业形式,仅仅是按"三就地"原则(就地取材、就地生产、就地销售)发展的支农工业,具有强烈的社区性、自我服务性和行业局限性;在微观布局上,自然依社区呈高度分散状态。

　　1978 年开始,在现代化目标导引下,顺应全球经济市场化和一体化的发展趋势,中国以渐进方式率先在农村开始了经济体制的市场化改革,1984 年起又启动了城市经济体制的市场化改革。但在这一过程中,长期实施的城乡隔离制度却没有被革除,城市经济体制改革相对滞后,在双层经营体制下农民的根本财产——土地和劳动力的流转机制还未建立起来,农村生产要素的动员和使用只能局限在农村各个社区内部。农村工业化奇迹就是在此独特的城乡非均衡的制度变迁过程中形成的。首先,农村土地产权制度变迁是农村工业化大规模发动的基础和前提。它不仅确立了家庭经济和乡村合作经济的合法产权,为农村工业发展提供了有效的微观基础,同时又通过由它促成的农业劳动生产率及农民收入的快速提高,为工业化发动提供了不可或缺的市场需求和劳动力、原料、资金等生产要素供给。其次,经济改革的市场化

---

　　① 林青松、威廉·伯德.中国农村工业:结构、发展与改革.北京:经济科学出版社,1989:143—191,436—475.

取向是农村工业高速发展的根本依托。它逐步消除了制度上对社队企业、个体私人企业发展的障碍,明确了乡镇企业和个体私营企业的性质及其合法地位,节约了农村社区政府和农民创建与发展企业的交易成本,扩大了农村工业对国民经济的进入范围,确立了企业的市场主体地位,赋予了企业运营的市场机制和经营活力。第三,在城乡分割体制和双层经营体制下,社区政府的强力推动是80年代农村工业异军突起的重要保证。一方面,财政、税收、工商、金融、物质、运输等方面的政策支持进一步节约了企业创建与发展的交易成本和生产成本;另一方面,作为"经济人"的社区政府在社区目标引导和财政机制、政治机制的激励下,以市场机制为基础,以资源行政动员为手段①,对农村工业给予了富有效率的直接推动,既为企业的创立与发展提供了较为廉价的土地、资金、劳动力等生产要素,节约了企业的创办成本、生产成本和企业从不完善市场获得生产资源的交易成本,同时还通过行政干预减免企业的各种税费、对企业实施社区保护来提高企业的生存和发展能力。第四,乡村社区和传统文化所赋予的人际交换网络特别是信任,是农村工业尤其是个体私营企业发展的重要条件。在市场很不完善的条件下,非正规制约因素中的家庭关系网络和人缘、地缘网络在农村企业资源动员和经营管理中发挥着重要作用,明显降低了企业创建和管理的交易成本②。第五,与变迁的制度环境相适应的产权制度创新是农村工业持续发展的根本动力。在转型早期的80年代,市场制度很不完善,国有企业改革进展迟缓,农村工业的模糊产权和乡镇政府与企业经理对企业的联合控制,既有利于新企业的高速创建与投资扩张,也赋予了农村企业比国有企业更高的产权效率,它的所有权更加具体,对企业家、社区政府和职工的激励更加直接,经济上的选择权更加自由,其分散化的决策过程大大降低了信息处理和传递的成本,避免了许多官僚主义和不必要的交易成本③。90年代以来,伴随市场制度的逐步建立与完善,原来企业社区属性和社区政府直接干预所产生的节约交易成本的正效应开始向增加交易成本的负效应转变,市场竞争的加剧促使农村工业的产权制度创新明显加快,股份合作、产权交易、公司制改造、企业集团组建等,均以不同方式

---

① 苗长虹.中国农村工业化的若干理论问题[M].北京:中国经济出版社,1997:129—140.

② 朱秋霞.网络家庭与乡村私人企业的发展,社会学研究,1998(1):63—75.

③ 海闻主编.中国乡镇企业产权研究.北京:中华工商联合出版社,1997.

明晰了企业的产权,扩大了所有者和经营者的责任与权益,强化了企业发展的产权动力,减少了社区政府对企业的干预与控制,渐渐淡化了企业的社区属性,从而使企业的市场竞争能力得到维持和加强。

制度及其变迁对中国农村工业发生与发展的决定作用是根本性的。如果没有悠久的手工业传统,如果没有人民公社制度和城乡隔离制度,如果没有经济体制渐进性的市场化变迁,如果没有农村的先行改革,中国就不可能形成如此大规模的农村工业化。在城乡隔离制度下,中国农村社区就"类似于一个在自由贸易的社会体制下具有要素不可移动性和固定汇率的微型国家"[1],其资源的利用只能局限在本社区,发展传统、工农业的巨大效益差别和农村生产要素供给的增加,使作为"经济人"的农民和社区政府必然发动农村工业化;而农村工业作为独立于传统计划经济格局的一种市场化力量,它受市场化制度变迁的影响也就极为突出,与国有经济相比更有效的竞争机制和产权效率有力刺激了它的高速创建与发展;同时,从发展传统尤其是各种血缘、地缘、人缘关系网络继承的乡村企业的社区属性和个体私人企业的家庭、家族属性,同各种有利的正规制约的变迁相结合,既大大节约了农村企业建立和发展的交易成本和生产成本,在很大程度上弥补了农村企业在技术、管理和基础设施等方面的劣势,又决定了企业规模较小、布局高度分散的微观特征。

二、制度及其变迁与农村工业发展的区域不平衡性

在中国经济增长的区域差异中,制度因素日益受到学者的密切关注[2][3]。中国农村工业宏观布局巨大区域不平衡性的形成,制度同样起决定作用。中国地域广袤,制度文化的区域差异十分突出。在宏观地域上,鸦片战争后,受资本主义入侵影响,我国不同地区尤其是沿海与内地、南方与北方经济文化的分异日趋扩大。商品经济传统逐步在沿海和南方地区建立起来,而内地和北方的大多数地区则依然受传统文化和小农经济的支配。人民公社时期,虽然中国农村的制度变迁是单一路径,只存在人民公社这种单一经济组织,但

---

[1]　参见第 239 页注 1。
[2]　魏后凯等. 中国地区发展. 北京:经济管理出版社,1997.
[3]　吴殿廷. 试论中国经济增长的南北差异. 地理研究,2001,20(2):238—246.

沿海地区受传统商品经济文化等非正规制约的影响,社队工业和商品经济的发展就比内地迅速。1978年后,虽然不同地区仍处在同一制度环境中,但在经济全球化和市场化的推动下,改革开放是从东南沿海向北部、中西部地区逐步推进的,东部地区强烈的诱致性制度变迁和较强的制度利用能力使市场经济制度在沿海地区获得优先发展,文化传统和改革开放政策以及沿海经济发展战略的有机结合,迅速促成了农村组织的分化、新型经济组织的形成,并在组织活动和制度创新之间形成了良性的自我强化机制,从而高速推动了农村工业的发展,并很快形成了几种富有区域制度特色的发展模式:如苏南、温州、珠江三角洲、晋江模式等。沿海地区农村工业的高速增长,导致中国农村工业分布的地理重心持续东移。1988年后,国家宏观调控、外资导入及外向型经济发展的影响,促成了广东、福建等南方省区农村工业的活力和相对更快的增长,从而导致了一些学者发现的地理分布重心南移现象①。与东部沿海地区相比,广大的中西部地区受传统文化和计划经济体制的约束,组织创新能力较低,诱致性制度变迁难于有效形成,国家和各级政府发起的以推广东部经验为主要形式的强制性制度变迁又难于符合区域的资源禀赋和技术、市场条件,缓慢的制度变迁速度和有效制度安排的缺乏形成了高昂的交易费用,既难于为现存组织的创新提供有效的激励,又难于促成新型经济组织的形成。因此,中西部地区农村工业化水平的落后,在很大程度上是制度变迁滞后、有效制度供给不足的结果。

第三节　市场、技术对农村工业发展和区位的影响

一、市场与农村工业的发展

改革开放以前的农村工业,一直受到市场进入与规模的限制。人民公社时期的社队工业,在计划经济制度的强力约束下,其发展存在着明显的市场限制,国家计划没有它的户头,物质调配没有它的份额,国营商业没有它的流通的渠道。因此,社队工业是在庞大的计划经济的缝隙中存在的,它具有很强的社区自我服务性、拾遗补缺性。1978年以后,改革开放使我国经济逐步

_____

① 参见第236页注4。

迈向了市场经济的轨道。1979—1983年,市场扩张成为拉动农村工业发展的一个重要因素:一方面,建国以来国家重工业化战略的持续推行,使轻工产品形成了巨大的供给缺口;另一方面,城乡居民收入水平的迅速提高和长期压制的市场需求,形成了巨大的市场购买力。但这一时期,计划经济仍占绝对优势,农村工业发展仍时常受关键投入品市场来源短缺的制约,许多市场的进入仍受到计划的严格管制。80年代中期开始,我国步入国民经济工业化快速发展的新阶段,体制改革的全面推进,国有企业改革的相对滞后,市场体系的建立和培育,城乡工业联系的深化,既为农村工业发展提供了极为有利的市场空间,大大拓展了农村工业的市场范围和产业领域,使其由社区性、区域性市场走向城市、全国乃至国际市场,而且也大大改善了生产要素的市场来源。根据城乡经济投入产出流量分析,1987年农村工业产出中被城市经济作为中间使用的比重高达44.29%,被用作城镇最终消费的占7.9%;在农村工业投入中,来自城市经济的投入占42.38%[①]。因此,城市工业和城市经济已构成农村工业增长的主体投入来源和市场来源。90年代中期以来,伴随着市场形势的变化和国有企业改革的深化,城乡工业联系从合作为主急剧转向竞争为主,在开放政策推动下,农村工业在继续加强与城市工业联系、拓展国内市场的基础上,积极引进与利用海外生产要素,努力拓展国际市场,从而加快了生产经营国际化的步伐,1996年全国乡镇工业完成出口产品交货值已达6008亿元,占全部销售产值的比重达18.05%。伴随着生产规模的迅速扩大和市场条件向买方市场的急剧变化,农村工业发展已明显受国民经济和国际市场波动的严重影响。1997年以来农村工业发展的剧烈波动,显然与国内市场有效需求不足和亚洲金融危机所导致的出口下降密切相关。

二、技术与农村工业的发展

农村工业的产生得益于中国农民悠久的手工业技术传统。在新中国农业合作化时期的1954年,农村兼营商品性手工业的人员约达1000万人。这些富有传统技艺的农民后来便成为“公社工业化”的技术骨干。人民公社时期的社队工业,由于企业规模较小且又具有以劳动替代资本的特点,企业创

---

① 苗长虹.我国城乡工业联系及协调发展研究.地理研究,1997,16(2):30—37.

办的技术门槛非常低。其技术来源主要有二：一是"公社工业化"的遗留和"边干边学"、自我创新；二是城市工业的支持。改革开放以来，市场需求的多样性和多层次性及其动态变化，为企业的发展提供了更多的技术选择空间。在鼓励企业技术进步、城乡经济联合、吸引与利用外资、东西部乡镇企业合作等一系列有利制度的激励下，农村工业的技术来源更为多样化。首先是城市工业、科研院所和大专院校。经过几十年的发展和积累，城市工业在轻纺和机械设备生产等方面已具有较高技术能力，因而农村工业的建立与发展没有受到"一般技术"供给不足的制约，又由于国有企业制度变革进程相对迟缓、机制不活，致使相当数量的技术人员和设备转向为农村企业服务。从城乡工业技术经济联系来看，1987 年城市工业投入占农村工业总投入的比重高达38.7％，其中能源、机械、冶金、化工、纺织、造纸、食品等城市工业部门对农村工业生产投入的影响较大①，说明农村工业对城市工业具有极强的技术依赖。同时，伴随着科技体制改革的深化，科研院所、大专院校同农村企业间的经济技术合作越来越多，有力促进了农村工业技术水平的提高。其次是传统技艺、技术的自我创新和农村工业内部的技术扩散。农村工业较小的企业规模、较大的生产弹性和劳动对资金的替代，使传统技艺和自我创新技术的广泛运用成为可能。近年来，农村企业非常重视对技术、人才的培育和引进，尤其是已成长为大中型规模的企业，为增强市场竞争力，进一步加大了对技术创新的投资，从而提高了技术的自我开发能力。同时，通过"星火计划"、"合作示范工程"、组建企业集团等，农村工业内部的技术扩散能力也明显增强。再次是海外。中国较为成功的改革开放政策和一些地区与海外紧密的亲缘、地缘关系以及非常优惠的吸引外资政策，使海外较为先进的技术通过中外合作、合资、独资、"三来一补"、技术转让等途径流入农村工业，从而使农村工业在技术上成为一个从传统到现代的多层次体系。改革以来中国农村工业较大的技术选择空间和多样化的市场空间，非常有利于农村工业的高速增长。

三、市场、技术与农村工业发展的区域差异

区位市场与技术环境也是理解农村工业区域差异和不同发展型式的关

---

① 参见第 243 页注 1。

键。旧中国沿海地区因其与资本主义和民族工业的联系及其相对较高的经济发展水平,农村工业的技术水平就比内地高,市场区范围也较广。人民公社时期,在城市化水平较高的沿海地区,受城市辐射影响,农村工业的发展在市场和技术上就得到了城市工业的大力支持。改革开放以来,沿海地区或受益于中心城市的辐射、或受益于世界经济发达地区尤其是太平洋经济发达圈的辐射、或受益于与海外紧密的亲缘地缘关系、或受益于传统技术的继承与创新、或受益于专业市场的发育与建设、或受益于较高的农业生产水平和集体经济能力,富有不同市场与技术环境的区域在制度的激励和"路径依附"的制约下,农村工业不仅高速增长,而且也形成了富有优势和潜力的不同发展型式[①]。而内地由于城市辐射能力弱,经济发展水平低,又缺乏改革开放的地缘和政策优势,农村工业的市场和技术环境远远比沿海发达地区差,它主要靠矿产资源开发和农副产品加工逐步发展。

第四节　区位资源禀赋对农村工业发动的初始作用

一、农村资源禀赋、人地关系与农村工业的初始发动

从全国总体看,农村工业的发展与其资源禀赋和人地关系压力的演变密切相关。"一五"时期,许多农村劳动力被吸收到城市工业。到1957年,全国农村劳动力人均拥有耕地面积达0.544公顷,负担播种面积0.765公顷,人口和农村剩余劳动力对土地的压力还不太明显。"公社工业化"造成的农业生产资源向工业的大量转移和公社化的低效率,严重损害了农业生产,使我国工业化很快陷入"李嘉图陷阱"。"公社工业化"后,在产权低效的人民公社制度和城乡隔离制度下,农业剩余以"剪刀差"方式向城市转移,农业自我积累能力低,增长十分缓慢,1969与1957年相比,粮食总产量仅增长了8.16%。然而同一时期,全国人口增长了24.78%,其中乡村人口增长了21.66%,农业劳动力增长了40.44%。即使不考虑耕地面积的减小,"马尔萨斯法则"所揭示的人口压力已使农业生产蕴藏严重危机。作为缓解危机的一种手段,政府号召积极推行农业机械化,依据地方资源大力发展"五小"工业。而伴随着农

---

① 苗长虹.我国农村工业发展型式研究.地理学报,1998,53(3):270—278.

业机械化的推行,粮食产量有了显著提高,但农业劳动力也开始出现明显剩余,于是人口压力又在"生存"基础上增加了一个新的方面——"就业"。从此,农村工业便在"为农业机械化服务"和"增加就业"推动下,以低廉而充足的劳动力供给和特定区位的矿产、农副产品、城市工业的下脚料等资源为基础而恢复与发展起来。到 1978 年,全国人口已达 9.6 亿人,其中乡村人口7.9 亿人,乡村劳动力 3 亿人,扣除在非农产业就业后的农业劳动力 2.7 亿人,每个农业劳动力负担的耕地面积已减小到 0.347 公顷,已有大量剩余劳动力隐蔽地滞留于集体农业之中。强大的人口生存压力诱发了 1979—1983年农村产权制度的变革,而制度的变革既大大提高了农业生产效率,也使多年积累下来的剩余劳动力就业不足明显化。在人口迁移仍受到严格限制的制度安排下,作为农民自力更生就地就业的一种方式,社队企业继续发展,同时个体、联户企业运用而生。1984 年后,制度对乡镇企业的认可和社区政府对社区就业、收入最大化的追求以及私人企业家对家庭收益最大化的追求,迅速引致了农村工业化的全面发动。因此,70 年代末期以来农村经济制度的市场化变迁和农村工业的"异军突起",实质上也是人口压力诱发和突然释放的必然结果。同时,充足、廉价而又富于弹性的劳动力供给以及廉价的土地供给,丰富的矿产资源和农副产品资源,不断得到发展和改善的农村交通、运输、通讯、电力等基础设施条件,通过相对较低的生产成本刺激企业在农村社区分散布局和发展,从而为 80 年代农村工业的"异军突起"奠定了基础。

二、农村资源禀赋、人地关系与农村工业发展型式的区域差异

人口压力和资源禀赋也促成了区域差异的形成。长江三角洲、珠江三角洲、浙江温州地区等,人多地少的矛盾一直比较突出,人力资本质量也较高,拥有靠近海洋和世界经济发达地区的区位优势,发动农村工业化的基本要素如资金(包括外资)、技术、人才、市场条件较好,制度创新的收益较高,发展工业的内在冲动较强,农村工业发动的时间较早,在发展型式上对自然资源的依赖较弱,而对制度、技术和市场的依赖比较强,以城市辐射发展型、外资外贸推动型、人力资本推动型、市场加工推动型为主[1]。而广大内陆地区,人口

---

① 参见第 243 页注 1。

压力虽然也比较突出,但由于与世界经济交往的运输成本和文化隔阂较大,发动农村工业化的要素和市场、基础设施条件较差,在传统文化约束下,制度创新的收益较低,大规模发动农村工业化的动力和能力不足。在一些靠近城市或富有矿产资源、农副产品和传统技术等优势的地区,由于城市辐射的影响,市场需求和比较利益的推动,农村工业也能较早发动,但在发展型式上,多以城市辐射发展型、农副产品加工型、矿产资源开发型为主①,对初始发动优势资源的依赖比较强烈,而对市场的适应能力和诱致性制度创新能力则相对较差。显然,农村工业化水平的区域差异,既与发动的时间早晚有关,也与发展型式的优势与潜力有关。由于区位资源禀赋、人地关系和区位优势均是动态概念,因而发展型式虽受"路径依赖"的制约,但也会随时随势创新和变化,进而区域差异也会逐步发生变化。

第五节　结　语

本章的分析表明,主导中国农村工业发生、发展、区位布局的首要因素在于制度及其市场化变迁,历史传统和改革开放后有利的市场与技术环境为其高速增长奠定了基础,而农村人地关系的变化和特定的区位资源禀赋既诱致了农村制度的创新和变迁,又为农村工业化的发动提供了基本的生产要素;农村工业没有走向集聚发展而呈高度分散的微观布局,并非是农民和社区政府的"不理性"行为,其关键在于制度非均衡变迁过程中企业的社区性和对地方各种"网络"的利用所节约的交易成本和生产成本明显大于集聚布局的收益,本质上是农民和社区政府在既定制度、技术、市场、资源制约下理性选择以及初始选择后"路径依赖"的结果;农村工业的区域不均衡发展和不同发展型式的形成,关键在于制度变迁的区域不均衡性,市场、技术、区位资源禀赋和人地关系压力的巨大区域差异对这种不均衡性起着基础作用。根据本章的分析框架,可以推断,伴随着社会主义市场经济体制的建立、经济全球化的发展、社会对资源环境问题的日益关注等宏观环境的变化,农村工业因社区属性和分散布局而具有的交易成本和生产成本较低的比较优势会逐步丧失,

---

① 参见第 245 页注 1。

由此所形成的竞争能力也会日趋弱化；但环境变化中也存在着众多潜在的制度、技术创新和区位调整收益，如企业进行产权制度改革对产权的保护和竞争机制的优化，组织和经营的集团化、城乡一体化、国际化、弹性化对竞争能力的提高，相对集中布局和地方合作环境、创新环境的培育对生产成本和交易成本的节约，知识技术外溢和组织学习对技术水平的提高，收入增长和市场容量扩大对创业机会的增加等。因此，在21世纪初叶，中国农村工业必将进入一个分化和区位调整的剧变期，产权制度改革、生产要素自由流动尤其是人口流动的制度创新以及集聚本身所形成的新的"路径依赖"，将促使其布局由分散转向相对集聚，大量富于特色的专业化的"新产业区"将在农村形成；沿海地区农村工业将更受经济全球化和城市工业竞争的影响，发展趋于与国民经济同步；中西部部分地区因其廉价劳动力和自然资源优势以及中央政府的制度支持，农村工业会取得一定增长，但由于制度环境和市场条件的变化以及"路径依赖"所形成的"累积因果"效应，许多地区农村工业化的启动和发展将会更加艰难，全国农村工业发展水平的区域差异将依然十分突出。

第十八章

我国农村工业发展型式[①]

第一节　型式划分的理论、方法和型式类别

以人类生态学的观点[②]，区域农村工业作为一种区域人类生态系统，既是被控制系统，又具有鲜明的环境适应性特点，其结构及其演化是环境选择的产物；而作为被控制系统，其结构又可以通过改善和优化其发展环境以及调整自身的行为来进行调控。新近的企业地理理论、企业战略经营理论和产业组织理论均强调，企业虽深受环境影响，但它并不是环境影响的被动接受者，它会通过自己的活动促使环境向有利于自己的方向变化[③][④][⑤]。因此，农村工业系统和其环境发展系统是动态相互作用的。

区域农村工业发展环境系统是指区域农村工业系统边界以外影响企业运营和系统结构的各种因素组成的综合体，它既是企业经营所需各种要素资源的供给者和所生产产品的市场实现者，也是企业各种行为的信息引导者和制度约束者。另一方面，现实经济活动中引致发展型式分异的因素是错综复杂的，在环境条件大致相同或类似的地区，仍存在农村工业结构和绩效的较大差异。研

---

① 原载《地理学报》1998 年第 3 期。

② 李昆宝. 医学地理学模型与区域人类生态系统模型的探讨. 生态学报,1992,12(1):74—76.

③ 李小建. 工业变化与公司活动的空间分析. 北京:科学出版社,1991:2—4.

④ 陈传明. 国际企业:环境、组织、战略. 南京:南京大学出版社,1995:6—9.

⑤ 马建堂等. 结构与行为. 北京:中国人民大学出版社,1993:15—23.

究发现,在发展过程中,一些特殊人物、"企业家"或具有类似"企业家"作用的社区政府,对农村工业发展型式分异起重要作用。根据社会学新近兴起的农村精英理论,这些特殊人物实质上是农村经济精英和权力精英,他们对农村社会经济的发展起着决定性作用。因此,发展型式作为对发展内部条件与外部环境本质联系的一种理论刻画,它实质上是农村精英在特定的发展环境条件下对农村工业结构和企业发展进行决策选择的产物;在农村工业型式划分中,既要综合考虑各种环境因素的影响并突出主导因素,又要充分考虑农村精英的状况。然而由于环境条件和农村精英是动态变化和相互作用的,为揭示型式形成的发展学原因,本章将重点放在发展的初始条件上。

　　研究表明,在区域农村工业发动的初始环境因素中,以下6方面特别重要:①农业基础;②城市辐射影响;③矿产资源禀赋;④利用外资、外贸的机会;⑤人力资源状况;⑥市场发育水平。由于不同的区域上述各个因素的影响性质和影响强度有很大差别,因此,可依初始主导环境条件将农村工业发展型式归纳为6种类型:①农副产品加工型;②城市辐射型;③矿产资源开发型;④外资外贸推动型;⑤人力资本推动型;⑥市场—加工推动型。

　　另一方面,农村工业发展型式又受农村精英状况的强烈影响。参照张培刚先生对工业化发动型式的划分①,它可以简单地分为两类:社区政府发动型和个体私人发动型。社区政府属于权力精英,虽然它在改革开放以来作为经济精英的作用迅速增强,但这种作用的来源却在于其所拥有的权力。因此,社区政府发动型实质上是权力精英发动型。个体私人则属于经济精英,它是改革之后社会组织生存方式由总体生存向独立生存转化的产物。这些经济精英的主要来源有三:一是由原权力精英"下海"经商转变而来;二是由"经济能人"生长而来;三是由乡镇企业中的职工转化而来②。可见,个体私人作为经济精英并不在于它们是否拥有行政权力,而在于他们的"创新"功能。因此,个体私人发动型实质上是经济精英发动型。

　　由于在大致相同的环境条件下,农村工业既可由权力精英发动,又可由经济精英发动,故可将上述两种型式划分方法有机结合。考虑到初始环境条

---

① 张培刚.农业与工业化(上卷).武汉:华中工学院出版社,1984.

② 王汉生.改革以来中国农村的工业化与农村精英构成的变化.中国社会科学辑刊,1994,秋季卷:18—24.

件的重要作用及其对权力精英和经济精英的影响,这里将依据初始环境条件划分的型式作为基本类型并将由权力精英或是经济精英发动作为基本类型中的两个亚类。于是,可以将我国农村工业发展的主要型式概括为 6 个大类 12 个亚类(图 18 - 1)。

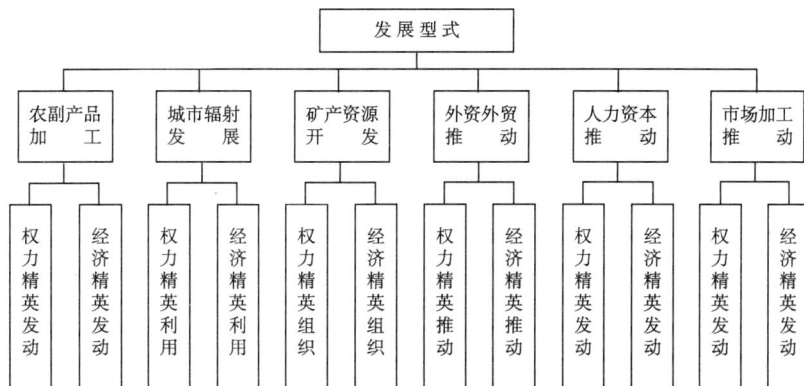

图 18 - 1　我国农村工业发展的型式类别

第二节　各型式形成的关键条件和特点

一、农副产品加工型

我国是一个发展中的农业大国,广大农村拥有丰富的农副产品资源、大量的农业剩余劳动力和多种多样的农副产品加工传统,发展农副产品加工工业,是农村工业发展的必然选择之一。它是一种比较普遍的发展型式。

1. 权力精英发动的农副产品加工型

该型式的形成基础主要有三:①农业较为发达,人多地少矛盾突出;②原有集体行政经济组织力量比较强,有一定的公共积累;③权力精英有较强的商品经济意识。作者调查过的苏南地区以及河南省新乡县刘庄村、临颖县南街村以及孟县等,农村工业的早中期发展就是以此模式为主导的。其特点是:①产业结构以农副产品加工业为主,与农业原料联系密切。以孟县为例,该县农业发展水平较高,与农业有紧密联系的农副产品加工、轻纺、化工构成了农村工业的主要部门。②农村工业发展起步早,技术水平较高,规模较大。

如南街村、刘庄村,农村工业在70年代末80年代初就已起步,由于其起步早和权力精英相对较强的资本投资能力,其企业规模一般比较大。南街村是围绕"农"字发展的一个典范。该村从80年代初的面粉加工起步,利用产业联系效应,先后建起了糕点厂、方便面厂、纸箱厂、养鸡厂、运输队、彩印厂、啤酒厂等。到1994年底,该村已拥有26个企业,生产产品达70多种,产值8102亿元,实现利税6060万元。③权力精英控制企业,企业领导人受权力精英的决定和支配。

2. 经济精英发动的农副产品加工型

这种型式的形成依赖于有传统技艺的"能工巧匠"的作用。无论是在农业发展水平较高还是在较低的地区,均可以发现这种模式,其特点是:①农村工业专业化程度较高,多以专业村、专业乡镇的形式出现;②企业规模一般比较小;③劳动密集型程度较高,④模仿竞争是企业创立与发展的主要形式;经济精英本身控制企业;很少受权力精英的影响。这种发展型式是常见的。如河南省孟县南庄乡桑坡村的皮毛加工业,新密市的造纸业等。

二、城市辐射发展型

农村工业兴起的一个重要原因,就是在其发展之初就拥有一个可以依靠的技术源泉——城市工业。对河南178家农村工业企业的调查表明,有40%的企业以各种形式存在着同城市企业和科研机构的技术联系①。据统计,到1990年,我国非农业人口在10万人以上的城市已达340个。因而这种受城市辐射发展起来的农村工业型式,是广泛存在的。

1. 城市辐射权力精英利用型

这种型式的形成依赖于:①较强的城市辐射力;②较强的农村社区行政经济组织力量;③良好的地理区位,与城市联系密切。这种型式在长江三角洲最为典型。其特点是:①产业结构与城市较为相似,与城市大工业协作配套的工业比较发达。比如,苏南地区邻近上海,区域内又拥有无锡、苏州、常州等科技先进、经济发达的大、中城市,因而其乡镇工业是依托城市、依托大工业、依托科研单位发展起来的。据估计,80年代中期这种与城市联系协作

---

① 苗长虹. 中国欠发达地区农村工业发展的因素与区域型式. 地理研究,1994,13(3):30—40.

的企业占苏南乡镇工业总产值的 1/3 以上,在产业结构上以机械、纺织、化工、冶金、建材为主。②起点高,技术和管理比较先进。企业创立与发展直接得益于城市的技术、人员支持。③企业的专业化程度比较高,与城市外部联系强于农村工业的内部联系,城乡工业呈现较强的一体化生产、经营、销售的格局,彼此间的相互依赖性比较强烈。④权力精英控制企业。

2. 城市辐射经济精英利用型

该型式虽对城市辐射力和城乡经济联系有一定要求,但并不严格,然而却对经济精英的能力及其家庭、家族的社会关系有较高的要求。这种型式在私有经济发展受到鼓励、区域城市化有一定水平的地区较为常见,如珠江三角洲、闽东南地区以及中西部地区大中城市的郊区、郊县。其特点是:①来自城市的技术人员、短缺物资和销售渠道对企业发展具有重要作用;②企业对城市资源的利用主要是通过人际关系,经济利益吸引也是不可忽视的手段;③联系受地理空间的约束没有权力精英那么突出,联系的非地理确定性比较强;④企业由经济精英完全控制。

三、矿产资源开发型

由于矿产资源多分布于农村地区,因而在丰富的矿产资源基础上建立相应的采掘业和原材料工业,是资源丰富地区农村工业发展的必然选择。

1. 矿产资源权力精英组织开发型

这种型式的形成主要依赖于:①矿产资源储量比较大,分布相对比较集中;②有一定的运输通达性;③农村社区的权力精英有一定的组织能力。其特点是:①产业结构以采掘、原材料工业为主,如作者调查过的河南省新安县,地处国家重点能源、原材料基地,90% 以上的企业均与当地矿产资源有关。②企业规模较大,劳动密集程度高。1992 年,河南乡镇工业中产值在2000 万元以上的工业企业共有 102 个,依靠采掘及其加工发展起来的企业就有 39 个。③企业由权力精英控制。采掘业投资较大,生产周期长,比较适合于有一定积累和组织能力的社区行政经济组织创办,因而在资源开发型地区,往往是乡村集体企业居主导地位。④农村工业内部和外部的联系均比较紧密。就内部联系而言,资源型地区为实现资源的综合利用和加工增值,减小市场波动和比较利益低下的制约,必然会在资源开发的基础上发展初加工和精加工工业。以山西平定县为例,该县乡镇工业以煤炭、石灰石、硫铁矿、矾石等资源开发为原料和资金积累基础,滚动发展,在80年代早中期就相应发展了建材、冶金、化工等部门。就外部联系而言,能源原材料是我国工业生产的瓶颈,一些能源原材料短缺的地区为克服瓶颈制约,会主动同资源开发地区的权力精英和企业发生联系;另一方面,资源型地区农业基础大多比较差,教育文化比较落后,矿业和相应加工业的发展又具有较高的资金投入和技术门槛,因而为使潜在的资源优势变成现实的经济优势,这些地区的权力精英和企业也会主动发展横向经济联系。⑤货运量比较大,对市场波动比较敏感,对运输的通达性和市场销售体系有较高的要求。由于资源型地区大多分布在丘陵和山区,受地理环境条件的制约,交通和信息的通达性大多比较差,因而会成为企业发展的一个重要约束。

2. 矿产资源经济精英组织开发型

这种型式一般与权力精英组织开发型并存。但在矿产资源储量比较小或分布比较分散或矿床开采难度较小、农村社区权力精英组织能力较弱的地区,这种型式更为常见。其特点是:①在产业结构中采掘业和初加工工业更为突出,原料工业、深加工工业发展缓慢;②企业规模一般比较小,生命期较短,但劳动密集程度较高;③企业完全由经济精英控制,联户和股份合作制企业较多;④企业与权力精英控制的企业有一定联系,如依靠它们的运销渠道或向它们供应矿石原料等,同外部也拥有较强的市场联系,但要素联系则比较弱。

四、外资、外贸推动型

改革开放政策和沿海经济发展战略的实施,使外向型经济在沿海发达地区已占据重要地位。90年代以来,我国内陆地区开放带动战略的实施,也使广大中西部地区利用外资、外贸的能力有了较大的提高。从而利用外资、外贸推进工业化包括农村工业化作为一种重要的型式,目前在全国已十分普遍。

1. 外资外贸权力精英推动型

这种型式出现较早,而且一直是外资外贸推动型的主体。其形成有赖于:①与海外密切的亲缘和地缘联系;②原有社区集体经济力量较强;③权力精英有较强的改革开放意识。珠江三角洲地区是这种型式的典型。其特点是：①产业结构以劳动密集的轻型加工工业为主，如电子电器、纺织服装、金属制品等，产业结构升级速度比较快；②企业的专业化水平较高，规模比较大，技术水平比较先进；③与海外生产要素和市场联系紧密，有较高的外贸依存度。企业投资中海外资金占有一定的比重，一些关键设备、管理技术人员和特殊的原材料也来自海外，企业的市场结构中海外市场占有较高的份额；④由于企业大多具有联合经营的性质，权力精英虽然对企业有较强的控制权，但企业更倾向于联合控制的性质；⑤由于外资、外贸的作用，企业的全要素生产率比较高，增长比较快；⑥模仿竞争、投资竞争和创新竞争有机结合，在国内外市场上有较强的竞争能力。企业的产品和技术开发大体遵循引进—模仿—吸收—创新过程。

2. 外资、外贸经济精英推动型

该型式比权力精英推动型出现得稍晚，但随着市场经济的发展，社会对合作经济和私有经济的承认和重视，这种型式在沿海发达地区迅速推行。其形成有赖于：①与海外密切的亲缘和地缘联系；②经济精英有较强的市场经济意识。闽南地区是这种型式的典型。其特点是：①产业结构以轻型加工为主，劳动密集程度较高；②企业的专业化水平较高，但企业规模和技术水平并不十分突出；③与海外生产要素和市场有一定的联系，但远没有权力精英推动那么紧密，外贸依存度也没有那么高。在企业投资中，除拥有一定的侨商、外商直接投资外，侨汇也有重要作用；④经济精英控制企业，股份合作和私营企业是主要形态；⑤模仿竞争为主，也拥有一定的创新竞争。如福建晋江80年代中期的产品结构中，由模仿竞争而形成的国产"洋货"占40%以上。

五、人力资本推动型

在解释我国农村工业化奇迹时，人力资本是一个重要变量。意识形态、文化均属于人力资本，它对我国农村工业化的发动意义重大。因此，人力资本推动型是一种重要而又普遍的型式，它在每个地区都发挥重要作用，只是在发展环境条件较好的地区，这种作用往往会被掩盖；而在发展环境较差、农村工业发展较快的地区，这种作用特别突出。

1. 权力精英发动的人力资本推动型

这种型式的形成基础是：①权力精英有非凡的改革开放意识和"创业"精神，并将发展生产力作为自己的首要目标；②农村拥有潜在资源，如劳动力、农副产品、矿产资源等；③有一定的交通通达性和工业生产所必备的一些其他基础设施，如能源电力、水资源等。河南林州、新郑、长葛三县市可作为这种型式的代表。其特点是：①由权力精英发动的解放思想、培植商品经济意识是农村工业发展的基础和先导。以新郑为例，该市原是一个农业县，1985年全县乡镇企业产值仅有 112 亿元。该县权力精英认识到，古城意识（新郑是轩辕黄帝故里、郑韩古城）、农业文化是制约工业化推进的最大障碍。于是从 1986 年起他们在指导思想上明确确立了生产力标准，采取"打开大门，否定自己，改革开放"的手段，解放思想，增加压力。在县委、县政府主要领导的带领下，农村社区权力精英通过多次到苏南、浙南参观学习和以报告会、动员会的方式向农民大力宣传，既使权力精英本身解放了思想，确立了商品经济观念和"没有工业化，就没有现代化"的认识，又使广大农民受到了教育，有力提高了发展商品经济的积极性。这为该县接着进行的农业结构调整和工业化强力推进打下了良好的基础。"七五"时期，该县乡镇企业总产值由 112 亿元迅速增长到 1017 亿元。②不拘一格、多轮驱动是农村工业发展的主要途径。权力精英在致力于乡村集体企业发展的同时，也积极鼓励个体、联户和股份合作经济的发展。③权力精英控制的企业既与外部有密切的联系，又与内部的个体、联户、股份合作企业有密切的分工协作，它们的数量虽少，但在农村工业发展中起主导带动作用。④不同所有制等级企业的规模、技术水平差异明显。⑤人力资本积累的方式多种多样。权力精英努力开拓多种人力资本积累途径，如加强科技教育、重视技术和人才引进、积极组织劳务输出、重用"经济能人"、强调边干边学和在职培训等。

2. 经济精英发动的人力资本推动型

这种型式出现较早，具有很强的自然演进性质，对历史遗留的商品经济文化传统有较强的依赖。它在人多地少、农业基础相对比较差的地区表现得特别明显，如温州地区，在珠江三角洲和闽南地区，这种型式也占有重要地位。其特点是：①经济精英的形成有深厚的历史基础。以温州为例，历史上因人多地少，家庭手工业就十分发达，外出经商者众多，即使在人民公社制度下，农村家庭自营经济也广泛存在；②经济精英富有群体优势。尽管单个经济精英所拥有的人力资本比较少,但由于其人数众多,富有群体优势,因而对农村工业发展的商品经济文化环境的形成和维持具有重大作用;③企业数量众多、规模较小、技术以手工、半机械化为主;④产品以小商品、手工艺品、具有区域特色和历史悠久的专业化产品为主;⑤经济精英控制企业,多以个体、联户和私营形态出现;⑥模仿竞争比较盛行,对市场发育水平依赖度较高。

六、市场—加工循环推动型

农村工业具有市场导向性质,对市场具有较高依赖性,许多地区自觉或不自觉地将市场建设摆在了经济发展的重要地位。区域市场的发育导致形成了我国农村工业发展的一个重要型式:市场—加工循环推动型。

1. 权力精英发动的市场加工循环推动型

这种型式有赖于:①区域拥有发展某类产品的特殊区位优势,行业规模经济比较突出;②权力精英对市场作用有较深入的认识。其特点是:①市场的专业化程度高,运销服务体系比较发达,它是在农村工业发展到一定规模规划兴建的。②专业市场的建设进一步促进了区域的聚集规模经济和行业规模经济,它开拓了模仿竞争模式的市场空间,但对单个企业规模的影响并不突出。③由于专业市场一般拥有较强的辐射能力,它大幅度降低了企业的交易成本和运输成本,因而有利于企业专业化优势的形成。以闻名全国的江苏省吴江市盛泽镇的"东方丝绸市场"为例,盛泽历史上就是"丝绸之乡",拥有独特的丝绸生产文化、工艺技术和管理经验优势。改革开放初期,伴随着乡村集体企业的迅速发展,该地已形成显著的丝绸生产规模经济。但由于没有设立专业化市场,到1986年,"流通不畅"使吴江2/3以上的丝绸产品积压。拥有强烈市场意识的吴江县政府及时认识到建立专业化实体市场的重要性,于是当年投资千万元筹建了该市场。而该市场的建立和发展,有力拓展了产品的市场区和市场网,促进了丝绸生产和服务体系的专业化,从而带动了盛泽地区丝绸行业的更大规模生产。到1993年,盛泽镇工业总产值达51107亿元,其中80%以上的企业均与丝绸的生产经营有关[1]。

2. **经济精英发动的市场加工循环推动型**

---

[1]　王旭章.区域经济和行业规模经济.经济研究,1996(3):57—62.

这种型式比权力精英发动型更为常见,它的形成同样依赖于区域的区位优势和产品的较大生产规模,但市场是伴随着加工工业的发展自发形成的。然而发展到一定阶段,权力精英也会给以极大关注。温州地区是这种型式的典型。其特点是:①生产环节和流通环节直接联系,通过市场将商品的生产、流通、服务融于一体;②市场作为众多小生产者模仿竞争的产物,有效克服了小生产和市场分散的矛盾,因而会导致大规模生产区域的形成;③伴随着专业化市场的发育,富有弹性的要素市场也发展迅速。如温州地区已有比较发达的民间资金、劳动力、技术等要素市场。

第三节　型式比较和其在欠发达地区的适用性

一、型式比较

上述对农村工业发展型式的概括虽然粗略,但基本反映了农村工业发动和发展过程中存在的一些主要机理。各个主要型式间也存在交叉。考虑到现实经济发展环境的多样性、经济联系的复杂性和农村工业发展型式的某些共同因素,这些相互交叉的型式更能揭示区域农村工业发展的过程。由于环境性质的差异和其对发展的影响,不同型式会拥有不同的发展潜力,发展遇到的问题也不尽相同。显然,发展型式体现了一个区域的发展优势和潜力,一区域拥有的型式越多,农村工业发展机会和途径就越多,区域的优势和潜力就越大。相反,在一个经济落后、交通闭塞、资源贫乏的地区,要启动其工业化进程,可供选择的型式是非常有限的。

1. 六种基本型式的比较

相比而言,城市辐射型、外资外贸推动型农村工业,企业的联系空间较广,生产要素的质量较高,产业和市场的规模较大,发展潜力广阔,产业结构水平、技术水平一般比较高,结构高级化速度比较快。但在激烈的市场竞争中,企业对技术创新、规模经济和组织协调的依赖日益突出,它需要城乡经济更加一体化和生产营销更加国际化的发展环境。农副产品加工型、矿产资源开发型农村工业,在发展的早期阶段,比较容易在较低的产业结构水平上形成区域专业化优势;但发展到一定阶段,这种优势在一定程度上又会减弱企业创新竞争的压力,从而导致区域长期发展动力和结构转换能力不足。同时,因受产品需求弹性、资源属性和运输成本的制约,市场空间和产业规模的进一步发展也会受到限制,企业发展受市场波动的影响也比较大。因而以这两种型式为主的地区,农村工业发展须在强化农业生产和资源开发保护等比较优势的基础上,注重利用产业联系进行资源的系列加工增值和发展型式与产业结构的逐步转换。市场加工循环推动型农村工业,由于专业市场和加工工业之间的相互依存,当市场达到一定规模后,市场性质、产品需求弹性大小和运输成本,会严重制约工业发展的规模和潜力,因而它要求企业和市场努力保持其区位优势,在产品的质量、品种、特色、价格、运销和信息服务等方面不断创新,并在规模上保持市场和生产的均衡协调。人力资本推动型农村工业,由于当代市场经济竞争的关键在于科学技术和人力资本的竞争,因而拥有广阔的发展潜力。但基于我国广大农村人力资本质量还比较差的现状,要使以这种型式为主的地区快速健康发展并使这一型式得到广泛运用,必须解放思想,加大科技教育投资,不断提高区域的人员素质和科学技术能力,积极吸收国内外的先进技术和发展经验,创造各种条件和机会,努力培养人民的"创业"精神和"创新"精神。

2. 权力精英推动和经济精英推动亚型的比较

由权力精英推动而形成的农村工业,大多采用集中型决策,企业与社区行政经济组织联系密切,故其拥有的发展资源较多,企业规模较大,技术水平较高,生存能力和整体竞争能力较强,在社区发展中居主导地位,在支持农业发展、增加财政收入、平衡社区居民收入、带动经济精英推动型农村工业的发展等方面发挥着重要作用。但这种型式的农村工业发展到一定规模后,作为企业所有者的社区政府和作为经营者的经理层之间的矛盾和摩擦会变得日益突出,权力精英的过度控制和较强的投资偏好会使企业缺乏应有的机动灵活性,并会造成企业的短期行为和低效率。经济精英推动下的农村工业,则多属于分散型决策,由于经济精英个人所能发动的资源较少,加之企业发展的时间较短,且多是通过模仿竞争而形成的,故这种型式的企业规模较小,技术水平较低,生存能力较弱,创新能力和整体竞争能力较差。但由于其数量众多,又由于其生产者、经营者、决策者高度统一,企业的机动灵活性较强,适应环境变化的速度也比较快。显然,权力精英推动和经济精英推动各有所长,义各有所短。从发展的趋势看,均存在着向产权明晰的股份(合作)制或有限责任公司转化的客观要求。

二、发展型式在欠发达地区的适用性

发展型式是特定环境条件与特定农村社区精英的组合。对于某一具体的区域,只要存在着或潜在存在着某种特定的组合,有关型式就有其适用性。大多数欠发达地区,由于受城市辐射影响小,利用外资外贸的能力有限,农村社区权力精英的组织能力差,相比而言,平原农业区农副产品资源和劳动力资源比较丰富,丘陵区和山区矿产资源比较丰富,每个地区或多或少均拥有一些掌握传统手工业技艺、或经商传统、或受过良好教育而思想又比较解放的经济精英,因而以经济精英发动的农副产品加工型、矿产资源开发型、人力资本推动型、市场—加工循环推动型会成为农村工业初始发动的主体。另一方面,我国农村毕竟有几十年的集体经济组织传统,权力精英的文化素质一般比较高,经历也比较丰富,内含的人力资本比较多,而且伴随着经济发展,农村工业发展的一些环境条件和生产要素来源也会有所改善,故由权力精英推动的农村工业发展型式的适用性会不断增强,像城市辐射型、外资外贸推动型等发展潜力大的型式也会在欠发达地区得到运用。以苏北耿车乡为例,80年代其乡镇企业的发展是在经济精英发动的人力资本推动型、农副产品加工型、市场—加工循环推动型等型式的配合下实现的。然而90年代以来,该乡出现了乡镇企业上规模、上档次、横向联合增多、外资企业开始落户、技术力量不断增强等新的形势,由权力精英推动的集体企业在乡镇企业总产值的比重也一改80年代持续下降的局面,而转向波动式上升。这表明,该乡的农村工业型式正在发生转变,城市辐射型、外资外贸推动型正在逐步引入和发展。

发展型式是解释农村工业化现象和进行工业化决策的有用工具。对于欠发达地区,灵活运用这些型式将会对其工业化进程有所帮助。在运用这些型式时,应牢记费孝通先生所倡导的"因地制宜,不同模式,随势应变,不失时机"的观点[①],在发展中既注重不同型式之间的有机配合,又注重型式的不断转换。

---

① 费孝通. 中国城乡发展的道路. 中国社会科学,1993(1):3—13.

第十九章

乡村工业化对中国乡村—城市转型的影响①

第一节 引 言

1978 年以来,中国进入由传统社会向现代社会全面转型的加速期,转型已成为中国社会经济各方面发展的共同特征。其突出表现之一,就是社会经济结构从农业的、乡村的、封闭半封闭的传统社会,向工业的、城镇的、开放的现代社会的转型②。由于中国乡村城市转型是在社会经济结构转型和经济体制转变相互作用的独特背景下进行的,因而无论是主导转型的因素还是转型的过程均有许多特殊性。其中,改革开放以来大规模兴起的乡村工业化对中国的乡村城市转型产生了广泛而深刻的影响,它有力推动了"新乡村空间"的形成和发展。本章拟从"乡村空间变化"的观点出发,对这种影响做一分析。

第二节 城乡连续体、乡村城市转型和乡村空间变化

随着非农经济活动在乡村的展开,当代乡村迎来了一个变化、多样化和复杂化的新时代,以往那种低人口密度、与固守传统的价值观相联系、以农业生产活动为主的乡村概念已无法包容当代乡村的内涵。这不仅是因为当代

---

① 原载《地理科学》1998 年第 5 期。

② 郑杭生主编. 从传统向现代快速转型过程中的中国社会. 北京:中国人民大学出版社,1996:1—8.

乡村拥有多样化的景观、经济和人口,而且还因为城市和乡村本身就是一个动态的连续体(rural-urban continuum),在这一连续体中既存在着一个被称之为"城市边缘区"(rural-urban fringe)的过渡交接地带,同时也存在着具有城乡混合特征的乡村城市(rurban)和受城市辐射影响明显的城市影响区。因此,城乡连续体可以被看作是由城市核心区、城市边缘区、城市影响区、乡村城市和乡村腹地组成的一个动态变化着的混合体。

从城乡连续体和发生学的观点出发,当代意义上的乡村,应该包括乡村腹地、乡村城市、城市影响区和城市边缘区这几个部分。因此,当代乡村城市转型就不仅仅是城市核心区和城市边缘区的空间扩展,它包括更为广泛的社会经济内涵。这种内涵可以从不同的角度来把握。由于这种转型在中国突出表现为乡村空间的转型和变化,故以结构变化的观点来考察乡村空间的转型,就可以有效把握当代中国乡村城市转型的性质和特点。乡村空间是一个结构系统。在从传统农业社会向现代化社会转型的历史过程中,结构的转型是本质和核心,它可以从经济空间、社会空间和地理空间等维向进行考察。

第三节　乡村工业化与新乡村经济空间

在我国,乡村工业又称乡镇工业,它融乡村地域、农民身份和企业所有制于一体,包括乡村地域上乡镇办、村办、个体私营及其合资、联营等工业形式。

改革开放以前,为实施"赶超战略",中国实行了高度集中的计划经济体制和乡村人民公社制度,在"重工业优先发展"和"城乡隔离"等政策的约束下,乡村工业和粮食生产以外的其他农业部门的发展受到限制,乡村经济活动长期固着于单一化的且又缺乏效率的种植业生产(特别是粮食生产),从而不可能引致乡村经济空间结构的全面转换。

十一届三中全会以后,在城乡隔离政策继续维持、农村土地制度先行改革、经济体制向社会主义市场经济体制逐步过渡、"赶超战略"为"比较优势战略"逐步取代等一系列特殊的社会经济政治背景下,中国拉开了大规模的乡村工业化进程。1980～1994年中国乡村工业产值年平均增长速度高达28.35%,比同期全国工业总产值15.74%的增长速度高出12.61个百分点。1995年,中国乡村工业产值达到38933.3亿元,从业人员达到7300.5万人,占全部工业产值的比重由 1980 年的 9.88% 提高到 42.4%。乡村工业的高速增长,很快打破了乡村计划经济体制下的"自然经济"的宁静,出现了经济多样化和经济空间结构全面快速转换的新格局。1978 年,中国农业占乡村社会总产值的比重还高达 68.6%,在乡村劳动力就业中,农业部门所占的结构份额则更达 89.7%。而到 1992 年,这两个比重分别被改写成 35.8% 和 69.2%。在短短的 14 年内,农业的产值份额下降了 32.8 个百分点,平均每年下降 2.3 个百分点,而乡村工业则迅猛上升了 30.7 个百分点,平均每年上升 2.2 个百分点。1992 年,乡村工业的产值份额不仅远远超过农业,而且在乡村社会总产值中占有半数以上,这与改革之前农业作为乡村经济的绝对主体形成了鲜明的对照。在就业结构转换方面,虽然其变化幅度不如产值显著,但由于乡村工业发展具有较强的非农就业乘数效应,农业劳动力就业份额 20 个百分点的下降仍是非常惊人的,因为在改革开放以前长达 29 年的时期内,农业劳动力份额的下降也未超过 10 个百分点。

实现乡村社会经济的全面转型,消除经济发展过程中的二元结构,是发展中国家共同的历史任务。但在中国,完成这一任务的艰巨性更为突出。这是因为,中国的农业和农村人口基数庞大,建国后还实施了长达几十年的城乡隔离制度,到 1980 年,中国乡村人口占总人口的比重还高达 80.61%。中国乡村工业作为对这种环境条件应战的产物,它的异军突起对二元经济的转变和新乡村经济空间的形成与发展产生了深远的影响。主要表现在:(1)乡村工业在技术上只具有"准现代经济部门"的性质,其发展对新乡村经济空间结构的形成和二元经济的转变具有明显的过渡性质,它自身还需要一个现代化过程。但也正是这种过渡性质,才大大缓和了传统乡村经济向现代化经济转换的难度,使乡村得以在较低的发展水平下以较低的社会成本较早地进入结构转型速变期,并缩短整个结构转型完成的时间。(2)吸纳农业剩余劳动力,通过"产、加、销"一体化和"以工补农"、"以工建农"及农户非农收入向农业的投入,推动农业规模经营和农业的产业化、现代化。(3)提高了国民经济和乡村经济结构的复杂性,使传统城乡隔离政策愈来愈不适应乡村城市转型的要求。乡村工业化的兴起迅速改变了乡村—农业和城市—工业的二元经济格局,使国民经济形成了以农业、乡村工业、城市工业为主体的三元经济结构①。1978年这三个部门总产出流量之比为1:0.28:2.76,而到1992和1995年,这一比值已变为1:1.68:2.59和1:1.91:2.60,三元经济结构已形成。中国的三元经济虽是特定制度及其转型的产物,但三元之间的非均衡增长和相互之间内在均衡机制的缺乏,已引起相互之间的不协调。如不能及早使各种要素和资源在城乡融合基础上实现自由流动、合理组合和优化配置,整个国民经济结构转换将会严重受阻。乡村工业发展对农业和城市工业所造成的强大压力,将会加快建立在市场机制基础上的乡村城市转型和国民经济结构新转换模式的诞生。(4)提高乡村经济中现代经济的份额,使农村经济更加多样化,改变国民经济的城乡构成。1978年,中国乡村劳动力占全国社会劳动力的比重为76.3%,而其创造的产值却仅占全国的29.8%,国民经济结构具有强烈的城市偏向。而以乡村工业为主的乡村非农产业的高速增长,使这种不平衡状况已发生较大转变。1992年,乡村劳动力比重略有下降,为73.7%,但其产值比重却已上升到46.3%。由于乡村发展受益人口要远远超过城市发展,故这种转换对整个国民经济结构转换十分有益。(5)转变乡村经济组织形式和城乡组织关系,提高现代经济组织在乡村组织中的份额。改革开放前,中国乡村经济组织的主要形式有家庭和社区政府,城乡组织间缺乏直接有机的联系。乡村工业化的推进,股份合作制、股份制、企业集团、私营企业和城乡经济合作、中外合资企业等新型组织的发展,以及乡村工业化对农业产业化的推动,使乡村经济组织迅速多样化和现代化。乡村城市转型本质上是通过组织活动实现的,因而乡村经济组织的多样化和现代化构成了乡村城市转型的主要特征和关键。(6)扩大乡村经济发展的联系空间,使乡村经济与城市经济、省市区域经济、全国经济乃至全球经济紧密地联系在一起。与改革开放前乡村经济的封闭性和与城市经济联系的计划安排相比,乡村工业化使乡村经济富有开放性并通过产品和要素市场与外部经济紧密联系起来,并使城乡工业联系成为城乡联系的主体和核心②,许多乡村工业发达地区的发展,已在地方化和全球化的相互作用下进行。乡村经济联系空间的拓展,极大提高了乡村经济发展要素来源的数量和质量,摆脱了本身市

---

①　李克强. 论我国经济的三元结构. 中国社会科学,1991(3):65—82.

②　苗长虹. 我国城乡工业联系及协调发展研究. 地理研究,1997,16(2):30—37.

场规模的限制,从而大大增强了乡村经济的发展能力和结构转换能力。

第四节　乡村工业化与新乡村社会空间

改革开放以前,中国社会存在着以地域和户籍划分的两大社会群体:农民和市民。与传统农业活动相对应,乡村社会是村落共同体,具有强烈的自给自足性和社会关系的地域封闭性,它与城市社会是有截然区分的。在乡村,通过政社合一的人民公社制度、农副产品统购统销制度和严格的户籍管理制度,把农民限制在农业领域并实行"自然就业"。而在城市,则实行"统包统配"的就业制度、农副产品供应的"商品粮"制度和居民生活的"高"社会福利制度。城乡社会是典型二元化的,居民不能在其间自由流动和迁移。由于严重的城乡分割,中国单一化的乡村社会结构向现代社会的转型过程受阻,乡村收入水平和生活质量一直比较低下,农民一直为贫困和缺乏个人发展机会所困扰,传统农业文化向现代工商业文化的进化极其缓慢,乡村单一化的农业经济也缺乏发展的动力和活力。

70 年代末期以来,乡村土地制度的改革、乡村工业化的全面兴起和经济结构的迅速转型,引导和带动了乡村社会结构的迅速转型。主要表现在:(1)乡村社会的自主性增强,现代法人组织和社团组织大量出现并迅速发展。如人民公社解体,成立了具有现代法人特征的村民委员会和农村企业,大量民间经济和社团组织开始创办与发展。(2)社会阶层迅速分化,乡村精英的构成与功能向经济方面倾斜。如从单一的农民阶层向企业家、管理人员、企业职工、个体业主和私人业主等多阶层的不断分化;乡村精英从单一型的党政权力精英向经济精英和社会精英等多元化的发展[①]。(3)社会流动性增强,流动空间范围迅速扩大,村落文化开始向都市文化、传统文化开始向现代工商业文化转变。如 90 年代数额高达 4000~8000 万人的"民工潮",农民的商品、市场、竞争、效率、技术、管理、创新等新观念的发展,以及权力、消费、生育、教育、就业、社会交往等家庭观念向"非传统化"乃至现代化的转变。(4)居民生活方式日趋都市化,乡村社会公共领域开始形成并迅速分化,服务和

---

① 王汉生.改革开放以来中国农村的工业化与农村精英构成的变化.中国社会科学辑刊,1994,秋季卷:18—24.

保障功能开始得到发展。在一些经济发达的乡村,社区居民已可以享受到比较良好的社会福利和公共文化教育、卫生与保健、公安与治安等社会机构的服务,乡村居民的生活质量与城市的差距日趋缩小。

中国乡村社会空间的转型在很大程度上是由于经济空间的先期转型促成的,因而在新社会空间的形成与发展过程中,乡村工业化同样发挥着举足轻重的作用。表现在:(1)使现代法人组织和社团组织直接置入乡村社会,尤其是股份合作制、股份制、私营、合资、联营等企业和各种服务组织、行业协会的发展,使得乡村组织迅速多元化、现代化。这种现代组织不仅存在于非农部门,而且还带动了传统农业的组织改造,农业的工业化、产业化已成为中国农业现代化的重要途径。(2)打破了乡村原同质均等的社会结构,直接引致乡村社会阶层的迅速分化。借助于乡村工业化,数以亿计的农民由单一农业劳动者变成了乡镇企业工人、管理者、技术人员、企业家、个体和私人业主、雇工等新阶层[1]。(3)要求资源在更大的空间范围内进行流动和组合,从而打破了乡村封闭和稳定的社会结构。它为农民以及资金、技术、管理经验在不同产业部门、不同地区和城乡之间的流动提供了动力和机会,而且还通过学习效应提高了农民流动的能力。(4)为乡村带来了现代工商业文明和文化。由于乡村工业化是传统体制改革和市场经济体制发展的产物,因而现代市场经济观念的注入极大地改造了农民的思想和家庭、价值观念。自主决策、效益和效率优先、重视市场和科技、平等竞争等,已成为中国新型农民的追求。(5)为妇女的社会参与和文化教育素质的提高提供了良好机会。乡村工业大多属于传统劳动密集型产业,许多岗位比较适合于妇女就业,这对提高妇女的收入及经济和社会地位、转变妇女的生育和教育观念均有较大帮助。(6)推动着乡村社区产业和劳动分工的深化,为农民提供更多的就业机会和收入来源,从而为乡村居民生活方式的都市化提供了消费需求和财力基础;同时它也为乡村社区提供了大量公共财政收入,进而为兴办社区公共设施提供了重要物质保证。乡村工业化引致的乡村社会空间转型虽然滞后于经济空间的转型,但也极大地改变了城乡社会关系。突出表现在,改革前长期实施的城乡隔离体制正在逐步被打破,城乡之间人口和生产资源的流动日益频繁、

---

① 陆学艺等.转型时期农民的阶层分化.中国社会科学,1992(4):137—151.

便利、规范,城乡分治的格局逐步为"城乡一体化"的规划、管理所取代,以农业和非农业人口进行区分的户籍制度的约束力大大下降,市民和农民在社会福利、经济待遇、就业、社会身份等方面的差别显著缩小,在一些发达地区,乡村社会的发展甚至已超过城市。

第五节　乡村工业化与新乡村地理空间

中国乡村经济、社会空间的转型反映到地域空间上,便促成了地理空间的转型和新乡村地理空间的出现,这种转型本质上是一个城市化过程。改革开放前,在传统体制和城乡隔离制度下,城市化的基础——工业化是由中央政府发动的,城市化过程与中央政府工业发展政策高度相关。重工业为主导的工业化和工业布局的"均衡"、"国防"要求,使得城市化并没有伴随工业化的推进而同步推进,城市人口增加主要靠自然增长,在城市规模分布上则偏向于大中型工业城市;而乡村地区和小城市、小城镇的发展受到严重忽视。

改革开放以来,我国工业化和城市化机制发生了重大变化。虽然中央政府推动的工业化和城市化仍起重要作用,但市场机制的引入、地方和城市政府经济自主权的扩大及财力的迅速增长、乡村工业化的全面推进、外资的大规模注入、企业发展与区位选择和个人迁移流动决策权力的增强,为我国工业化和城市化的推进带来了多元化、复杂化的新格局。1995年与1978年相比,中国各等级规模的城市均获得了较快发展。其中,非农业人口100万以上的特大城市由13座增长为32座,50—100万的大城市由27座变为43座,20—50万的中等城市由60座变为192座,而20万人以下的小城市则由289座发展为373座。在大中型城市快速发展的同时,中国城市化还形成了一个最引人注目的特征,这就是乡村工业化所促成的乡村城市化的广泛出现和进程加速。主要表现在:

(1)乡村城市发展迅速,数量增多,规模扩大,职能迅速向现代生产服务型转化。在我国,小城镇(乡集镇和建制镇)和作为乡村经济中心的小城市可看作乡村城市。由于乡镇企业的异军突起和乡镇工业区的快速发展,使大量的乡村村庄转变为以工商业为主的村镇,而原先主要作为流通和消费功能的集镇则迅速转变为以工商业为主的市镇。1980年,我国建制镇共有2874个,仅占全部乡镇数的 5.3%,设市建制的县城镇还寥寥无几;而到 1995 年,建制镇数量已达 17282 个,占全部乡镇数的比重提高到 36.66%,而县级市的数量已达 427 个,占全部县级单位数的 19.93%。乡镇工业发达的江苏省,目前已有建制镇 1000 多个,相当于 1978 年的 9 倍多;而在 65 个县中已有 33 个升为县级市,较 1978 年增加 32 个。诚然,乡村城市的快速发展是多种因素促成的,但乡村工业化却发挥着主导作用,它为乡村城市的发展提供了有力的产业、人口、建设资金和职能转换基础。尽管农村工业布局整体上以分散为主,但根据 1990 年人口普查,在整个乡村工业中,仍有 32.31% 的工人集中在镇,占镇全部在业人口的 36.8%;而对比 1982 年和 1990 年两次普查资料,农村工业就业还存在着向乡村城镇集中的趋向。1982 年乡村工业就业中在镇就业的人数占 29.53%,1990 年则提高到 32.31%。90 年代以来,全国兴起的"开发区"、"农村工业区"、"农村工业品市场"建设和乡村城市规划,则进一步促进了乡村工业及其贸易在乡村城市的集中。而乡村工业化水平和居民生活水平的提高又对乡村城市发展第三产业提出了新的更高的需求,从而促使第三产业成为乡村城市发展的新兴驱动力。

(2)城市化地区或城乡融合区广泛出现。80 年代以来,西方一些学者提出了"desakota"即城乡融合区的概念,以解释亚洲发展中地区的空间经济转型现象,它用于指在同一地理区域上同时发生的城市性和农村性行为[1]。80 年代以来,这种特殊的空间区域在我国城市群地区开始广泛出现并迅速发展,尤其在大都市的边缘区和外围地区、大都市之间的发展走廊表现明显,其中长江三角洲和珠江三角洲地区是这种模式的典型。城乡融合区实质是一种特殊的乡村城市化模式。因为在这些地区,农民无论是在生产行为或是消费行为上,均与城市居民无明显差别。而这种特殊城市化模式在中国的出现,则在于中国特殊的乡村工业化模式。在城乡分割体制下,中国乡村工业化是以社区为单位推进的,而地处城市群的乡村地区,由于其密集的人口、良好的城市辐射条件、农业基础和便利的交通,非常适于乡村工业发展;因而在这些地区,乡、村集体和农户均可以本社区为单位,通过地缘和亲缘关系而快速推进工业化。而工业化的高速分散推进,既有力促进了乡村城市的发展,

---

[1]　N. Ginsburg, B. Koppel, and T. G. McGee, (Eds.). The Extended Metropolis: Settlement Transition in Asia, Honolulu: University of Hawaii, 1991.

同时也在生产和生活方式上有力促进了村落的"集镇化"和集镇的"市镇化"①；这些分布密集、农业与非农活动高度混杂、与中心城市联系更为紧密的村落、乡村城市同努力迈向"国际化"的大中城市的有机结合，便促成了中国城乡融合区的广泛出现。因此，中国城乡融合区是城市密集区乡村工业化高度分散发展、乡村城市化快速推进的产物。

（3）形成多元复合型城市化的新机制。乡村工业化型式的多样性导致了乡村城市化方式的多样性。由于地理区位、历史基础和发展环境条件的差异，中国乡村工业化型式从发动主体看，可以划分为社区政府发动型和个体私人发动型；从产业动力看，可以划分为农副产品加工型、城市辐射型、矿产资源开发型、外资外贸推动型、人力资本推动型、市场加工推动型②；从企业布局看，还可以划分为集中型、均衡型和分散型。而乡村工业化型式的多样性必然会造成乡村城市化动力和城市建设机制的差异。如珠江三角洲可看作是外资影响下的乡村工业化和城市化③，苏南地区可看作是乡村社区政府发动、乡镇集体工业推动下的工业化和城市化，而浙南地区则可看作个体私人发动、市场—加工推动下的乡村工业化和城市化。从人口迁移和流动看，有的地区乡办工业发达，人口主要流向本乡镇；有的村办和户办工业发达，人口就地非农化；有的乡村工业主要吸收本社区农民就业；而有的则吸收大量外来人口。乡村工业化对城市化机制的影响是复杂的。乡村工业化水平的提高，一方面会缩小城乡差距，从而减弱乡城人口流迁的拉力和推力，促进乡村城市化；另一方面，又会导致劳动者素质和迁移能力的提高，在城乡居民收入和消费差距仍然存在的条件下，它又有助于乡村人口向城市的迁移。

从乡村城市转型的视角出发，乡村工业化是我国城市化加速发展的一种强大推动力量。在市场机制引导下，它既大大减轻了城市化推动的政府负担，为城市化推进提供了非农产业活动支持以及基础设施建设的物质和资金支持，又创立了城市化的新模式，使其形成了多元推动、多模式发展的新格局，同时也极大改变了城市体系的结构。众多乡村城市的快速发展和职能转换，为乡村社会经济的发展、为城市中心作用的发挥和城乡联系的深化、为城

---

① 周大鸣.郭正林等.中国乡村都市化.广州：广东人民出版社,1996；87—139.

② 苗长虹.我国农村工业发展型式研究.地理学报,1998,53(3)：270—278.

③ 薛凤旋等.外资影响下的城市化——以珠江三角洲为例.城市规划,1995(6)：21—27.

市体系合理化和网络化、系统化运营,提供了重要的"中介"基础和带动力量。但也应当看到,分散性仍是乡村工业布局的主体特征。这种过于分散的布局,既因缺乏聚集效益和规模经济不利于乡村工业本身增长方式的转换;又由于其未能和乡村城市建设有机结合,会进一步扩大城市化相对于工业化水平的偏差和乡村就业结构相对于产出结构水平的偏差;而其带来的就业兼业性质、对土地资源的浪费以及对乡村生态环境的污染等,甚至对农业的规模经营和乡村的现代化起阻碍作用。

第五节　乡村工业化与乡村城市转型的区域不平衡性

改革开放以来,我国东、中、西地带间和省际间经济发展的绝对差距一直处于扩大之中。与总体经济发展的区域差异相比,乡村工业化的区域不平衡性更为突出。1995年,除西藏外,全国29个省区以人均国内生产总值计算的变差系数为0.61,而以乡村人口平均的乡村工业产值的变差系数则为1.30。表19-1反映了1995年我国乡村工业化水平的省区差异,可以看出,东、中、西地带差异是乡村工业化区域差异的最显著特征。东部沿海发达省区,由于地理区位优良,改革开放和现代工商业文化起步早、发展快,受城市辐射和外资影响突出,因而乡村工业化已发展到较高水平;中部欠发达省区,虽然受农业文化和传统体制影响,乡村工业发展起步晚,但自80年代末期以来,以良好的农业、丰富的矿产资源、廉价的劳动力、便利的交通、宽广的市场为基础,乡村工业化开始进入加速推进时期;而广大的边远和西部地区,由于经济基础薄弱,交通信息闭塞,农业落后,在局部地区乡村工业的发展虽已起步,但整体推进却步履艰难。

表19-1　中国大陆各省区的乡村工业化水平及乡村—城市转型(1995年)

项　目	乡村工业发达省区	乡村工业欠发达省区	乡村工业不发达省区
省区名称	上海、天津、浙江、江苏、北京、山东、辽宁、广东、福建、河北	湖北、江西、安徽、山西、河南、黑龙江、四川、吉林、湖南	内蒙古、陕西、广西、海南、甘肃、新疆、云南、宁夏、贵州、青海

续表

项　　目	乡村工业发达省区	乡村工业欠发达省区	乡村工业不发达省区
人均乡村工业产值 （元/人）	5151～38751 全区10802	2322～4809 全区3404	365～1866 全区1068
乡村工业就业比重（%）	河北18.57 其余23.27～60.72	山西24.19 其余10.48～18.42	内蒙古13.72 陕西11.11 其余3.21～9.29
乡村劳动力非农化 率（%）	30.00～71.53	33.35,吉14.85,黑17.70 其余23.14～28.51	陕西23.80　其余 9.25～20.80
乡设镇比率（%）	50.53	35.70	24.60
城市化水平（%）　1990年	38.26	23.79	23.60
1995年	42.29	26.92	25.43

注:(1)人均乡村工业产值选取乡镇工业产值与乡村总人口之比;城市化水平中的城镇人口指市镇区人口、所辖的街道和居委会人口。(2)人均乡村工业产值和乡设镇比率采用的是全区平均,城市化水平则是各省区的算术平均。后者计算时,三类地区分别缺北京、黑龙江和宁夏资料。资料来源:(1)国家统计局编.中国统计年鉴1996.北京:中国统计出版社,1996:351—354,388—389.(2)国家统计局人口与就业统计司编.中国人口统计年鉴1996.北京:中国统计出版社,1996:3—65.

乡村工业化是80年代以来中国乡村城市转型的重要力量,其发展水平的区域不平衡必然导致乡村城市转型的区域不平衡。与乡村工业化水平相对应,在东部沿海经济发达地区,如珠江三角洲、闽南、浙南、长江三角洲、山东半岛、京津唐、辽东半岛等地区,不仅乡村经济结构转型比较迅速,而且社会结构和地理结构的转型也比较迅速。如珠江三角洲地区,由于乡村工业化的高速发展,港澳地区社会经济文化的影响,乡村经济不仅与城市经济实现了较高等级的一体化,而且参与国内与国际经济一体化的程度大大加深;既实现了本地劳动力就业结构的快速转换,又吸收了大量外来劳动力;既通过乡村城市和农村工业区建设加速了乡村城市化进程,又通过城乡的相互作用加速了城乡融合区的出现与发展。表19-1列出的乡村劳动力非农化率、乡设镇比率以及城市化水平说明,我国乡村城市转型依乡村工业化水平而存在着显著的东、中、西地带差异,无论从转型速度还是转型发展水平,均是从东部发达地区依次向中部欠发达地区和边远与西部地区递减。

第七节 结 语

当代中国正处于一个社会经济全面快速转型的新时期。在这一过程中，中国乡村经济、社会和地理空间的转型最为显著。以动态观点分析转型原因，经济体制改革和乡村工业化是两个最根本、最重要的因素。前者是促成转型的制度环境因素，它通过组织和个人活动影响转型的速度、方向、方式；而乡村工业化是促成转型的直接组织力量，它是乡村经济结构转型的主导者、社会结构转型的载体、地理结构转型的引导者。正是农民直接参与工业活动和工业活动在乡村的大规模开展，才使中国乡村城市化和现代化进程大大加速并取得举世瞩目的巨大成就。

乡村工业化在积极推动乡村城市转型的同时，其推进方式的多样性和企业的过度分散布局，也使得改革开放以来中国乡村城市转型总体上出现了如下的特点与问题：（1）经济、社会、地理三空间的转型不同步、不协调，经济空间转型快，社会和地理空间转型滞后，由此出现了一些亟待解决的新社会问题，如乡村生态环境空间的污染问题，资源空间的承载力问题，传统乡村文化的多样性与城市化的冲突问题，企业职工的社会保险问题，乡村城市规划建设与第三产业的发展问题，等等。（2）区域差异大，不平衡性突出。80年代以来中国地区间的发展差距主要是乡村发展的差距，而后者又主要表现为乡村工业化水平的差距。如何加快中部欠发达地区和边远与西部地区的乡村工业化进程，促进乡村城市转型，应引起高度重视。（3）转型过程与新乡村空间类型复杂多样。这为中央政府制定统一而又可操作的政策带来了许多困难，而地方创新又往往会突破中央政府已有政策的界限，如何实现地方创新与中央政策的协调是一个需要研究的问题。显然，对乡村工业化型式、乡村转型过程和新乡村空间类型以及它们之间关系的研究，是解决这一问题的基础和关键；而关于多样性、区域类型和地理过程的研究正是地理学的研究任务，它构成我国地理学发展的一个重要方向。